DU DÉSIR AU PLAISIR DE CHANGER

FRANÇOISE KOURILSKY

DU DÉSIR AU PLAISIR DE CHANGER

Comprendre et provoquer le changement

Préface de Paul Watzlawick

DUNOD

ISBN 2 10 007996 4

À François, mon mari
À Virginie, ma fille

TABLE DES MATIÈRES

AVANT-PROPOS À LA TROISIÈME ÉDITION

LES DIFFICULTÉS MANAGÉRIALES RELÈVENT MOINS DES HOMMES QUE DE LEURS LOGIQUES DÉPASSÉES ?

Les nouvelles formes de management et le souci légitime de performance ont tendance à déboucher sur des catalogues de méthodologie, de techniques, voire de recettes, qu'il « suffirait » d'appliquer pour assurer des résultats.

Comme ailleurs, des phénomènes de mode se succèdent dans les entreprises ; des cabinets de consultants s'en emparent en y répondant, sinon en les créant. À cet égard, le scepticisme grandit parmi les décideurs, même s'ils se laissent encore séduire par les « dernières méthodes ou outils miracles ». Ce qu'il est urgent de remettre en question, ce sont moins les hommes que les prémisses et les modes de pensée sur lesquels ils s'appuient et dont découlent des méthodes et logiques managériales peu créatices de valeur ajoutée. Pour reprendre une formule phare de Michel Crozier : « C'est l'intelligence qui est en crise car elle est figée dans des modes de pensée inadéquats. » Comment en effet gérer la complexité du management de projet transverse ou du management du changement, en raisonnant et en interagissant selon une logique cartésienne et linéaire ?

En fait, c'est un renouvellement épistémologique approprié qui manque cruellement pour manager la complexité d'une organisation en réseau, pour orchestrer des équipes pluridisciplinaires de cultures différentes, pour gérer les problèmes humains et interactionnels. La culture occidentale a en effet fortement développé notre prédilection pour les explications causales et les raisonnements linéaires qui, aujourd'hui, trouvent leurs limites dans la complexité des situations. Alors quand on se heurte, un peu partout, à des problèmes similaires et récurrents et à de fortes résistances, ne serait-il pas plus judicieux de s'interroger enfin sur la pertinence de nos modèles de pensée ? Ceux-ci aboutissent trop souvent à des solutions qui entretiennent les problèmes ou, pire, les aggravent, quand ils n'en créent pas de nouveaux. Comme l'a exprimé maintes fois Edgar Morin, c'est d'une réforme de la pensée dont nous avons besoin pour faire face aux changements nécessaires, non seulement dans le monde des entreprises mais aussi dans le monde politique, comme dans la sphère personnelle et familiale de chacun.

La démarche managériale proposée dans ce livre va bien au-delà des phénomènes de mode. En effet, elle conjugue des logiques constructivistes et systémiques avec une éthique de la compréhension de l'humain ; elle représente une modélisation du management du changement, fondée sur une épistémologie radicalement différente. Son but est de permettre aux managers de trouver plus facilement leur chemin pour gérer la complexité des affaires humaines et interactionnelles, avec plus de confort et d'efficience. Elle renouvelle radicalement les fondements des modèles de pensée à partir desquels nous pensons, agissons et interagissons habituellement. Elle a pour souci constant la prise de recul et l'action concrète, mais avec la notion d'effort minimum à accomplir pour aboutir aux meilleurs résultats. Car la réussite n'est pas tant proportionnelle à la quantité d'efforts déployés qu'à leur pertinence. Quant à prendre du recul avant de décider et d'agir, c'est se poser la question : quelle valeur ajoutée apporte ce que je suis en train de penser, de faire ou de dire ?

Les managers qui se forment à cette démarche déclarent tous et avec soulagement : « C'est une révolution mentale, mais on en a tous vraiment besoin. » Ils reconnaissent toutefois que c'est bien ce qu'ils font, intuitivement, quand ils sont satisfaits de leurs résultats.

L'APPORT DU CONSTRUCTIVISME FAVORISE UNE PRISE DE RECUL SALUTAIRE

Je souhaite, dans cet avant-propos, mettre mieux en lumière combien notre conception du réel repose peu sur des faits et à quel point ce que nous appelons « réel » est le résultat de conventions instituées par nous-mêmes ou sécrétées par notre communauté, notre culture, notre milieu social ou familial. En ce sens radical, ce que nous appelons la réalité n'est qu'une convention entre les hommes, comme le langage que nous utilisons pour l'appréhender. Épithète disait déjà : « Ce ne sont pas les choses elles-mêmes qui nous troublent mais l'opinion qu'elles nous inspirent. » Et ces opinions sont d'essence interpersonnelle, dictées par l'air du temps, voire par les médias. Comme en politique, quel que soit le bord, une sorte de pensée unique commence à faire son nid dans les entreprises.

Nous savons pourtant que ne pouvons pas avoir accès à la réalité vraie absolue et que nous vivons avec des interprétations ou des images de la réalité auxquelles, naïvement, nous attribuons une réalité objective. Au mieux pouvons-nous appeler « réalité de 1er ordre » les propriétés physiques de ce que nous percevons, mais immédiatement nous construisons une autre réalité à partir de la première, « réalité de 2e ordre », constituée de la signification et de la valeur que nous attribuons aux choses et aux comportements.

Ainsi, par exemple, les propriétés physiques de l'or constituent ce que nous appelons sa réalité de 1er ordre, alors que la valeur que nous lui donnons représente une réalité de 2e ordre. Or, cette valeur, qui est déterminée par nous, n'a rien à voir avec les propriétés physiques de ce métal ; elle dépend de l'offre et de la demande, des marchés boursiers ou des politiques économiques. Ces facteurs ont tous en commun d'être des constructions humaines et non le reflet de vérités existant indépendamment de nous.

Prenons un autre exemple, cette fois sur un plan humain : l'homosexualité. Dans la Grèce antique, celle-ci passait pour une forme d'amour particulièrement sublime, puis elle fut considérée comme une déviance et une pathologie pour enfin être considérée comme une possible alternative de la sexualité.

Nous construisons, inventons à proprement parler nos réalités personnelles, culturelles et idéologiques, alors que nous pensons les trouver dans le monde réel. Ainsi les constructivistes déclarent, lorsque les effets d'une représentation sont nuisibles, qu'il faut la remplacer, la recadrer pour mettre fin à son caractère néfaste. Nous ne sommes plus alors dans le registre de l'adaptation mais dans celui du vrai changement ou de la réelle évolution, qui résulte d'une nouvelle construction de la réalité. Celle-ci ne change pas les données factuelles mais l'interprétation qu'on en donne, afin d'agir avec plus de satisfaction et de résultats. Cette démarche, intellectuellement évidente, est bouleversante dans le sens où elle contribue à élargir le champ des possibles, ce qui est justement le but. Elle exige de nous davantage de créativité, mais aussi une discipline mentale : anticiper avec soin les effets probables de nos représentations et bien les choisir, car toutes remplissent, plus que nous le pensons, la fonction de prophéties auto-réalisatrices.

L'APPROCHE SYSTÉMIQUE, UNE DÉMARCHE PERTINENTE POUR LIBÉRER LE CHANGEMENT

La psychologie qui a influencé jusqu'à présent le management de l'humain s'appuie, comme bien d'autres disciplines, sur l'épistémologie et la conception scientifique qui prévalait à l'époque où ce champ s'est constitué, notamment la pensée causale linéaire et la logique du tiers exclu. De fait elle se raccroche encore à des paradigmes qui sont partout mis en cause par d'autres disciplines, notamment la physique quantique. Selon la psychologie classique, l'individu reste déterminé par le concept de prédisposition et de causalité linéaire. La nature nous aurait octroyé certaines caractéristiques qui se manifestent et s'expriment au cours de notre vie, et l'éducation que nous avons reçue nous déterminerait fortement : « Tout se joue dans l'enfance. » Le problème est que l'hypothèse de ces prédispositions ou prévisions devient facilement une prédiction qui se vérifie d'elle-même ! A *contrario*, une des propriétés essentielles des systèmes ouverts, en interaction permanente avec leur environnement, est précisément leur « équifinalité ». L'équifinalité signifie que des conditions de départ très différentes peuvent aboutir à des états finaux identiques, de même que des états de départ identiques peuvent aboutir à des états finaux très différents. Voilà qui remet en question bon nombre d'études psychologiques comparatives, de grilles d'évaluation et d'interprétation !

DEUX EXEMPLES POUR ILLUSTRER CES PROPOS

• L'être humain a tendance à « refaire toujours plus de la même chose », même si cela ne produit pas les résultats escomptés. La psychologie classique pose alors le diagnostic pathologique de « compulsions de répétition » ou de « scénario névrotique ». Je dirai plus simplement que tant qu'un être ou un système humain n'a pas appris à voir ou interpréter autrement une situation, il ne peut qu'y répondre de la même façon. Voilà une manière bien différente de poser le problème et surtout de le résoudre.

Il ne s'agit pas de nier l'intérêt d'analyser et comprendre les comportements humains, mais d'admettre avec les paradoxalistes de Palo Alto que l'on peut s'en passer ; ce préalable n'est ni indispensable ni suffisant pour provoquer un changement. Est-ce que la compréhension des raisons pour lesquelles nous nous mettons en colère nous empêchera d'y succomber ? L'École de Palo Alto, par prudence scientifique et humilité, récuse l'illusion de comprendre l'individu ou les systèmes humains de l'intérieur, en fonction de grilles explicatives et interprétatives.

• Qui n'a pas entendu dire que « tout changement provoque nécessairement des résistances » ? Comme toute prédiction, celle-ci est évidemment auto-réalisatrice ! À cela, je rétorque : « Oui, si la démarche utilisée n'a pas pris en compte l'écologie du système concerné par le changement, des résistances sont probables. » Mais la psychologie classique dira plutôt : « c'est normal, tout système qui doit changer se protège en répondant par des résistances » ou encore « ce système ne veut pas ou a peur évoluer et, même s'il souffre, cela lui apporte des bénéfices secondaires ». Face à ce type de diagnostic, que peut faire le manager qui a pour mission de faire changer les choses ? Je vois au moins trois pistes de solutions :

– La première consiste à explorer avec lui les solutions qu'il a tentées pour conduire le changement. Il s'agit de lui faire décrire dans le détail ce qu'il a déjà entrepris pour traiter les difficultés qu'il rencontre plutôt que sur les difficultés elles-mêmes. Pourquoi se focaliser sur les solutions expérimentées ? D'une part, c'est la manière la plus pertinente et la plus fiable de connaître la représentation que la personne a de sa mission, ses suppositions et interprétations vis-à-vis de celle-ci, d'autre part c'est le moyen le plus sûr de l'empêcher de reproduire des solutions et des comportements qui entretiennent le problème.

Ensuite, il est possible de lui proposer d'autres hypothèses, éclairages ou interprétations de façon à le libérer de la représentation qui a limité ses possibilités. Il est clair que si la représentation change, de nouvelles solutions vont émerger pour résoudre son problème. Mais cette personne ne pouvait pas les trouver dans sa précédente représentation. En pensant différemment, on agit différemment.

Nous visons des petits changements au niveau des représentations ; ce sont eux qui engendrent de belles évolutions, durables et profondes. En effet, tant que la personne reste dans l'interprétation qu'elle a construite, aucun changement de comportement ou de stratégie ne peut se faire naturellement, car tout nouveau comportement ou toute autre stratégie qui lui serait recommandé lui semblerait non seulement peu naturel, mais encore dépourvu de sens et de logique. Un nouveau comportement, une nouvelle stratégie ne peut émerger que par l'effet créateur d'une réalité nouvelle qui a été suggérée et admise.

– La deuxième option peut être de vérifier la qualité de l'objectif de changement : répond-il aux critères requis, notamment respecte-t-il l'écologie du système, soit son équilibre dynamique, pour être réalisable ? Si ce n'est pas le cas, il faut le redéfinir ou négocier un objectif plus opérationnel. « Il y a toujours un vent favorable pour celui qui sait où il va. » La plupart des acteurs des entreprises se plaignent de l'absence de vision de leur supérieur hiérarchique, déplorent le flou ou l'irréalisme de leurs objectifs et dénoncent un manque de hiérarchisation des priorités. Ils déclarent souvent : « Ici on s'agite, mais on n'a pas l'impression d'avancer, on a le nez sur le guidon. » L'être humain a souvent tendance à attendre trop des autres et pas assez de lui-même. C'est la raison pour laquelle on voit surtout des coupables et peu de responsables, c'est-à-dire des personnes qui s'impliquent, chacune dans leur propre contexte, pour apporter leur contribution à la résolution des problèmes qu'ils évoquent.

– La troisième piste pour ce manager : lui faire entrevoir la fonction utile des résistances auxquelles il se heurte et lui montrer comment en utilisant cette fonction utile, il peut faire de ces résistances un moteur de changement. Vous trouverez dans les chapitres qui suivent, au gré de votre lecture, tous les détails utiles pour intégrer cette démarche.

DÉPASSER LA LOGIQUE DU TIERS EXCLU ET LA CAUSALITÉ LINÉAIRE

Notre modèle de civilisation moderne ne contient-il pas aussi sa part de barbarie ? Les progrès de la connaissance ne font-ils pas progresser aussi le champ des ignorances et des mystères ? Nos forces n'abritent-elles pas nos faiblesses comme nos faiblesses abritent nos forces ? Nos défauts ne cachent-ils pas aussi des ressources et des compétences ? Les défauts sont le plus souvent l'ombre de ce que les êtres humains ont de meilleur et de plus lumineux ; l'élimination de l'un entraînerait aussi l'élimination de l'autre. L'excellence dans le management, la pédagogie ou le coaching est de dévoiler les forces contenues dans les faiblesses humaines, les enseignements des erreurs et les talents dans les défauts afin d'en exploiter les ressources.

Les êtres humains sont complexes, contradictoires, imprévisibles, irréductibles à la logique du tiers exclu. En effet, ils sont, chacun, remplis à la fois de mesquinerie et de grandeur, de stupidité et de sagesse, de compassion et de méchanceté. Ils disposent donc d'innombrables potentialités.

La culture dominante des ingénieurs et des technocrates, dont les mots-clés sont rationalisme, cartésianisme, objectivité, a donc besoin d'être élargie afin qu'ils puissent mieux appréhender la complexité des problèmes humains et sociaux actuels. La pensée linéaire et binaire est une simplification redoutable de la réalité des systèmes humains en ce qu'elle la mystifie. Dans les systèmes humains, les mêmes causes ne produisent pas nécessairement les mêmes effets, et des causes différentes peuvent engendrer des effets identiques. De plus, ces causes sont impossibles à identifier et à répertorier, car il existe entre elles de complexes interdépendances qui rendent impossible le décryptage précis des causes et des effets.

Cette évolution de l'approche analytique et disjonctive vers une approche des interactions a ouvert des perspectives nouvelles et fécondes pour intervenir sur des problèmes humains et relationnels. Certes, on ne peut guère douter qu'un comportement actuel soit déterminé par des expériences passées, mais l'essence d'une relation dépasse et diffère de la somme des attitudes, croyances, expériences du passé que chaque partenaire apporte dans leur relation.

Une relation est en elle-même un phénomène fort complexe dont les traits caractéristiques ne peuvent être rattachés à l'un ou l'autre partenaire. Et pourtant, lors d'un conflit relationnel, les responsabilités sont immédiatement attribuées à la mauvaise volonté du partenaire ou à l'incongruité de son comportement. On comprend aisément que les deux partenaires aient une vue unilatérale du conflit et c'est inévitable tant que l'on conçoit le comportement humain de façon monadique, linéaire et non systémique. Toute interaction amène autre chose que la somme de ce qu'apporte chaque protagoniste.

Prenons des phénomènes analogues : l'eau est autre chose que la somme des propriétés de l'hydrogène et l'oxygène, on parlera alors de qualité émergente ; de même en économie le comportement économique des groupes sociaux ne résulte pas de la simple addition des comportements individuels.

Évoquons, à cet égard, le recours au 360° dans les entreprises et les effets pervers qu'il est susceptible d'engendrer, s'il sert à diagnostiquer des personnes et non à intervenir sur les interactions. L'évaluation d'un collègue (N + 1 ou N – 1) révèle tout autant celui qui décrit et évalue que celui qui est évalué, on pourrait même dire que l'évaluation révèle davantage « le point de vue » de celui qui la donne que la personnalité de celui qui est évalué (l'évaluateur doit lui aussi rendre compte de lui-même, mais également de son évaluation, du comment il a procédé pour évaluer ainsi). Cette pratique qui va dans le sens de la fâcheuse tendance à coller des étiquettes dans le dos des uns et des autres, contribue à ancrer des représentations dont nécessairement découleront des interactions qui viendront les renforcer. Cette méthode est-elle la plus pertinente pour favoriser l'évolution de chacun et des relations en général ?

L'ÉTHIQUE, LA QUALITÉ ÉMERGENTE DE CETTE APPROCHE MANAGÉRIALE

Les entreprises n'ont pas seulement à donner des réponses matérielles, elles doivent aussi donner des réponses immatérielles aux besoins de reconnaissance et d'épanouissement de leur personnel, de leurs partenaires, de leurs fournisseurs et clients. L'approche que nous exposons dans ce livre contribue à introduire une dimension éthique dans la compréhension et la gestion des rapports avec soi-même, ses semblables et le monde. L'éthique est avant tout une logique de l'action qui doit conjuguer pragmatisme, responsabilité et réflexions morales. Elle doit ménager les hommes et viser en même temps leur performance et leur satisfaction. Il n'est pas ici question, comme dans une morale, de définir le bien et le mal de manière absolue, hors de tout contexte, mais de réfléchir aux conséquences des points de vue et des décisions, notamment celles qui risquent de porter atteinte à l'équilibre, à l'intégrité et à la dignité des systèmes humains.

Manager avec éthique, c'est en fait et avant tout respecter l'écologie des systèmes humains. Et manager avec le souci du respect de l'écologie, c'est agir en stratège envers soi-même et les autres. C'est être conscient que tout ce que nous faisons entre dans une dynamique d'interactions et de rétroactions et peut aboutir à l'effet inverse de celui que nous visons.

Ce qui émane des êtres humains, leurs pensées, émotions, sentiments, comportements, ne s'élimine pas au moyen d'un combat, mais se transforme si l'on tire profit de leur fonction utile. À quoi sert de continuer à répondre au combat par le combat ? Cela revient à l'attiser et à perdre beaucoup de temps et d'énergie pour rien. Comme le dit l'adage chinois, cela revient « à ajouter du bois pour éteindre le feu ». En fait, rien de ce qui se passe chez l'être humain ne doit être rabaissé, dévalorisé, combattu, refoulé, renié si l'on veut s'en débarrasser. Il s'agit de devenir des vrais détecteurs de ressources cachées et d'en tirer de la valeur ajoutée, au lieu de diviser les choses en bonnes ou mauvaises pour tenter vainement de les exclure.

UNE NOUVELLE VOIE POUR UN MANAGEMENT À LA FOIS PLUS ÉLÉGANT ET PLUS PERFORMANT

J'utilise délibérément le mot « voie » dans le sens où l'emploie la philosophie Zen, c'est-à-dire au sens de « chemin », mais aussi de « façon de marcher » et encore de « but à atteindre ».

Le critère fondamental de validation d'un modèle théorique ne réside pas dans l'architecture et la profondeur de ses analyses mais dans sa valeur heuristique, sa capacité à permettre une intervention que l'on mesure à l'efficacité et à la qualité des résultats obtenus.

L'approche systémique représente, d'une certaine façon, l'application concrète du « principe de précaution » au management. Par exemple, ce que l'on a tendance à considérer chez les autres comme des aspects psychopathologiques sera plutôt appréhendé par nous comme des talents à utiliser ou simplement comme des mécanismes mentaux limitant que l'on s'attachera à recadrer pour générer de nouvelles possibilités d'action.

De façon métaphorique, je dirai : lorsqu'on se heurte à une porte verrouillée, ce qui doit nous intéresser n'est pas tant le verrou lui-même, sa nature, son mécanisme, mais le moyen de trouver la clé qui l'ouvre. Celle-ci se situe, pour notre propos, au niveau des représentations et des logiques de pensée.

Voici le cheminement proposé dans cette nouvelle édition :

• La première partie part de la problématique du changement. En quoi il est complexe et paradoxal. Qu'est ce qui fait qu'une conduite du changement inadéquate aboutit souvent à l'inverse de l'objectif visé, à des blocages et même à une aggravation des problèmes.

• La deuxième partie pose les bases constructivistes de la conduite du changement. Nous vivons trop souvent dans cette illusion dangereuse qui consiste à croire que nous agissons sur une réalité réelle et qu'il n'existerait qu'une seule lecture de la réalité. C'est l'étroitesse de nos points de vue qui limitent nos possibilités d'évoluer et rend notre vie étriquée. Ce sont eux aussi qui alimentent nos blocages lorsque nous nous trouvons prisonniers et piégés dans nos problèmes. Il s'agit donc d'expérimenter de nouveaux angles de vue pour changer de perspective : le recadrage en est une des voies les plus subtiles. En fait rien n'est jamais joué, tout peut être rejoué si nécessaire. C'est là que se situe précisément le véritable espace de liberté et de responsabilité de l'homme.

• La troisième partie remet en cause nos logiques habituelles de pensée pour conduire le changement : le déterminisme de la pensée linéaire et le dualisme du raisonnement binaire. Cette partie est donc consacrée à la mise en œuvre d'une autre logique : l'approche systémique. Elle montre en quoi celle-ci constitue une clé pour conduire un changement profond, parce qu'elle respecte la complexité et l'écologie du système humain concerné.

• La quatrième partie met l'accent sur la gestion efficace de l'interaction. L'évolution des hommes et des organisations ne peut s'accomplir sans une esthétique, une mise en harmonie des interactions complexes, sans le respect des valeurs et de l'environnement culturel. Cette attitude est primordiale si l'on veut éviter des effets pervers, des blocages et même des régressions. L'éthique et l'esthétique des stratégies d'influence ne sont pas de vains mots, ni des vœux pieux, mais résultent du soin apporté à la qualité de la relation et à la rigueur de l'écoute de l'autre. Le changement se provoque et se développe dans l'interaction. Il s'agit donc d'apprendre à interagir différemment. Le rapport de force est l'ennemi du changement ; seules la coopération et la négociation favorisent et mobilisent les ressources du changement.

• La cinquième partie est consacrée aux modes d'influence dont nous disposons : le langage verbal, le langage non verbal, mais aussi les vertus de la communication indirecte pour faire changer. Nous y décrivons des tactiques d'intervention aussi ingénieuses que respectueuses qui peuvent favoriser et provoquer le changement. Le problème est moins de convaincre l'autre ou les autres de changer que de créer le désir de changer et de mobiliser les ressources utiles. Pour y parvenir, les combinaisons sont infinies puisqu'elles procèdent toutes des interactions produites par les protagonistes. Mais il est évident qu'une solide formation à la communication, basée sur une méthodologie rigoureuse d'observation, d'écoute et d'intervention, est une condition essentielle. Les ressources du changement ne se trouvent nulle part ailleurs que dans le système concerné par le changement.

• La sixième partie récapitule de façon détaillée la logique de l'itinéraire, les étapes clés à franchir pour appliquer avec rigueur la démarche systémique de résolution des problèmes. Elle définit, comme le disent les participants à mes séminaires, une nouvelle gymnastique de l'esprit qui peut devenir, grâce à un entraînement systématique, un vrai réflexe mental.

• La septième partie traite de la résolution des conflits et de la négociation en appliquant toujours la logique de la démarche systémique et constructiviste.

• La huitième partie, enfin, montre en quoi la conduite du changement, le coaching ou la thérapie stratégique non seulement procèdent d'une même démarche et d'un même état d'esprit mais aussi se rejoignent sur la similitude des situations à traiter, et sur les qualités requises à développer : être pédagogue et mobilisateur.

• Quant à ma conclusion, elle se veut un clin d'œil au monde politique et vise aussi à élargir le débat sur un plan beaucoup plus macroscopique.

Il est clair que le problème du changement et de sa maîtrise seront encore plus aigus dans les prochaines années. Or le changement ne s'improvise pas. Il exige de s'y préparer.

Il y a en effet, dans notre pays, beaucoup trop de gens pour analyser et expliquer les problèmes et pas assez pour aider à les résoudre. J'espère que ce livre contribuera à changer la donne.

PRÉFACE

C'est un plaisir pour moi de préfacer ce nouveau livre publié en France sur le changement et imprégné des approches initiées au Mental Research Institute et pratiquées à son Centre de Thérapies Brèves à Palo Alto.

Françoise Kourilsky aborde le désir et le plaisir du changement à travers ses pratiques de coach et de consultante, en effectuant la synthèse de nombreuses données et théories. Elle puise aussi bien dans les concepts ericksoniens et systémiques, dans les ouvrages que j'ai pu écrire sur ce thème, que dans les thérapies provocatrices de Franck Farrelly ou les modélisations de John Grinder et Richard Bandler… Je retrouve dans ce livre un état d'esprit, un souci d'enseigner et une expérience pratique que je reconnais bien.

Cet ouvrage très dense est animé par l'état d'esprit fondamental de ce renouveau psychothérapique qui m'a toujours inspiré. Cet état d'esprit est fait d'écoute intense, d'observations et d'une attitude d'explorateur de la complexité. Il est fait aussi de respect et surtout de confiance dans la personne, de cette attention à en découvrir les ressources, de ce parti pris à trouver l'interprétation créatrice des problèmes et à dégager la piste des solutions. Pour faire ressortir ces précieuses ressources, la créativité, la ruse, l'humour, le plaisir, le paradoxe, l'absurde, la provocation seront au besoin utilisés. L'intensité de l'écoute, cet art retrouvé du questionnement et du dialogue, le recadrage soutiennent cette évolution complexe d'un changement qui, pour la personne, passe d'abord par une reconstruction de sa réalité, par un changement de sa vision du monde.

La volonté pédagogique et le message de l'enseignante transparaissent aussi tout au long du livre. Françoise Kourilsky, qui enseigne et forme beaucoup d'ingénieurs et de scientifiques, est bien entraînée à négocier avec leur esprit critique et rationnel. La volonté d'expliquer et de refuser les recettes entraîne cet ouvrage comme un guide vers la structure d'une méthode. Méthode simple mais d'application ô combien délicate dans la complexité fantastique des interactions humaines.

J'ai apprécié aussi dans le livre de Françoise Kourilsky cette absence de frontières entre le monde de l'entreprise et celui de la vie quotidienne qui résulte de son activité de consultante et de thérapeute. J'ai déjà souligné dans mes ouvrages le parallélisme et l'identité de structure des problèmes rencontrés chez l'individu et dans l'entreprise. En dehors de toute notion clinique, les mêmes problèmes que l'individu ne sait pas résoudre sans assistance, sans dialogue, se retrouvent dans l'entreprise comme dans la famille et les sociétés. Nous découvrons souvent des ressources que les personnes tirent de leur sphère professionnelle alors même qu'elles ne savent pas les exploiter dans leur environnement personnel et vice versa. Les mêmes types d'invention de réalités, les mêmes schémas d'interprétation se reflètent à la fois chez les individus et dans les groupes qu'ils forment. Les résistances au changement chez l'individu et dans les entreprises sont de même nature. Ainsi Françoise Kourilsky nous fait défiler, sans transition, des exemples tirés de son expérience de consultante d'entreprise comme de consultante individuelle.

Ce livre sur le changement est destiné aux professionnels et à tous ceux qui suivent des formations de coaching et de management ou des thérapies brèves et qui sont soucieux de mieux comprendre les principes et les méthodes. En fait, ce livre est lisible et compréhensible par tous, et les principes exposés s'appliquent à de nombreuses situations interpersonnelles. Il peut donc aider chacun à prendre contact avec des approches qui, bien qu'elles se répandent depuis une trentaine d'années, restent encore neuves pour beaucoup.

Paul Watzlawick

INTRODUCTION

Qui dans ce monde n'a pas souhaité, à un moment ou à un autre, changer les choses, son propre mode de vie, son vécu, ses pensées, ses relations familiales, conjugales, professionnelles ? Qui, surtout, n'a pas rêvé de changer autrui à son profit ?

Une passerelle relie et réunit les deux mondes artificiellement séparés de la vie privée et professionnelle alors qu'ils s'y nouent en fait les mêmes types d'interaction. J'ai constaté avec joie que de nombreux responsables ont bien entendu ce message. Certains dirigeants ont même eu l'idée de proposer des séminaires de management parental, idée judicieuse pour aborder indirectement les pratiques managériales existantes ! Ils ont clairement manifesté leur désir d'intégrer cette démarche tant auprès de leurs collaborateurs qu'au sein de leur famille. Certains ont trouvé que c'était plus facile dans le cadre professionnel que familial, pour d'autres ce fut le contraire. Tout dépend en effet des représentations qui nous gouvernent selon les contextes.

Les blocages qui s'installent entre les individus sont, sans doute, la forme la plus répandue et la plus problématique de nos relations. Des problèmes de cet ordre sont le lot quotidien de chacun : enseignants, responsables, dirigeants, médecins, infirmières, pères et mères de famille s'y heurtent, malgré leur désir d'entretenir des relations harmonieuses avec leur entourage et leur volonté de faire évoluer les choses. Consultants d'entreprise et coachs sont de plus en plus sollicités pour promouvoir le changement en vue d'améliorer les relations humaines et de les rendre plus efficientes. Si la conduite du changement ne s'improvise pas, on ne peut cependant la réserver aux professionnels et aux managers puisque nous y sommes tous, hommes de la rue et spécialistes, quotidiennement confrontés.

En fait, ce sont moins les situations qui posent problème que les interprétations que nous en donnons. Face à une même situation, comment se fait-il que, pour l'un, elle pose problème alors que, pour l'autre, elle n'en pose aucun ? Comment se fait-il que le premier s'empêtre dans la situation en la perpétuant par de mauvaises solutions alors que le second la maîtrise spontanément ? Il y a là matière à apprendre pour se perfectionner car chacun peut, dans son environnement particulier, contribuer à promouvoir des changements et des communications plus satisfaisantes. Mais l'homme, reconnaissons-le, a jusqu'à présent mieux exprimé son génie dans les innovations technologiques que dans sa capacité de résoudre ses propres problèmes. Entre la modernité des technologies de la communication et l'archaïsme des rapports humains et sociaux, le décalage est flagrant.

Les méthodes exposées dans cet ouvrage, issues pour la plupart de l'École de Palo Alto, sont tout aussi fécondes dans la vie quotidienne que dans la vie professionnelle. Les chercheurs et praticiens de l'École de Palo Alto ont indubitablement apporté une ouverture sans précédent dans le domaine de la conduite du changement en thérapie et, indirectement, en entreprise. En s'attachant à étudier les processus de la genèse et du maintien des problèmes humains, ainsi que la manière dont ils peuvent être résolus, ils ont mis en lumière, de manière souvent humoristique sous la plume de Paul Watzlawick, comment nous parvenons à paralyser notre esprit et quels sont les gestes mentaux et comportementaux qui nous piègent dans des cercles vicieux par des « jeux sans fin ». Ils ont aussi particulièrement bien mis en évidence comment ces solutions dites « de bon sens » échouent là où des moyens, au premier abord illogiques, peuvent amener un changement radical. Tout cela implique, il va sans dire, une véritable conversion dans notre manière la plus commune, la plus « doxique » d'aborder les problèmes humains et de nous regarder nous-même ; c'est la raison pour laquelle leur démarche fut qualifiée de paradoxale. Avec eux, et notamment avec Paul Watzlawick, j'ai appris à modifier et à élargir ma façon de « lire les choses » de la vie quotidienne. De là, il n'y avait qu'un pas pour que je rejoigne Milton Erickson, sans doute l'un des plus brillants thérapeutes de notre siècle. Ses méthodes influencèrent beaucoup les chercheurs et les praticiens de l'École de Palo Alto dont on peut saluer l'ouverture et l'aptitude à l'interdisciplinarité. Ma pratique s'est également enrichie de certains apports de la Programmation Neuro-Linguistique, notamment la modélisation des pratiques d'Erickson qui savait provoquer chez ses patients des changements féconds, étonnamment rapides. Grinder et Bandler ont ainsi passé au peigne fin les trésors de subtilité qu'Erickson déployait spontanément auprès de ses patients.

J'insiste sur le fait qu'il n'y a pas réellement de frontières, pas de ligne de démarcation entre développement personnel et développement des organisations qui ont en commun ce même phénomène des résistances au changement ? La démarche employée dans le cadre de la psychothérapie stratégique présente des similitudes très étroites avec le « management » : elle converge vers la même finalité, celle du développement et de l'efficacité des ressources humaines. Que nos interventions se situent dans le domaine de la formation, du management ou du coaching, elles relèvent toutes de la pédagogie car elles visent à susciter un « changement créateur », une réalisation du potentiel humain, à travers de nouveaux apprentissages mentaux et comportementaux. Toutefois le changement n'est pas une fin mais un moyen. Il n'est utile que s'il contribue à une meilleure réussite, à une plus grande satisfaction et s'il participe à une évolution plus favorable.

Ce manuel a été «conçu» en boucle, vous pouvez donc, selon votre humeur du moment, vous y promener comme bon vous semble. Il ne propose pas de théorie explicative sur les comportements mais expose différentes stratégies et techniques d'appréhension de la réalité susceptibles de les modifier et de provoquer un changement durable et fécond. Il se veut une sorte de manuel de philosophie de l'action et de pragmatique de la conduite du changement. Pour les uns, il sera une confirmation, pour d'autres une initiation et une ouverture vers de nouveaux horizons ; les pragmatiques y trouveront des possibilités d'actions concrètes. Et, si cet ouvrage insufflait au lecteur le désir d'apprendre à devenir un créateur de changement, il aurait rempli sa fonction. Néanmoins, par le fait même que la connaissance en toute chose révèle un peu plus l'étendue de l'ignorance, le chemin de l'apprentissage du changement ne sera jamais terminé…

Première partie

LES FONDEMENTS DE LA DÉMARCHE

1

LE CHANGEMENT, UN PROCESSUS COMPLEXE ET PARADOXAL

LE CHANGEMENT ET LA PERMANENCE

Le changement n'est pas une idée nouvelle ni même à la mode. Si nous retournons en arrière, nous nous apercevons que, dès le VIe siècle avant notre ère, les trois premières écoles prestigieuses de la philosophie grecque, celles de Thalès puis celles d'Héraclite et de Parménide, avaient déjà posé ce problème du changement et de la permanence. Le fait que nous changeons tout en restant les mêmes a suscité cette question fondamentale : « Quelle est la substance qui persiste à travers le changement ? » Philosophe du mouvement, reprenant cette même interrogation, Héraclite fut le premier à mettre en évidence le rapport dialectique entre changement et permanence. La réalité, selon lui, devait son existence à cet affrontement car le réel est un devenir qui résulte du combat entre ces deux forces. Il souligna, par ailleurs, avec vigueur l'expérience inéluctable du changement : « Tout coule… On ne se baigne jamais deux fois dans le même fleuve. Si l'on y retourne, non seulement l'on n'est déjà plus le même mais l'eau de naguère est déjà loin : c'est donc un nouveau fleuve, une autre eau que nous expérimentons. » Pour Parménide, son contemporain, la rationalité prime l'expérience et la vérité logique est supérieure à la connaissance empirique. Le changement implique, selon Parménide, qu'il y ait un espace, un jeu, un vide ou une altérité ; or, dit-il, « dans l'être il n'y a rien d'autre que l'être ». Ainsi, comme l'être est plein, rien ne change en lui. En effet lorsqu'une valise est pleine, plus rien ne peut bouger ! En quelque sorte Héraclite fut le philosophe du changement et Parménide celui de la permanence. Il faudra attendre Hegel, vingt-cinq siècles plus tard, pour établir la synthèse entre ces deux positions et souligner que nous ne pouvons penser le changement que par rapport à l'immobilité.

La prise de conscience du changement ne peut s'effectuer que par rapport à la permanence, mais celle-ci est aussi difficilement perceptible que celui-là. Temps et changement sont tout aussi invisibles, impalpables qu'inexorables : ainsi la fleur que nous décrivons a déjà commencé, dans la fraction de seconde suivante, à s'altérer ou à s'épanouir mais nous ne pouvons en faire part dans l'instant de notre description. Bien que le monde évolue de manière permanente, la conscience de son évolution ne peut s'effectuer en « temps réel », mais seulement a posteriori, lorsqu'un changement est « suffisant » pour être perçu par l'être humain. Il y aura toujours un décalage entre la prise de conscience d'un changement et la réaction vis-à-vis de celui-ci.

Percevoir une chose équivaut à la figer

En fait, percevoir une chose équivaut à la figer. C'est la raison pour laquelle la perception des processus interactionnels, toujours en mouvement, nous est si difficile en temps réel. Un organigramme, par exemple, ne peut donner qu'une photographie statique des interactions nécessairement dynamiques au sein d'une entreprise. Il ne peut être « vrai » longtemps car le temps de l'expérimenter, d'autres processus se sont accomplis et il est déjà obsolète. C'est un « arrêt sur image ».

Pourtant nous avons tous obligatoirement vécu des changements au cours de notre vie : changements d'école, d'études, de statuts, de responsabilités, de métiers, déménagements, mariage, divorce, naissance d'un enfant, deuils... Nous avons eu conscience de ces changements « événementiels », mais nous ne savons ni quand, ni comment nous avons réussi à changer pour nous y adapter. La genèse du changement est une énigme. Dans le monde du vivant, des changements et des adaptations se produisent en permanence, dont nous n'avons pas conscience. Aucune adaptation ne peut être définitive. La montagne s'érode ; le fleuve coule ; les corps vieillissent ; les esprits et les comportements évoluent. De la même façon que le printemps contient les germes de l'été, l'été recèle à son tour ceux de l'automne et ainsi de suite ; tous ces microchangements s'opèrent continuellement à notre insu ; ainsi sommes-nous souvent surpris par la tombée brutale de la nuit, même si le soleil nous l'annonçait peu à peu en déclinant.

Que peut-on faire alors pour se préparer au changement ?

Il semble qu'en l'anticipant et en l'imaginant au lieu de le redouter ou encore de le constater *a posteriori*, nous pourrions mieux orienter le sens à donner à notre évolution et en être davantage l'acteur. Evoquons le problème de l'évolution considérable du marché et de la concurrence : en l'espace de quelque trois décennies, le marché, de national est devenu européen pour s'étendre aujourd'hui à la planète entière. Les entreprises qui n'avaient pas anticipé ni donc préparé les changements nécessaires pour faire face à cette extension de la concurrence ont souvent été condamnées à disparaître. Le changement semble d'autant plus difficile à mettre en œuvre qu'il intervient tardivement par rapport à la prise de conscience des nouveaux enjeux.

Le plus petit changement effectué créera toujours, telle une onde, des effets ailleurs et plus loin : un peu comme la vaguelette produite par la moindre brise se propage sur toute la surface de l'eau. Nous verrons que les petits pas, bien dirigés, sont paradoxalement à l'origine de grandes avancées car ils évitent d'engendrer ces effets pervers des résistances ou des régressions dues à des enjambées surdimensionnées. Celles-ci sont en effet responsables de bien des bouleversements dans les écosystèmes, qu'ils soient naturels ou culturels. Les ruptures drastiques, provoquées par les dictatures, les révolutions ou les redécoupages brutaux de frontières sont à l'origine de bien des catastrophes sociales et régressions dramatiques. Héraclite avait déjà mis en lumière ces phénomènes pervers sous le terme d'« énantiodromie », phénomène qui résulte de la transformation d'une chose en son contraire parce qu'elle est excessive. De nombreux exemples dans le monde illustrent combien les découpages arbitraires des frontières, décidés au mépris de l'écologie des peuples, engendrent en retour des crises d'identité et produisent tôt ou tard, chez les peuples méprisés et mutilés, des régressions et des violences meurtrières.

L'homéostasie et l'évolution

Tout système vivant, humain ou social, est régi par deux tendances fondamentales, l'une allant vers l'évolution, l'autre vers l'homéostasie ou « stabilité dynamique » ; l'image de l'équilibriste est celle qui vient spontanément à l'esprit. Ce rapport dialectique entre l'homéostasie et l'évolution génère toute la complexité de la conduite du changement dans les systèmes humains.

En effet si nous nous référons à l'évolution du management dans les entreprises, nous devons admettre que la plupart des changements accomplis résultent moins de bouleversements ou de l'évolution du système « entreprise » que d'infimes processus routiniers d'adaptation. Ces changements relevant de l'homéostasie ne peuvent générer l'évolution d'un système : ils sont le fruit d'une adaptation au fur et à mesure des situations à gérer et des problèmes à résoudre et assurent à ce titre la permanence du système.

S'adapter ne suffit plus

Aujourd'hui, s'adapter ne suffit donc plus ; il faut apprendre à projeter le futur pour s'y préparer. C'est dans cette optique du changement que convergent les pratiques de la thérapie stratégique et du management du changement. L'efficacité du manager, du coach, comme du thérapeute repose sur une aptitude similaire : celle de favoriser les changements nécessaires chez les individus et dans les systèmes humains. Dans une société où l'évolution s'accélère et se complexifie, l'art de la prévision doit faire place à celui de la prospective pour répondre aux nouvelles exigences des individus. Bien que les hommes évoluent, leurs rapports demeurent encore archaïques ; ils génèrent trop souvent des blocages et du mal-être et ne répondent pas au désir de reconnaissance et d'épanouissement de chacun. Ce décalage entre l'évolution de l'individu et la rigidité de ses rapports aux autres implique des changements dans les modes d'interaction humains, qui nécessitent, comme nous le verrons plus loin, l'abandon d'un certain nombre de prémisses et schémas traditionnels de pensée.

Dans le domaine professionnel, comme dans la famille ou à l'intérieur d'un couple, la nature de l'autorité a changé de visage ; elle ne se réduit plus au fait de commander ou de dicter mais conduit à celui de savoir animer, mobiliser et orchestrer. Ces nouvelles dimensions de l'autorité et de la participation requièrent une nouvelle perception de l'autre, une manière différente de composer avec lui qui passera par notre aptitude mutuelle à valoriser, à utiliser et à développer nos ressources humaines respectives.

LES DEUX TYPES DE CHANGEMENT

C'est à Gregory Bateson, figure de proue de l'Ecole de Palo Alto, que revient le mérite d'avoir apporté des éléments déterminants pour la compréhension du processus de changement. Ses apports, fruits d'une interdisciplinarité exemplaire, ont permis la mise en œuvre d'une nouvelle pédagogie du changement. Bateson distingue deux types de changement dans les systèmes humains : le changement qui intervient *à l'intérieur* d'un système, qu'il nomme le changement 1, et le changement qui affecte et *modifie le système lui-même,* qu'il appelle le changement 2.

Le changement 1 : l'homéostasie

Le changement 1 est celui qui permet au système de maintenir son homéostasie, son équilibre : la modification s'opère simplement *au niveau des éléments* du système. L'homéostasie d'un système réside dans son aptitude à exercer des phénomènes autocorrecteurs sur les éléments internes ou externes qui menaceraient son équilibre. La boutade, « plus ça change et plus c'est la même chose », que l'on entend fréquemment dans les cafés et les cantines au sujet des mesures prises par la direction d'une entreprise ou d'un gouvernement, traduit parfaitement combien les changements opérés n'aboutissent qu'à des solutions de niveau 1 : solutions qui, précisément, contribuent à enclencher des mécanismes régulateurs, dits homéostatiques car ils maintiennent le système en son état. Ainsi nous-même tentons-nous le plus souvent, sans le savoir, de changer les choses en aboutissant « toujours à la même chose ». Cependant ce changement 1 par rétroaction est insuffisant dans certains cas. En effet, lorsqu'un système humain ne parvient plus à réguler ses échanges par ses mesures habituelles d'autocorrection et d'ajustement et lorsque les « solutions de bon sens » maintiennent les problèmes ou en créent d'autres, il entre alors en crise : cela signifie qu'au sein du système, des changements d'un autre niveau, le niveau 2, s'imposent et que, s'ils ne sont pas introduits, le système tombe malade.

Le changement 2 : l'évolution

Le changement 2 se caractérise par le fait que *c'est le système lui-même* qui se modifie ou qui est modifié. Pour reprendre des métaphores empruntées à Paul Watzlawick, le changement 1 s'apparente à l'action du thermostat qui régule la température en fonction des variables thermiques ou encore à celle de l'accélérateur de la voiture qui permet d'aller plus vite mais en conservant le même régime, alors que le changement 2 correspond à une intervention sur le levier de vitesse qui, modifiant alors le régime de la voiture, la fera passer à un niveau supérieur de puissance. Ainsi face à une côte très abrupte (changement de contexte), si le conducteur ne faisait qu'accélérer « un peu plus », il n'effectuerait qu'un changement de niveau 1, solution qui amplifierait le problème car sa voiture (imaginons une petite cylindrée), un peu plus à court de puissance, avancerait de plus en plus difficilement et finirait sans doute par caler ! Dans cet exemple, la solution consistant à changer de vitesse pour modifier le régime du moteur correspond précisément à un changement de niveau 2.

L'accès au changement 2 dans un système humain nécessite que les règles qui le régissent subissent des transformations. Et cette modification des règles d'un système humain relève, comme nous le verrons dans les chapitres suivants, d'une reconstruction de la réalité, d'un changement de prémisses, voire d'hypothèses de base ou de présupposés. Ce changement 2 sur lequel l'équipe de Palo Alto s'est particulièrement mobilisée est celui qui nous intéresse en premier lieu dans cet ouvrage.

VOULOIR CHANGER NE SUFFIT PAS

Il est souvent plus simple de faire du « toujours plus » que du « toujours mieux ». En effet, le changement quantitatif relève surtout de solutions matérielles, alors que le changement qualitatif, lui, relève d'un changement immatériel. Il résulte d'un changement de représentation dont découleront de nouveaux modes d'interactions. Un changement qualitatif ou culturel ne se décrète pas ; il est de l'ordre de l'informel, d'un changement de regard sur les choses. Il s'opère aussi d'autant mieux qu'il s'effectue inconsciemment, sans effort de volonté, un peu comme les changements de rythme respiratoire qui se produisent spontanément, à notre insu.

Le fait de décréter un changement d'ordre culturel déclenche généralement un peu plus d'immobilisme dans les systèmes humains ; ressentant le diktat comme une non-acceptation de leur identité, ces systèmes le vivent comme une agression et réagissent en opposant toute l'énergie de leurs résistances. Rien n'illustre mieux la difficulté à générer un changement qualitatif que cette fameuse phrase attribuée à Edgar Faure lors de la mise en place de sa réforme de l'Education nationale : « En décrétant le changement, dit-il, l'immobilisme s'est mis en marche et je ne sais plus comment l'arrêter. » De la même façon, un individu qui se sent remis en cause mobilisera ses résistances pour se défendre. Sur un plan plus général, nous constatons aussi que les institutions qui ont le plus fait l'objet et les frais de tentatives de réforme maladroitement engagées, s'avèrent précisément celles qui ont le plus de mal à évoluer.

Le respect et la valorisation des systèmes humains dynamisent leurs ressources d'évolution : paradoxalement, c'est au moment où l'on s'accepte et où l'on se sent accepté que l'on est préparé à changer. Si l'on pouvait chiffrer les pertes dues au non-respect et à la non-prise en compte de l'écologie des systèmes, c'est-à-dire au mépris[1] dans le monde du travail comme d'ailleurs dans celui de la thérapie, on prendrait alors réellement conscience du coût de ces attitudes dommageables dans la conduite du changement. En effet, tout système humain (individu, service, entreprise, institution) qui se sent atteint dans son identité se défendra pour compenser cette frustration au lieu d'utiliser ses ressources et compétences pour poursuivre son développement.

---

1. Voir à ce propos l'ouvrage d'Hervé Sérieyx, *Le Zéro Mépris*, InterEditions, Paris, 1989.

Un changement s'opérera d'autant mieux que l'on prendra appui sur les ressources que tout système humain possède pour évoluer et que l'on évitera le recours aux ordres et aux décrets qui sont généralement subis comme des cassures et des ruptures d'équilibre : c'est la condition de base pour obtenir la coopération du système dans sa dynamique d'évolution et cette approche requiert toute la vigilance du promoteur de changement. Si celui-ci met l'accent sur les défauts et les dysfonctionnements du système et cherche en premier lieu à les éliminer, il a toutes les chances d'activer les résistances de ce système et de le renforcer alors dans ses propres dysfonctionnements. Tout système humain, de la monade aux institutions les plus vastes, a fondamentalement besoin d'être d'abord reconnu et valorisé pour évoluer. Provoquer un changement dans un système ne consiste pas à tenter d'éliminer ses dysfonctionnements mais plutôt à en déceler les fonctions utiles pour ensuite les exploiter dans la conduite du changement ; c'est alors que les ressources et les compétences du système deviennent facilement mobilisables pour parvenir au changement souhaité. Le changement est éminemment paradoxal.

Les lois Auroux de 1982 illustrent ces conséquences négatives d'un changement culturel décrété. Ces lois visaient à rendre obligatoire, dans les entreprises d'une certaine taille, l'organisation de réunions d'expression des salariés. Or, un recul de quelques années montre que cette obligation n'a guère été suivie d'effet. En premier lieu, animer l'expression d'un groupe de personnes demande, de la part des animateurs, des compétences bien spécifiques. Nombre d'entreprises, pour des raisons de temps, d'investissement, de motivation…, n'ont pas mis en place les moyens de formation adéquats pour assumer ce changement décrété. D'autre part, ces réunions d'expression n'avaient pas toujours d'objectifs clairement définis : les salariés devaient certes s'exprimer sur les problèmes de qualité de vie au travail, mais un thème aussi multidimensionnel est difficile à traiter sans dérive d'aucune sorte. En outre, les syndicats eurent tendance à considérer ce nouveau dispositif comme un moyen détourné d'affaiblir leur influence auprès des salariés. Au bout d'une certaine période, un nombre croissant de salariés, ayant le sentiment de perdre leur temps et leur énergie dans ces réunions, les ont peu à peu désertées. Les directions des entreprises, quant à elles, ont interprété cette désaffection comme le symptôme d'un désintérêt et ont laissé tomber ces réunions en désuétude. Parallèlement cependant, une partie des salariés, celle satisfaite de bénéficier enfin d'un lieu et d'un temps pour exposer ses problèmes et suggestions, déplorait de ne pas être entendue et de voir ses propositions sans réponse. Bien évidemment, chacune de ces entités, hiérarchie, syndicats et salariés, a cherché à expliquer l'échec de ces fameuses réunions d'expression ; d'où des accusations mutuelles créant à leur tour de nouveaux problèmes de relations et de communication interne.

La prolifération de remèdes à la mode peut aboutir à ce que plus on change de méthode de management et plus on génère de « la même chose ». En effet, les changements culturels dans les entreprises, tels que la création de cercles de qualité, les groupes de progrès, l'élaboration d'un projet d'entreprise, le management participatif, les réunions d'expression des salariés, etc., ont toutes chances d'échouer dès lors qu'ils ne s'insèrent pas dans un processus de changement de niveau 2. Et cela est aussi vrai dans les relations de personne à personne ou au niveau de l'individu.

2

TOUT CHANGEMENT RÉSULTE D'UN APPRENTISSAGE OU L'IMPLIQUE

La mise en œuvre d'un changement 2 implique nécessairement un processus d'apprentissage, lequel portera sur un changement de prémisses, d'attitudes mentales qui produiront en retour un changement dans le système. Si « nous sommes ce que nous avons appris », nous pouvons évoluer en apprenant encore et toujours, et surtout en pratiquant ce que nous avons nouvellement appris. Tout changement résulte soit de l'acquisition de connaissances nouvelles soit d'une reconstruction de la réalité : cet apprentissage peut être conscient ou inconscient, de nature cognitive, technique ou comportementale.

LES TROIS NIVEAUX D'APPRENTISSAGE SELON BATESON

Là encore, Bateson a mis en lumière comment s'opère l'apprentissage. Ses apports se sont révélés très utiles aux praticiens de la thérapie brève pour mettre en œuvre de nouvelles stratégies susceptibles de favoriser le changement. Bateson distingue quatre niveaux d'apprentissage entre lesquels il dégage une notion essentielle, celle de la discontinuité.

Le niveau 0

Le niveau 0 de l'apprentissage correspond à l'arc réflexe et désigne tous les cas où un même stimulus provoque systématiquement une même réponse : c'est, par exemple, le mouvement qui nous fait instinctivement retirer notre main d'une source de chaleur trop vive.

Le niveau 1

Le niveau 1 fait référence au conditionnement ; il évoque la célèbre histoire du chien de Pavlov. L'apprentissage 1 correspond à un changement dans l'apprentissage 0 : en effet le chien, qui n'avait pas le réflexe instinctif de saliver au coup de sonnette, va apprendre à saliver lorsque la sonnette tinte ; et si le contexte du coup de sonnette ne change pas, le chien, lui, a appris à modifier une fois pour toutes sa réponse lorsqu'il l'entendra.

Le niveau 2

Au niveau 2 de l'apprentissage, il n'y a plus simplement apprentissage d'une réponse systématique à un stimulus, mais transfert du même apprentissage à d'autres contextes. Le sujet apprend à apprendre : il est capable de transposer ce qu'il a appris. L'apprentissage de type 2 s'apparente au processus classique de généralisation, que nous utilisons tous lorsque nous unifions des contextes apparemment différents : par exemple, si j'ai appris à conduire une voiture, je peux par la suite conduire n'importe laquelle. Les comportements humains, qui sont à la base de la socialisation de l'individu, peuvent être considérés comme des apprentissages de type 2.

Le niveau 3, l'accès au changement profond

Atteindre l'apprentissage 3 relève du domaine de la psychothérapie, du développement personnel et de la conduite du changement en entreprise. L'apprentissage 3 est un indicateur de performance des formations au management, à la communication, à la conduite du changement qui visent une transformation des mentalités et des comportements : tel devrait être l'objectif prioritaire des formations au management en entreprise. En effet, seul l'apprentissage 3 permet à un système d'accéder au niveau 2 de changement, alors que l'apprentissage 2 au contraire maintient le système en l'état en renforçant son homéostasie. L'apprentissage 3 consiste à modifier les prémisses qui ont gouverné les apprentissages de type 2 pour générer ensuite des comportements nouveaux plus adéquats. Selon Bateson, l'individu a besoin d'accéder au niveau 3 d'apprentissage lorsque des contradictions, des inadéquations, des souffrances et des blocages ont été engendrés par des apprentissages de niveau 2. Ainsi lorsque les apprentissages de niveau 2 deviennent inopérants pour l'individu, sources d'enfermement, d'échecs et d'insatisfactions, celui-ci a besoin d'apprendre à changer ses habitudes acquises par l'apprentissage 2, c'est-à-dire à réorienter ses comportements dans des contextes plus appropriés.

Par exemple, si un individu se comporte de manière agressive dans tous les contextes où il est contrarié, et si son agressivité systématique lui porte préjudice, alors il a besoin de passer à un apprentissage de type 3. Celui-ci consistera à lui permettre de limiter l'usage de son agressivité aux situations où celle-ci s'avère pertinente : savoir être agressif est utile dans certains cas. Mais la mise en œuvre de l'apprentissage 3 par lui-même est beaucoup plus délicate car elle relève d'une réinterprétation de la réalité et non de l'effort ou de la volonté. En effet lorsqu'un apprentissage de niveau 3 s'est accompli chez un individu, il s'est produit spontanément, involontairement, intuitivement. Le plus souvent il résulte d'un événement si important dans la vie de celui-ci qu'il génère simultanément un changement automatique de sa vision du monde.

L'apprentissage 3 s'accompagne nécessairement d'une redéfinition de soi-même et, en conséquence, de ceux impliqués dans la situation interactionnelle problématique. Comme nous le verrons, l'apprentissage 3 résulte d'une nouvelle construction de la réalité. Il est le fruit d'un recadrage qui en libérant la dimension créative de l'individu générera d'autres réponses, plus appropriées. Les créations artistiques, de même que les grandes découvertes scientifiques, relèvent de l'apprentissage 3.

Toutes solutions issues d'apprentissages 2 vont à l'encontre d'une évolution en générant des changements de niveau 1, niveau qui précisément maintient les situations et renforce l'homéostasie des systèmes. Les multiples réformes dans l'Education nationale, les divers remèdes au chômage toujours croissant, les mesures pour réduire les dépenses de santé témoignent de l'inefficacité des solutions de niveau 2 pour générer le changement dans un système.

APPRENTISSAGES INFORMELS, FORMELS ET TECHNIQUES

L'évolution des individus et des systèmes passe obligatoirement par de nouveaux apprentissages, qu'ils soient informels, formels ou techniques. Cette autre classification des apprentissages revient à Edward Hall[2], anthropologue et spécialiste de la communication interculturelle et, plus précisément des systèmes non verbaux. De même que la culture nous façonne de manière informelle, de même une grande partie de nos apprentissages comportementaux s'est effectuée hors de notre champ de conscience, au fur et à mesure de nos interactions avec nos semblables. L'apprentissage

2. Edward Hall, anthropologue américain, faisait partie du groupe de Palo Alto. Il étudia les systèmes de communication non verbaux.

informel recouvre l'ensemble des activités que nous avons apprises un jour à l'insu de notre conscience et, le plus souvent, par imitation inconsciente de modèles, phénomène naturel du modelage humain. Ces apprentissages informels se sont intégrés peu à peu dans notre vie quotidienne pour devenir des signes culturels et des automatismes acquis. Les voyages à l'étranger sont, à cet égard, riches d'illustrations.

L'apprentissage formel, lui, est d'une tout autre nature : il provient d'un modèle d'autorité qui commande, sans explication, des prescriptions et des injonctions : c'est de cette façon que nous avons appris l'orthographe, les règles de grammaire, les pas d'une danse, les tables de multiplication, les règles de base des comportements minimaux de socialisation…

L'apprentissage technique, quant à lui, associe l'acquisition d'apprentissages formels mais aussi de techniques qui, enseignées, décrites, expliquées dans un premier temps seront ensuite expérimentées pour être enfin intégrées. La conjugaison des apprentissages formels et techniques conduit à des « savoir-faire » nouveaux qui, eux, s'acquièrent au plus haut niveau de conscience.

Toutefois, apprentissages formels, techniques et informels s'interpénètrent, se confondent et sont peu dissociables en réalité. Tous trois coexistent et interagissent dans un processus circulaire complexe ; ils forment un tout qui génère l'évolution de l'individu. Ainsi la mise en place de nouveaux dispositifs techniques favorise l'émergence de changements culturels. L'invention de la pilule contraceptive, fruit d'une évolution technique, a, par exemple, fortement contribué à bousculer le concept de chasteté, favorisant par là même un changement culturel dans la pratique de la sexualité. De même, la prise en charge d'une nouvelle fonction peut engendrer un changement spontané et profond des prémisses et des comportements qui gouvernent la personne concernée. Constatons aussi l'évolution considérable des comportements des enfants et adolescents : en comparant les jouets et instruments qu'ils manient dans leur vie quotidienne avec ceux des générations précédentes, nous prenons la mesure de l'influence des nouvelles techniques et technologies sur l'individu. Dans le monde du travail, la généralisation de l'utilisation des ordinateurs, à tous les échelons de la hiérarchie, a modifié l'organisation des tâches comme des rapports humains, notamment ceux des cadres avec leur secrétariat. Aujourd'hui, tout le monde tape sur un clavier, quels que soient les diplômes et les statuts. La culture produit de la technologie qui influence à son tour les comportements, c'est-à-dire la culture. Un changement culturel peut être assimilé à un changement de niveau 3, généré inconsciemment, sous l'influence de facteurs multiples, techniques, formels et informels.

Un vrai changement sera l'aboutissement de l'apprentissage inconscient de nouveaux gestes mentaux et comportementaux. Comme nous apprenons à nous comporter en prenant inconsciemment modèle sur les autres, nous savons alors qu'il est plus judicieux de « manifester comportementalement » aux autres ce que nous attendons d'eux, plutôt que de leur « commander ». « Le sage est celui qui d'abord met ses paroles en pratique, et ensuite parle conformément à ses actions », disait Confucius. Si nous souhaitons que les autres soient tolérants ou coopératifs, des comportements de tolérance et de coopération ont plus de chances d'être incitatifs que des reproches ou des ordres, généralement contre-productifs.

☆

Le changement passe par un apprentissage.
Seul l'apprentissage de niveau 3, celui qui implique un système dans sa finalité, dans une redéfinition de lui-même ou de la réalité, y donne accès.
Un vrai changement sera le plus souvent l'aboutissement de l'apprentissage inconscient de nouveaux gestes mentaux et comportementaux.

3

LES OBSTACLES AU CHANGEMENT

Dans ses deux ouvrages de vulgarisation, *Faites vous-même votre malheur* et *Comment réussir à échouer*, Paul Watzlawick illustre bon nombre de ces comportements de la vie quotidienne qui aboutissent à nous piéger dans notre désir de changer les choses. Il ne s'agit pas ici de prôner des recettes qui assureraient systématiquement des résultats, mais de donner un cadre et une méthode plus propices à la résolution de problèmes et à la conduite du changement.

LE POIDS DE CERTAINS PRÉSUPPOSÉS

> *Ce n'est pas tant ce que les gens ignorent qui cause des problèmes, c'est tout ce qu'ils savent et qui n'est pas vrai.*
>
> Mark Twain

Les prémisses sont des affirmations de base, des présupposés qui légitiment nos raisonnements et nos comportements ; elles conditionnent largement nos expériences et orientent, plus que nous ne le croyons, nos possibilités et notre devenir. Les chercheurs et praticiens de l'Ecole de Palo Alto ont répertorié un bon nombre de prémisses, tabous, dogmes et idées reçues qui entravent la résolution des problèmes complexes et le changement dans les systèmes humains. La problématique du changement peut être résumée par cette formule de Frederic Vester, reprise par Paul Watzlawick dans son ouvrage *Les Cheveux du baron de Münchhausen* : « C'est moins l'absence de moyens intellectuels et techniques qui fait obstacle à la transformation de notre manière de penser et d'agir que l'énorme poids des traditions et des tabous, des idées acquises et des dogmes intouchables. Sans aucun fondement génétique, ils ont été transmis comme des vérités inaltérables de génération en génération. » Nous avons de la sorte emprunté bon nombre de prémisses dont certaines perpétuent les problèmes que nous souhaiterions cependant résoudre. Nous allons ici en mettre au jour quelques-unes ayant réellement fait preuve d'inefficacité dans la résolution des problèmes quotidiens auxquels nous nous heurtons.

Toujours réessayer et rechercher les causes

Bien des individus ont par exemple investi de nombreuses années de leur vie en thérapie. Ils ont ainsi engrangé beaucoup d'explications sur leur mal-être sans pour autant en tirer des résultats satisfaisants. Et pourtant certains persistent. Comment est-ce possible ? La réponse à cette question met en lumière une première prémisse largement répandue, à savoir que, face à un échec, il ne faut jamais se décourager mais « toujours réessayer » jusqu'à ce que les résultats escomptés soient obtenus. Mais ces mêmes personnes, qui persistent dans leur quête d'un mieux-être, sont par ailleurs conditionnées par une autre prémisse : celle qui veut que pour résoudre un problème, il faille d'abord en rechercher les causes. Cette prémisse impérative est à la base de la thérapie traditionnelle. Si nous lui ajoutons l'autre prémisse qui affirme que cette recherche des causes nécessite du temps, beaucoup de temps même, nous avons l'essentiel de la réponse à la question posée plus haut. Ainsi une succession de prémisses peut enferrer un individu dans l'échec.

Les interventions pratiquées en thérapie brève, selon le cadre développé au Mental Research Institute de Palo Alto, inversent ces différentes prémisses et en premier lieu celle selon laquelle la prise de conscience serait la condition préalable sans laquelle aucune amélioration, aucune modification du comportement ne pourraient s'opérer. Comme le souligne Paul Watzlawick : « Il ne s'agit pas pour nous de nier l'importance du passé, mais de mettre en question la supposition traditionnelle selon laquelle il serait impossible de trouver des solutions à un problème sans d'abord en connaître les causes. »

Si le problème est complexe, la solution doit l'être aussi ; la réussite se paye cher, etc.

Une autre prémisse, bien ancrée elle aussi, consiste à croire que la complexité des solutions doit égaler la complexité des problèmes posés. Ainsi, lorsque nous proposons en thérapie brève de toutes petites solutions, nos clients, familiarisés à la démarche de la thérapie classique, paraissent surpris et dubitatifs : ils ont du mal à imaginer qu'une petite solution puisse avoir de grands effets.

Se greffent à cela bien d'autres prémisses, issues notamment de la morale judéo-chrétienne et susceptibles de causer bien des souffrances. Ainsi doit-on savoir que la vie est dure, qu'elle exige des efforts, des sacrifices constants et que la réussite se paye cher : alors armons-nous pour nous battre et tenons bon… Tout cela conditionne fortement la conduite de notre vie. Bon nombre de parents, obéissant scrupuleusement à ce genre d'idées, vont donc s'efforcer de s'y conformer sans relâche afin de remplir au mieux leur rôle. Et si jamais leurs efforts pour être de bons parents, selon ces prémisses, n'apportent pas les fruits escomptés, ils ne penseront pas à les réexaminer pour en vérifier la pertinence. Soit ils accuseront leurs enfants d'être des ingrats, des égoïstes (après tout ce qu'ils ont fait pour eux) soit ils se reprocheront leur propre incapacité de les éduquer. Ils ne peuvent envisager un instant le fait que c'est précisément leurs prémisses qui pourraient être à l'origine de leur échec ; mais cette remise en cause est difficile car leur vision du monde constitue, pour eux, une « réalité vraie » qui ne peut être mise en question.

L'apport de l'Ecole de Palo Alto marque une rupture totale avec la conception classique de la thérapie et de la résolution des problèmes humains en général. En fait elle propose un nouveau paradigme, dans le sens défini par Thomas Kuhn, historien et philosophe des sciences : un nouvel ensemble de croyances, de valeurs et de techniques dont découlent des stratégies de solutions susceptibles d'être plus efficaces que celles issues de l'ancien modèle. A partir d'autres prémisses et d'autres outils de pensée, présentés dans ce livre, nous invitons donc nos lecteurs à pratiquer une nouvelle gymnastique mentale susceptible de les préserver de certaines paralysies de l'esprit mais aussi d'éventuelles rigidités comportementales.

L'ENFERMEMENT ET LA RIGIDITÉ DES APPRENTISSAGES DE NIVEAU 2

Lorsque des situations paraissent insurmontables, cela ne signifie pas pour autant qu'elles sont impossibles à gérer : il faut surtout les aborder différemment. Quand une personne consulte pour un problème, elle a généralement essayé et réessayé toutes les solutions qu'elle jugeait possible de mettre en œuvre pour le résoudre, mais ce, dans l'espace de sa construction de la réalité qui limite sa vision du problème. Les solutions qu'elle a envisagées appartiennent généralement à la classe de ses apprentissages de niveau 2 ; or ceux-ci, ne donnant accès qu'au changement 1, participent précisément à la perpétuation du problème.

Les singes et la banane

Ces situations banales de blocage évoquent cette expérience diabolique faite sur des singes : des expérimentateurs ont introduit des bananes dans un bocal, dont l'ouverture avait été calculée de telle sorte que les singes pouvaient y glisser la main sans pouvoir la ressortir une fois la banane saisie. Qu'ont fait ces singes pour sortir de ce piège, sinon s'acharner à tenter désespérément de ressortir leur main qui s'agrippait à la banane ? Bien que ce choix de solution précisément créât leur problème, ils étaient incapables de l'abandonner. Il leur fallait d'abord abandonner leur solution, c'est-à-dire cesser de s'agripper à la banane, puis renverser le bocal pour la faire tomber et pouvoir ainsi la manger. Mais cette solution, qui relève d'un apprentissage de niveau 3 et d'un changement 2, est malheureusement inaccessible à nos cousins primates. Toutefois, nous réagissons bien souvent comme ces singes lorsque nous nous laissons piéger par nos apprentissages de niveau 2, alors que le niveau 3 nous est, à nous, accessible. Sans nous en rendre compte, nous créons de la même façon nos problèmes en réitérant « un peu plus » des mêmes solutions de niveau 2 : comme ces singes, nous devenons prisonniers de notre univers mental.

Passer au niveau 3 d'apprentissage nécessite un « lâcher-prise » mental

Le passage au niveau 3 d'apprentissage nécessite souvent l'intervention d'un professionnel du changement ou encore d'une tierce personne un peu créative et surtout extérieure au problème. Son intervention consistera en premier lieu à sortir le problème du cadre inapproprié dans lequel il a été envisagé au départ, par la personne qui en est la victime, pour le redéfinir dans un cadre qui soit pour elle plus opératoire. Cette capacité d'accéder au niveau 3 de l'apprentissage, propre à l'homme, nous permet d'échapper aux pièges que nous nous construisons. Mais l'apprentissage 3 nécessite une sorte de « lâcher-prise mental » qui libérera une solution plus pertinente[3]. Là se situe le changement profond et durable.

Les blocages auxquels nous nous heurtons sont le plus souvent créés par la rigidité de nos constructions mentales. La plupart des individus se plaignent d'être « coincés » par les autres parce qu'ils s'acharnent précisément à vouloir les changer. Ils n'envisagent pas que c'est en fait leur regard sur l'autre et la nature de leurs relations avec celui-ci qu'ils peuvent modifier et rien de plus : ainsi se limitent-ils eux-mêmes en limitant les autres à leur insu. Nos blocages résultent le plus souvent de nos certitudes et de nos suppositions sur les autres et de nos interprétations limitantes des situations. Nous restreignons par là même nos possibilités d'agir autrement.

Il n'y a pas qu'une seule et unique solution inamovible

Une des certitudes les plus limitantes est de croire qu'un problème n'a qu'une seule solution possible. Une autre certitude, bien répandue, est de croire que, lorsqu'une solution s'est avérée efficace, elle doit l'être dans tous les cas. Cette croyance est fréquente chez les parents qui voudraient transposer, d'un enfant à l'autre, les solutions qui ont produit de bons résultats ; comme si la réalité était intangible, comme si pour être justes, il leur fallait nécessairement ne faire aucune différence entre leurs enfants ; comme s'il n'y avait qu'un itinéraire pour atteindre une destination. Face à un enfant

3. Voir au chapitre 16 sur les vertus de la communication indirecte : *Le langage des deux cerveaux* et *La communication hypnotique, selon Milton Erickson*.

qui n'obéit pas, les parents ne montrent-ils pas une certaine propension à répéter vainement, toujours un peu plus fort et un peu plus souvent leurs consignes, bien que celles-ci ne soient suivies d'aucun effet ? Pour dépasser ce blocage, il est nécessaire de les amener à envisager la situation différemment afin qu'ils modifient leur manière d'interagir pour être obéis : ils trouveront alors d'autres mots pour le dire, d'autres stratégies de communication, d'autres formes d'injonctions plus efficaces ; ils utiliseront aussi d'autres contextes pour mieux se faire entendre. Lorsqu'un comportement ne permet pas d'obtenir l'effet escompté, la règle de base est de réenvisager la situation pour déclencher de nouveaux comportements afin de provoquer le résultat souhaité.

Lorsque les individus échouent dans leurs relations, ils se trompent souvent d'ennemis : ils se focalisent tellement sur l'autre qu'ils voudraient « dompter », qu'ils ne savent plus effectuer le lâcher-prise nécessaire pour réviser d'abord leur point de vue. Certains parents s'épuisent de cette façon à vouloir changer leurs enfants alors qu'en changeant leurs propres regards et ainsi leurs comportements, ils parviendraient à modifier en retour les réactions de leurs enfants. Mais lorsque nos comportements ne produisent pas l'effet désiré, nous accusons de préférence la rigidité des autres ou leur mauvaise volonté, oubliant que leur rigidité nous renvoie à notre propre rigidité. Nous perdons ainsi des chances d'éviter de nous enfermer dans des jeux relationnels.

LES SOLUTIONS STANDARD DITES « DE BON SENS »

Le bon sens, hélas, doit être en effet la chose la mieux partagée au monde ! Dans notre éducation à tous figurent en bonne place ces « solutions standard » reposant prétendument sur le bon sens. Ne nous a-t-on pas chaudement recommandé de réessayer après un échec et surtout de ne pas nous décourager tant que nous n'avons pas réussi ? Le problème majeur de ces solutions de bon sens réside dans le fait qu'elles ont été, pour la plupart, apprises par mimétisme et transmises comme allant de soi, de génération en génération. Elles sont très difficiles à remettre en question car ancrées dans notre construction de la réalité.

Les solutions de bon sens sont aussi l'apanage du conservatisme dont le goût prononcé pour la permanence des choses rend alors logique leur mise en œuvre. Néanmoins notre société n'est pas exclusivement composée de conservateurs ! Bien des « progressistes », des réformateurs, les utilisent cependant, victimes comme les autres de la rigidité des apprentissages de type 2. Ainsi des gouvernements de droite et de gauche peuvent se succéder et parvenir aux mêmes résultats de « non-changement » quand ce n'est pas à l'inverse de ce qu'ils souhaiteraient qu'ils aboutissent. Dans les deux cas, ce sont des solutions de même nature, issues d'apprentissages 2 et de changement de niveau 1 qui sont mises en œuvre. La grande originalité de l'École de Palo Alto est d'avoir montré comment ces solutions dites de bons sens engendrent paradoxalement un peu plus de permanence et non pas du changement. Qui, tentant vainement d'oublier un souvenir douloureux, ne s'en souvient pas d'autant plus ? Qui, cherchant à être naturel, ne se contrôle un peu plus, perdant ainsi toute spontanéité ? Les solutions de bon sens transforment très souvent une difficulté en un problème insoluble de plus en plus envahissant.

Voici un exemple de solutions de « bon sens ». Un jeune cadre, Louis, embauché depuis quelques mois, commet une erreur de stratégie auprès d'un de ses clients et le perd. Son supérieur réagit fort mal : il n'admet pas cette erreur et considère d'emblée ce jeune cadre comme peu compétent. Louis perd confiance en lui et, peu à l'aise avec son supérieur hiérarchique, se replie sur lui-même, pensant qu'il vaut mieux, dorénavant, ne pas trop en dire sur ses activités et résultats. Son supérieur hiérarchique interprète ce comportement comme le signe d'une démotivation et d'une inaptitude à communiquer et leurs relations deviennent de plus en plus tendues. Louis, mis en quelque sorte au placard, commence à déprimer, doutant de plus en plus de ses potentialités, tandis que, de son côté, son supérieur hiérarchique, se sentant de plus en plus mal entouré, l'exclut et se prive d'une collaboration qui lui serait nécessaire. Toutes ces solutions de bon sens (dévalorisation-repli-mise au placard), mises en œuvre de part et d'autre, ont aggravé le problème de départ en les enfonçant chacun dans leurs impasses. Découlant d'une logique linéaire, ces solutions sont inappropriées à la résolution des problèmes humains, dont la complexité se caractérise par leur logique circulaire. Qui n'a pas connu cette frustration d'avoir « fait de son mieux », selon la logique du bon sens, pour constater ensuite que les choses avaient empiré ?

Dans une société complexe où des secteurs sociaux et économiques sont en crise, le bon sens issu de l'apprentissage 2 ne peut produire le changement escompté. Lorsque la société évoluait lentement du fait que les interactions sociales étaient moins nombreuses, le bon sens était sans doute moins nocif. A l'époque actuelle, où les interactions croissent de manière vertigineuse et où les transformations s'accélèrent, ces solutions de « bon sens », forcément décalées dans le temps de surcroît, ne peuvent que renforcer la permanence des problèmes de nos sociétés.

LES « ULTRASOLUTIONS » : ÉLIMINONS LES CAUSES, ON SUPPRIMERA LE PROBLÈME !

Si les solutions de bon sens visent à traiter les causes des problèmes pour les résoudre, les ultrasolutions se caractérisent, elles, par le fait qu'elles cherchent moins à résoudre les problèmes qu'à les annuler en éliminant la ou les prétendues causes. Plus grave encore est le risque que nos sociétés se laissent prendre au piège des « ultrasolutions », ainsi nommées par Paul Watzlawick, car ces ultrasolutions participent de cette logique du bon sens, poussée cette fois-ci à l'extrême. A titre d'exemple, la montée des partis d'extrême droite ou de l'intégrisme est un sérieux avertissement. Le choix de la guerre est l'exemple type de l'ultrasolution, dont les conséquences à court, moyen ou long terme sont généralement dramatiques. Les partis totalitaires ou extrémistes sont les champions de l'ultrasolution : la France manque d'emplois, chassons tous les étrangers, fermons les frontières à l'importation et le problème du chômage sera réglé.

« TOUJOURS PLUS D'INFORMATION » POUR « TOUJOURS MOINS DE COMMUNICATION »

Plus nous disposons de machines et de commodités techniques pour accélérer l'action et dégager du temps et plus nous souffrons de disposer de moins en moins de temps libre. Ces commodités, censées nous libérer, nous asservissent paradoxalement un peu plus. Le développement spectaculaire des « machines à communiquer », qui vise à abolir les distances physiques entre les hommes, contribue en même temps à ce qu'ils se sentent un peu plus isolés. Dans les entreprises en particulier, l'inflation non maîtrisée de supports d'information tels que lettres au personnel, journaux internes, journaux vidéo, développement de l'informatique et de la télématique… enferment un peu plus les individus dans leur « bulle » et les prive de contacts humains.

Sous l'effet d'un amalgame entre mauvaise communication et déficit d'information, on tente de résoudre les problèmes de communication interne par la création d'outils techniques qui affaiblissent en fait les relations entre les individus. En réduisant le problème qualitatif de la communication interne à celui de la circulation de l'information, on ne peut aboutir qu'à des solutions technologiques et quantitatives qui ne répondent pas au problème réel des relations. Certes, si la fluidité des échanges d'information est une condition indispensable au management, elle n'est pas suffisante ; un management efficace repose en fait, à la base, sur la qualité des relations qui, elle-même, libère et développe les échanges d'information en entreprise. Mais ces solutions technologiques n'apportent aucun remède aux problèmes des relations dans l'entreprise. En réalité, plus un processus d'information est

« efficace » techniquement et plus il sépare les individus, rendant la communication de plus en plus formelle et impersonnelle. La performance d'un système d'information devrait se mesurer sur le fait qu'il favorise ou non la communication interpersonnelle dans sa dimension relationnelle. La qualité de la relation est une condition prioritaire à l'échange d'informations.

La complexité des problèmes de communication vient du fait qu'ils relèvent de solutions qualitatives, d'apprentissages de type 3 et de changement de niveau 2 ou changement systémique. Loin de produire et de diffuser « toujours plus » d'information, il s'agit de faire évoluer les modes de rapports humains, en modifiant les règles et les prémisses qui les régissent.

Ainsi sommes-nous plongés dans un paradoxe sans égal : bien que les hommes n'aient jamais eu à leur disposition des moyens aussi nombreux, sophistiqués et variés pour communiquer entre eux, ils se plaignent de leur solitude et disent s'entendre et se comprendre de moins en moins bien. En voulant remédier aux problèmes de communication, la révolution de l'information engendre un peu plus l'altération de la communication interpersonnelle.

L'EMPRISE DES UTOPIES ET LES ILLUSIONS DU CONTRÔLE

Seigneur,

Donne-moi le courage de changer les choses
qui peuvent être changées,
donne-moi la force d'accepter
celles qui ne peuvent être changées.
Donne-moi surtout la lucidité
pour distinguer les unes des autres.

Prière d'un homme d'action

L'emprise des utopies

Watzlawick mentionne deux grands types d'utopie : les utopies *négatives* pour lesquelles il n'y a pas de solution et les utopies *positives* qui laissent entendre un monde sans problème. Ainsi souligne-t-il dans *Changements* : « Si un terrible simplificateur est quelqu'un qui ne voit pas de problème là où il y en a un, son contraire philosophique est l'utopiste qui voit une solution là où il n'y en a pas. » Ce royaume de l'universelle réconciliation ou cette fameuse « Cité des Fins », annoncée par Marx, n'a-t-elle pas mené directement à la terreur politique et à l'arbitraire ? La formule du poète Hölderlin illustre bien ces propos : « Ce qui a fait de l'État un enfer, c'est que l'homme a voulu en faire un paradis. » Edgar Morin, dans *Un Nouveau Commencement*, suggère avec sagesse : « Comment changer, transformer ? Ne faut-il pas plutôt abandonner des rêves impossibles... et puisque nous avons éliminé l'idée d'un paradis terrestre, essayer d'aménager un purgatoire ? »

Le syndrome d'utopie relève de la poursuite d'un bonheur total et de la volonté d'atteindre des buts irréalistes et absolus tels la connaissance de soi, la réalisation de soi, la paix et la sérénité totales, l'unité de la personne une fois pour toutes... Le fait de poser un objectif de changement dans des termes aussi vagues, globaux et irréalistes ne peut qu'engendrer des solutions qui créeront un peu plus de problèmes. Ce sont précisément ces demandes et ces attentes utopistes impossibles à satisfaire qui fabriquent une bonne part des maladies psychiques iatrogènes. Les cliniciens de l'École de Palo Alto rejettent ces demandes utopistes quelque peu induites par la psychologie humaniste, notamment celle en vogue du « New Age ». L'échec et le désespoir sont assurés si l'on s'acharne à atteindre des objectifs inaccessibles. Lorsque je délimite dans mes interventions les termes du changement à accomplir, je prends grand soin d'extraire de toute demande utopiste des objectifs suffisamment concrets pour qu'ils puissent être rapidement réalisés et de montrer, à la deuxième séance, qu'un premier changement a déjà pu être atteint.

L'illusion du contrôle

L'illusion du contrôle, quant à elle, correspond au fait de définir des objectifs de changement en termes totalement inadéquats[4] : bon nombre de gens cherchent vainement à satisfaire des aspirations parfaitement illusoires dans la mesure où leur accomplissement ne relève pas de leur responsabilité. Un exemple classique est celui de la personne qui pense que son problème sera résolu si elle parvient à transformer l'autre ou, mieux encore, si l'autre change de lui-même. Bien d'autres illusions existent car le domaine de l'illusion est infini : tel Thomas, ce mari nostalgique qui voudrait tellement que sa femme Anne redevienne « celle » qu'il a connue ; comme si sa femme, tel un objet inanimé, pouvait rester statique ou à sa demande et par amour pour lui pouvait redevenir celle qu'elle a été. Évoquons encore le cas de cette mère, Christine, qui déclare qu'elle ne pourra être heureuse que le jour où sa fille le sera. Ces illusions de contrôle unilatéral découlent de cette croyance que la menace, le chantage, le marchandage, l'incantation ou encore la force sont les seuls moyens de se faire respecter, de faire évoluer les autres ou mieux d'instaurer l'ordre une fois pour toutes. Dans leurs formes extrêmes, elles peuvent aboutir, à l'instar des solutions « de bon sens », à des ultrasolutions, telles que le suicide, l'exclusion ou l'élimination physique de l'autre...

« En nous efforçant d'atteindre l'inaccessible, nous rendons impossible ce qui serait réalisable » ; cette formule de Watzlawick me sert en permanence de clignotant dans la conduite de mes interventions. Lors de mes séminaires par exemple, je suis fréquemment

4. Nous verrons au chapitre 20 quelles sont les bonnes questions à se poser pour définir un *vrai* objectif de changement.

confrontée à des énoncés irréalistes : « Ce sont les mentalités qui doivent évoluer chez nous » ou « C'est notre culture d'entreprise qu'il faut changer. » Chercher à résoudre des problèmes en termes de « changement de mentalité », ou de changement culturel, relève de l'illusion et piège à l'avance tout changement. Combien de fois entendons-nous ce genre de réactions : « Je ferai moins de contrôle quand ils m'auront prouvé qu'ils travaillent comme des gens responsables » ou « Je ne lui ferai plus de critiques quand il aura changé » ? Ce genre de marchandages conduit à des situations bloquées : d'une part il inverse, de façon pernicieuse, l'ordre chronologiquement efficace qui favoriserait le changement, d'autre part il alimente précisément la permanence des attitudes reprochées aux destinataires. L'individu poursuit d'autant mieux son évolution, son développement qu'il se sent accepté et respecté.

Ce sont nos prémisses qui constituent le plus souvent des obstacles du changement, de même que notre manière linéaire d'aborder les problèmes complexes. Tout changement doit d'abord passer par une reconstruction de la réalité.

☆

Ce qui piège le changement, c'est principalement nos idées toutes faites sur le monde, les autres et sur nous-mêmes, celles qu'un prétendu « bon sens » nous inculque depuis l'enfance.

Un même problème peut avoir plusieurs solutions.

Deuxième partie

LE CHANGEMENT DÉCOULE D'UNE NOUVELLE LECTURE DE LA RÉALITÉ

Nos perceptions étant modelées en fonction de nos processus de pensée, il nous est très difficile de découvrir ce qui est évident, simplement parce que nos anciennes tournures de pensée bloquent notre capacité de voir ce qui est vieux d'un œil neuf.

Gottfried Wilhelm Leibniz

4

LA RÉALITÉ : UNE CONSTRUCTION DE L'ESPRIT

DU POSITIVISME AU CONSTRUCTIVISME

Comme pour les notions de changement et de permanence, la notion de « réalité » reste au cœur des débats philosophiques et scientifiques. Pour les positivistes, qui dominaient le monde scientifique, il n'y a pas si longtemps, à peine un demi-siècle, les données de la réalité étaient des données qui s'imposaient à l'observateur : celui-ci ne les construisait pas, il les recevait simplement. Aujourd'hui le consensus est clair, les données de l'observateur ne peuvent être objectives car l'observateur a une influence déterminante sur ce qu'il prétend observer. Ainsi toute connaissance demeure relative. La réalité que nous appréhendons, le monde que nous comprenons sont en fait les marques de notre esprit : « Tu ne vois pas le monde tel qu'il est mais tel que tu es », dit le Talmud. Le monde réel nous échappe inexorablement car nous n'avons jamais affaire à la réalité mais à des images de la réalité, à des représentations. Pour Paul Watzlawick, « l'homme construit littéralement sa réalité pour ensuite y réagir là-bas, indépendamment de lui, et finalement arriver à la surprenante idée que ses réactions sont à la fois la cause et l'effet de sa construction de la réalité ». Il a ainsi défini deux niveaux de réalité : il appelle « réalité de premier ordre » celle que nos récepteurs sensoriels enregistrent et « réalité de second ordre » l'univers des significations que nous attribuons aux choses. Cette distinction des deux ordres de la réalité s'apparente au postulat de base de la sémantique générale, « la carte n'est pas le territoire » : le territoire constitue la réalité de premier ordre alors que la carte représente la réalité de second ordre. Les techniques de changement pratiquées par les thérapeutes de l'Ecole de Palo Alto visent précisément à modifier, élargir ou compléter cette carte mentale ou réalité de deuxième ordre, lorsque celle-ci porte préjudice aux patients et ne leur permet pas de se diriger de manière satisfaisante vers l'obtention de leurs buts.

Pour les constructivistes[1], les données de la réalité sont construites par l'observateur qui ne peut agir que sur cette réalité de deuxième ordre. Ils insistent sur le fait qu'il n'y a pas de lecture vraie ou fausse de la réalité mais simplement des lectures qui nous aident et multiplient nos possibilités et d'autres qui les limitent. Le constructivisme a ouvert de nouvelles perspectives dans le domaine de la thérapie et de la résolution de problèmes. Dans cette logique, le thérapeute va s'attacher à repérer comment le problème a été construit par le sujet. C'est dans l'observation et l'écoute de la construction de la réalité du patient que nous discernons où résident à la fois son problème et la solution de celui-ci : nos problèmes ne nous sont pas donnés, ils sont construits par nous.

Pour l'approche constructiviste, la réalité n'est pas prédéterminée, elle est constamment reconstruite, même si elle ne change pas. Ainsi les interventions développées au Mental Research Institute de Palo Alto, qui représentent une application de la pensée constructiviste, sont fondées sur des interventions directes dans la réalité de deuxième ordre. Le changement dans les systèmes humains va s'opérer avant tout par une modification cognitive :

1. Voir *La Modélisation des systèmes complexes*, J.-J. Le Moigne, Dunod, 1990.

les données de la situation problématique restent les mêmes mais vont être réorganisées pour faciliter la résolution du problème posé. Si toute théorie n'est jamais que le résultat d'une construction mentale, alors répond Paul Watzlawick, *une théorie sera jugée meilleure qu'une autre si elle permet une plus grande efficacité pour l'action*. La question n'est donc plus de savoir ce qui est vrai mais de chercher ce qui est utile et fonctionne. Dans le monde de la science, il n'y a pas de vérité éternelle, surtout dans un domaine aussi insaisissable que celui de notre expérience subjective. Le seul critère valable est celui de la plus grande efficacité d'un énoncé par rapport à l'autre.

La construction d'un problème dépend avant tout des interactions entre l'individu et son environnement. Une même situation peut être perçue par une personne comme un problème ou une menace alors qu'une autre y verra soit une opportunité soit une situation neutre. Ainsi un problème ne se pose que lorsque quelqu'un l'a posé. Notre culture cartésienne a généré la croyance en des problèmes qui existeraient par eux-mêmes. Or, il n'existe pas de réalité objective indépendante d'un observateur. En tant qu'observateur, nous sommes à la fois acteur et spectateur, créateur et constructeur de ce que nous tenons pour « réel ». Le modèle constructiviste implique alors que, face à une réalité, le sujet a la liberté d'inventer et de choisir des lectures différentes. Là réside sa responsabilité.

DU MYTHE DE L'OBJECTIVITÉ AU PRINCIPE DE RESPONSABILITÉ

La réalité dont nous parlons, dit Watzlawick, est le résultat de notre « invention », de notre « construction mentale » plus ou moins porteuse de perspectives ou d'impasses. Dès lors, puisque toute réalité est le résultat d'une construction de l'esprit, pourquoi ne pas inviter nos interlocuteurs à percevoir et à construire différemment leur réalité pour qu'ils en tirent plus de possibilités d'action et plus de lieux de satisfaction ? Nous sommes ici au cœur de la dimension pédagogique et thérapeutique de nos interventions : apprendre à nos clients à changer de lunettes pour changer leurs perceptions de la réalité afin de les amener à réagir différemment.

Nous ne percevons pas « la » réalité mais « une » réalité parmi d'autres, celle qui nous est perceptible dans la vision du monde qui nous est propre ; mais celle-ci n'est qu'une possibilité parmi d'autres. Nous butons souvent sur des problèmes par le fait même que nous nous enfermons dans une seule lecture limitante de la réalité et dans un seul langage pour l'appréhender. La réalité, telle que nous la concevons, n'a pas d'existence propre : elle est le produit de notre structure nerveuse. La couleur, par exemple, n'existe pas dans le monde « objectif », c'est une fabrication interne du système nerveux. Pour Francisco Varela[2], biologiste et cogniticien, le phénomène de la couleur serait lié à la fois à l'expérience, à l'action et à la biologie de l'espèce comme aux données culturelles de l'environnement. Ainsi la couleur ne serait ni dans la réalité, ni dans la tête, mais dans la relation entre ces deux données, pour laquelle il nous manque toujours une méthode d'exploration.

Si nous percevons le monde sans savoir comment nous faisons pour le percevoir, nous savons simplement que nous avons tendance à sélectionner les faits qui sont en cohérence avec notre vision du moment. Que reste-t-il alors à inventer pour l'homme, sinon « la construction d'une connaissance de la connaissance se connaissant », pour reprendre une expression propre au sociologue Edgar Morin, ainsi que son vœu épistémologique : « Que l'observateur s'observe lui-même en train d'observer les systèmes, et qu'il s'efforce de connaître sa propre connaissance » ? Edgar Morin évoque là l'idée de dissociation, la notion de métaposition de l'observateur qui est bien évidemment en ce qui nous concerne la position idéale du consultant et du thérapeute. Mais est-elle toujours praticable au moment même où s'opère la perception ?

2. F. Varela, *L'Inscription corporelle de l'esprit*, Le Seuil, Paris, 1993, p. 212-232.

Elle rejoint le fameux « connais-toi toi-même », injonction à laquelle nous ne pouvons guère répondre. Comment répondre à cette magistrale double contrainte[3] ? Sinon en la re-situant, pour l'instant, dans une perspective plus réaliste, c'est-à-dire en assumant la responsabilité de notre construction subjective de la réalité. Cette responsabilité, liée à l'espace de liberté de l'être humain, est au cœur de l'éthique et fait l'objet des réflexions actuelles sur les conséquences sociales de l'utilisation des nouvelles connaissances scientifiques.

PROCESSUS COGNITIFS ET CONSTRUCTION DE LA RÉALITÉ

Nos cognitions ou opérations mentales influencent nos perceptions, nos émotions et nos comportements, qui les influencent en retour. Filtrant notre perception, elles nous gouvernent à notre insu. Les processus cognitifs avec lesquels nous appréhendons la réalité font partie de ces matériaux susceptibles de construire nos problèmes. Bateson avait mis en lumière ce système de croyance-perception autovalidant. La manière dont les problèmes sont posés dans la vie quotidienne, en thérapie comme en formation, requiert donc notre plus grande vigilance. A *fortiori*, si nous agissons en tant que thérapeutes ou formateurs, il nous faut être très attentifs aux mécanismes cognitifs de nos clients. A. Beck, psychiatre américain spécialiste de la dépression, a notamment mis en évidence les processus cognitifs que le déprimé utilise sans en avoir conscience et qui le conduisent à déprimer encore plus. La personne déprimée sélectionne et ne retient d'une situation que les détails qui vont la confirmer dans ses convictions négatives, sans en percevoir les aspects positifs et utiles pour elle. Elle a aussi tendance à faire de l'inférence arbitraire, c'est-à-dire à dégager des conclusions hâtives à partir de faits insuffisants. Portée à la

3. La double contrainte, menace et défi, est étudiée au chapitre 15.

surgénéralisation, elle va étendre abusivement une expérience malheureuse à d'autres situations à venir, car elle a beaucoup de mal à faire la distinction entre hier et aujourd'hui, entre aujourd'hui et demain, entre l'ici et l'ailleurs... Elle tombe notamment facilement dans la surculpabilisation en se vivant comme coupable de situations totalement indépendantes d'elle. Elle aura tendance aussi à privilégier la pensée globalement dichotomique qui se traduit par le fait de percevoir et de raisonner de manière grossièrement binaire. Selon elle, on ne peut être que bien « ou » mal, les intermédiaires n'existent pas car elle ne sait pas, ou plus, les distinguer.

Dans la même optique, la PNL a identifié des repérages relativement précis, qu'elle assimile à des « métaprogrammes », sorte de métalogiciels de traitement de l'information qui vont orienter considérablement notre manière d'interagir. Ils servent à identifier les structures cognitives à la base de nos constructions de la réalité. Bien qu'ils soient contestables s'ils font l'objet d'une généralisation abusive sur le sujet qu'on écoute, ils permettent d'affiner notre écoute et donc nos interventions sur la construction de la réalité de notre interlocuteur.

L'approche cognitive de la communication est un outil précieux pour détecter comment nos interlocuteurs ont mentalement construit leurs problèmes. Elle consiste à être tout aussi attentif au « comment-les personnes-pensent » qu'au « ce-qu'elles-pensent ». Notre communication est le produit d'une démarche mentale qui se repère grâce à l'écoute des processus mentaux.

5

LIMITES ET FILTRES DE LA PERCEPTION

Au début du XVIIIe siècle, George Berkeley, évêque et philosophe irlandais, fut le premier à poser une théorie de la vision et à s'intéresser aux principes du processus de la connaissance humaine. Pour lui, les choses sont exclusivement perçues par les sens, sinon elles n'existeraient pas dans la conscience pour laquelle il n'est pas d'autre source que la perception sensible : « Tout ce qui existe, n'existe qu'en tant que perçu par un sujet percevant. » Berkeley aboutit ainsi à ce constat qui intéresse particulièrement notre propos : « Etre, c'est être perçu. » L'être n'existerait donc pas en soi, mais seulement en tant qu'il est perçu. Or, pour qu'il soit perçu, il faut qu'il y ait quelqu'un qui perçoive. D'où sa seconde formule : « Etre, c'est percevoir. » Ainsi les deux seules formes d'existence qui nous soient accessibles sont celle de percevoir et celle d'être perçu.

Mais l'homme ne peut observer les phénomènes qui l'entourent que dans les limites restreintes de ses capacités sensorielles. De nombreux filtres s'interposent entre la réalité et la perception que nous en avons : le filtre de nos cinq récepteurs sensoriels qui sont limités, les filtres de nos croyances construites sur des expériences passées, vécues ou empruntées, les filtres de notre environnement géographique, culturel, social, intellectuel et imaginaire. Cet ensemble complexe de filtres explique l'immense variété de la perception et des démarches humaines et, par là même, toute la complexité de la communication qui résulte de cet enchevêtrement infini d'interactions-rétroactions.

LA PERCEPTION RÉSULTE DE SOUVENIRS, DE PROJECTIONS ET D'ATTENTES

Nous percevons la réalité comme notre mémoire nous prépare à la percevoir. Nous avons tendance à « voir » avec notre mémoire plus qu'avec nos yeux. Lorsque nous observons quelque chose de nouveau, nous essayons en fait de retrouver quelque chose qui se trouve déjà dans notre mémoire ; nous y associons immédiatement une image déjà enregistrée et nous lui donnons un nom qui correspond à quelque chose que nous avons déjà expérimenté dans le passé. En mettant ainsi du connu sur de l'inconnu, nous faisons une projection. Selon nos attentes, nos prédictions et nos connaissances, nous ne percevons pas les mêmes choses. La perception de la mer par un Parisien en vacances, par exemple, est forcément grossière comparée à celle d'un marin professionnel, d'une part parce qu'elle constitue un enjeu différent pour chacun d'entre eux, d'autre part parce que l'un et l'autre sont placés dans des contextes d'action différents.

Nos attentes et nos intentions constituent les semences de nos perceptions. Nous percevons aussi ce que nous cherchons à percevoir : n'avez-vous pas remarqué qu'après avoir acheté une nouvelle voiture, vous avez tendance à en voir de semblables beaucoup plus souvent dans votre environnement ? De même, le fait d'attribuer certaines qualités ou certains défauts à autrui nous conduit généralement à les lui imputer en permanence. Nos perceptions sont donc des choix que nous effectuons plus ou moins consciemment ou inconsciemment, et non des faits objectifs. Comparer des témoignages nous le confirme : si trois personnes sont témoins du même accident, il y a peu de chances de recueillir trois témoignages identiques. Tous ayant jeté un regard différent sur la même réalité, chacun en aura distingué et sélectionné des aspects différents. Bon nombre des difficultés de la communication interpersonnelle proviennent de ce phénomène des perceptions, à la fois très individualisées et très partielles. En développant notre acuité sensorielle, nous donnons toutefois à la réalité qui nous entoure plus de relief et de nuances.

Ce que nous percevons est aussi un reflet de notre état interne, un écho de notre état émotionnel du moment. Notre perception de la réalité est donc parfaitement mouvante. Ainsi, avant de décrire une situation ou une personne, une bonne précaution consisterait à nous demander sous quel angle et de quel point de vue subjectif, sensoriel et intellectuel nous les avons appréhendées. Le monde objectif et le monde subjectif s'interpénètrent. Indissociables, ils s'influencent nécessairement. Dans la mesure où, inconsciemment, nous regardons en nous pendant que nous regardons au dehors, c'est autant notre propre état d'esprit que nous voyons se refléter à l'extérieur que l'extérieur qui se reflète dans notre état d'esprit.

LES EFFETS MUTILANTS DES THÉORIES

Les théories visent à nous aider à comprendre les êtres humains en général. Mais le problème est qu'aucun individu ne peut être une « personne en général ». Chacun de nous est une personne complexe et singulière.

Les théories ressemblent à ces faisceaux lumineux qui sélectionnent certains aspects de la réalité au détriment d'autres, limitant ainsi notre perception. Mais, pire encore, souligne Hegel « si jamais les faits venaient à contredire la théorie, alors, tant pis pour les faits ». Einstein ira encore plus loin : « C'est une erreur de croire que nous élaborons des théories sur la base des observations, c'est plutôt la théorie qui détermine ce qu'on peut observer. » Il en va de même de tout individu qui aurait la prétention de lire l'autre à livre ouvert.

Le risque couru par les théoriciens de la personnalité, de ceux qui ont une foi excessive dans leurs théories, est de sélectionner l'observation de leurs patients. Les grilles interprétatives des comportements humains influencent de façon sélective les observations des praticiens, risquant de les placer dans de mauvaises dispositions pour appréhender l'autre, s'ouvrir à sa logique et ainsi le découvrir dans sa singularité. Ainsi, quand ils analysent leurs entretiens thérapeutiques, ils ont tendance à trouver dans leurs résultats la confirmation de leurs théories de départ. Susceptibles de négliger les informations qui ne participent pas à leur vérification, ils prennent le risque de défigurer leur observation et de distordre leur écoute. A ce titre, Milton Erickson pourfendait toute classification, toujours trop interprétative et simplificatrice, dans la pratique de la psychothérapie.

Plus on prétend atteindre le cœur de la personnalité et plus on s'aperçoit que la réalité de l'autre est infiniment plus complexe que les théories qui la décrivent et la simplifient. Ce que nous percevons de l'autre résulte de notre subjectivité, sélective et relative, car on ne peut isoler « l'autre » de « soi ». Lorsque nous portons un jugement sur l'autre, nous évoquons en fait notre expérience interactionnelle vécue avec celui-ci, ou encore celles que nous avons empruntées des autres et rien de plus. Nous croyons percevoir la réalité de l'autre alors que nous percevons l'impression qu'il a produite sur nous.

De la personnalité d'un individu, restons modestes, nous ne connaissons guère plus que les manifestations externes, c'est-à-dire les comportements et microcomportements verbaux et non verbaux. Encore faut-il différencier avec vigilance nos interprétations de nos observations. Ces comportements verbaux et non verbaux étant eux-mêmes le résultat d'apprentissages conscients et inconscients, nous ne pouvons les juger. Nous pouvons au mieux constater l'étendue du répertoire comportemental de notre interlocuteur. Mais une autre restriction s'impose car ce répertoire étant toujours en devenir, nous ne pouvons nous autoriser à porter de conclusions définitives sur l'autre ; nous pouvons simplement constater ce qu'il fait dans l'instant présent et nous abstenir de projections dans son passé comme dans son futur. La seule et utile évaluation, tout particulièrement en coaching et en thérapie, consiste à identifier chez l'autre les apprentissages qu'il lui serait bénéfique d'acquérir pour lui permettre de résoudre son problème. Notre connaissance de l'autre ne peut être que restreinte et subjective ; elle nous impose sagesse et lucidité car nous sommes responsables de ce que nous disons aux autres.

DÉVELOPPEMENT DE L'ACUITÉ SENSORIELLE ET ACCÈS AU SIXIÈME SENS

Notre capacité de recueillir des informations sensorielles nouvelles est inversement proportionnelle à la quantité de préjugés et d'explications que nous avons accumulés. Mettons en sourdine nos préjugés car ceux-ci parasitent et ferment nos récepteurs sensoriels à toute information susceptible de remettre en question notre point de vue.

Le développement de notre acuité sensorielle dépend de notre capacité d'entraînement à percevoir les différences : ce sont elles qui donnent à la réalité plus de relief et tout son intérêt et qui livrent le plus d'informations[4]. Erickson, qui tirait tout son génie de l'observation et de l'écoute attentive de ses patients, conseillait avec insistance à ses élèves de s'entraîner à percevoir les différences. Un jour, par exemple, il demanda à l'une de ses patientes, en lui montrant une feuille verte, d'observer toutes les nuances de vert que présentait cette feuille. Ce faisant, nous alimentons notre cerveau d'informations fines, lesquelles contribuent à développer nos facultés de discernement et d'intuition. Le proverbe chinois qui recommande d'apprendre à « observer de vieux paysages avec de nouveaux regards » évoque en fait la même consigne. Nous sous-utilisons nos capacités sensorielles, rétrécissant de ce fait notre champ du connaissable, et par là même, nos possibilités d'actions sur celui-ci. « Rien n'est caché, dit le proverbe, certes excessif, pour qui se sert de ses yeux et de ses oreilles. » De même les sophistes déclaraient : « Celui qui reste dans la reproduction du déjà vu, du

4. « En fait, ce que nous désignons par "information", c'est une différence qui crée une différence. » (G. Bateson)

déjà entendu, celui qui vit dans le scénario du déjà vécu, celui-là ne pense pas. » Avant de nous laisser trop rapidement conditionner par nos déductions et nos extrapolations, il est indispensable, pour intensifier notre prise de contact avec la réalité, de revenir à la base de notre perception et d'apprendre à aiguiser celle-ci. A privilégier l'explication et la rationalisation au détriment de l'écoute et de l'observation, on perd le contact avec la réalité concrète.

Illustrons nos propos par une histoire métaphorique. Un paquebot ancré dans le port du Havre est immobilisé, au moment de partir, par une panne totale des machines. Le chef des mécaniciens et son équipe, très qualifiés et très diplômés, se précipitent alors dans la salle des machines pour identifier les causes de la panne et trouver des solutions. Des heures passent sans qu'on obtienne aucun résultat. Le commandant, découragé, décide d'aller prendre l'air sur le pont, lorsqu'un badaud l'interpelle : « Eh bien, vous n'êtes toujours pas partis ? » « Non, répond le commandant, il y a une panne très grave dans les machines. » Le badaud lui raconte alors qu'il y a sur le port un homme, certes modeste et sans diplôme, mais réputé pour être un véritable génie de la mécanique. Le commandant, quelque peu sceptique, lui demande cependant de le faire venir. Celui-ci monte à bord et suit timidement le commandant dans la salle des machines. Là, silencieux, il observe très attentivement tout ce qu'il y a à observer, écoute avec vigilance les moindres bruits qu'il peut entendre. Un long moment s'écoule, puis sans hésiter, il brandit son marteau et tape avec assurance et précision sur l'un des rouages. Tout repart. Le commandant, aussi réjoui qu'étonné, le félicite chaleureusement et lui demande combien il lui doit. « Vous me devez mille francs. » Et devant la surprise manifeste du commandant, il détaille alors sa facture : « 990 francs pour observer, écouter, sentir, percevoir et réfléchir ; 10 francs pour le coup de marteau. »

Nombre d'erreurs d'analyse, de prévision et de solution s'expliquent par le fait que nous ne regardons que la face des problèmes que nous savons éclairer intellectuellement. Dans son livre *Voir*, Carlos Castaneda, anthropologue, développe ces propos en racontant ses expériences avec son maître Don Juan, qui voulait essentiellement lui enseigner à voir. Ainsi lorsque Don Juan disait à Carlos Castaneda : « Carlitos, as-tu vu cela ? », Castaneda répondait très souvent : « Non, je n'ai rien vu. » Cette expérience se renouvela de multiples fois jusqu'au jour où Don Juan s'esclaffa et lui révéla : « Carlitos, tu ne sais voir que des choses que tu sais expliquer, aussi, si tu renonçais à l'explication, tu commencerais enfin à voir. » Don Juan visait, dans cette déclaration, à transmettre à Carlos Castaneda une prise de conscience de sa démarche scientifique. Il est clair que, pour Don Juan, le réel était avant tout « étonnant ». De même, en thérapie, nous constatons que c'est en provoquant l'étonnement chez le patient que nous activons le déclencheur d'un changement. L'étonnement nous permet de découvrir en toutes choses des potentialités insoupçonnées. Car s'étonner, n'est-ce pas s'arrêter et prendre le recul nécessaire pour percevoir avant de réagir et pour découvrir simultanément des possibilités nouvelles ? L'étonnement fait partie du bonheur de la découverte.

☆

Il n'existe pas de réalité objective indépendante d'un observateur.
Etre, c'est être perçu et c'est percevoir.
De nombreux filtres s'interposent entre la réalité et la perception que nous en avons : le filtre de nos cinq sens, les filtres de nos croyances et les filtres de notre environnement géographique, culturel, social, intellectuel et imaginaire.
Il existe une immense variété de perceptions et de démarches humaines.
Toute la complexité de la communication résulte d'un enchevêtrement infini d'interactions-rétroactions.
Ce que nous percevons est le reflet de notre représentation du moment, dont notre état émotionnel se fait l'écho. Notre perception de la réalité est donc parfaitement mouvante.
A privilégier l'explication et la rationalisation au détriment de l'écoute et de l'observation, on perd le contact avec la réalité concrète.
Notre inconscient possède des informations auxquelles notre conscient, dans un état ordinaire, n'a pas directement accès.

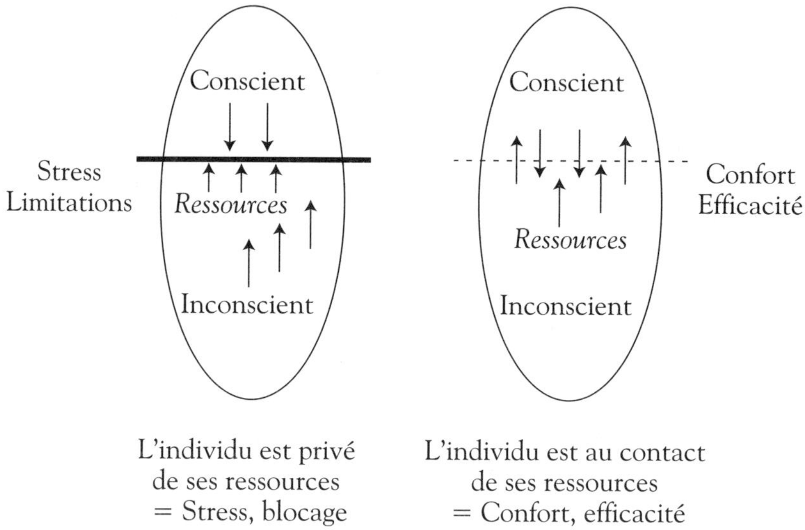

Le phénomène de l'intuition ou sixième sens

Quand nous parvenons à percevoir des différences que nous n'avions jamais remarquées auparavant, les choses et les êtres deviennent beaucoup plus intéressants. Cette attitude non seulement nous permet d'éprouver plus souvent de l'étonnement mais encore de développer ce sixième sens, l'intuition, d'une importance considérable dans la communication. L'émergence de l'intuition repose sur les hypothèses suivantes : en nous polarisant sur la perception de la réalité externe, nous faisons simultanément le « vide » et le silence en nous-même, mettant ainsi entre parenthèses notre brouhaha intérieur ; cet état d'expansion de conscience est nécessaire à notre inconscient pour exercer ses talents d'intuition. Ainsi notre inconscient possède-t-il des informations auxquelles notre conscient, dans un état ordinaire, n'a pas directement accès. La pratique du Zen, celle de l'hypnose ericksonienne et de l'auto-hypnose facilitent cet accès. Un dialogue de haute qualité se caractérise par le fait que les interlocuteurs, grâce à une écoute et une observation vigilantes, accèdent, l'un comme l'autre, à ce niveau inconscient où siège leur intuition : c'est ce que j'appelle la *communication hypnotique*[5]. Notre inconscient recueille en effet beaucoup plus d'informations que ne peut le faire notre conscient : la communication de haut niveau ou « communication hypnotique » permet « l'accouchement » mutuel de ce savoir, précieux notamment dans la résolution de nos problèmes.

NOS INTERPRÉTATIONS ORIENTENT NOTRE VIE

Un fait, une situation, un comportement renferment toujours plusieurs lectures, plusieurs interprétations. Dans ces conditions, avant d'évaluer, pourquoi ne pas explorer les différentes interprétations possibles et choisir celles ouvrant le plus de possibilités d'actions ? Qu'une même situation puisse être interprétée par un individu comme une opportunité, et par un autre comme une menace, doit nous conduire à relativiser nos certitudes sur une réalité qui serait fatale, intangible ou injouable. A cet égard, les enseignants en marketing évoquent fréquemment dans leurs cours l'histoire suivante : un directeur commercial d'une entreprise de fabrication de chaussures envoie l'un de ses collaborateurs prospecter un marché très lointain, dans une contrée encore peu touchée par la civilisation moderne. Au bout de quelques jours, ce collaborateur adresse à son directeur la conclusion suivante : « Il n'y a rien à faire pour nous, car ici personne ne porte de chaussures. » Or il se trouve qu'une entreprise concurrente a, dans le même temps, commis sur place un représentant qui, deux ou trois jours après, envoie à son supérieur ce message : « Formidable. Ici personne ne porte de chaussures, tout est à faire ! » L'individu a, en effet, cette capacité fabuleuse de construire une réalité plus « jouable » pour lui. Des expressions bien connues telles que « cette personne est

5. Voir au chapitre 16 : *La communication hypnotique, selon* Milton Erickson.

constructive » ou « elle arrive toujours à se sortir des pires situations », « elle voit toujours le bon côté des choses » en sont la marque.

La rigidité de nos interprétations nous rend incapables de nous étonner et de découvrir. Une personne rigide ou fermée est tellement focalisée sur ses a priori qu'il lui devient impossible d'accepter des informations qui déstabiliseraient ses certitudes. Ses expériences n'assurent plus chez elle leur fonction de croissance car elle a tendance à les gérer de telle sorte qu'elles confirment ses certitudes de base. L'ouverture au changement qui lui serait bénéfique ne serait pas tant d'aller vers l'inconnu que de reconsidérer tout simplement ce qu'elle croit connaître.

Observation → Interprétation → Réaction

Le changement procède d'une réinterprétation des données envisagées comme problématiques et non d'une explication de ces mêmes données. En modifiant, par exemple, l'interprétation qu'un père donne des comportements de son fils, nous modifions l'image qu'il a de celui-ci : le voyant alors différemment, il se comportera différemment avec lui. C'est pourquoi le vrai changement se vérifie dans l'action ; les explications rationnelles, toujours aléatoires, qui visent à comprendre et faire comprendre le pourquoi des comportements libèrent rarement des changements spontanés.

☆

Nos attentes et nos intentions orientent nos perceptions.
Un fait en lui-même n'a pas de sens ; il peut avoir autant de sens qu'il y a de sujets et d'angles de vue pour l'observer.

6

LE RECADRAGE, L'ÉTAPE MAJEURE DU CHANGEMENT

Les choses ne changent pas,
change ta façon de les voir, cela suffit.

Lao Tseu

La pertinence du recadrage comme élément charnière du changement repose sur l'immense variété des réalités subjectives dont nous venons de rendre compte. Recadrer signifie selon la définition de Paul Watzlawick : *changer le point de vue perceptuel, conceptuel et/ou émotionnel à travers lequel une situation donnée est perçue pour la déplacer dans un autre cadre qui s'adapte aussi bien et même mieux aux « faits » concrets de la situation et qui va en changer toute la signification.* Pour qu'un recadrage remplisse pleinement sa fonction, il est nécessaire de s'imprégner un minimum de la vision du monde de l'autre pour en réintégrer une partie dans la construction du nouveau cadre proposé. La performance d'un recadrage se mesure au fait qu'il suscite spontanément de « nouvelles ressources organisatrices » dans l'esprit des interlocuteurs concernés.

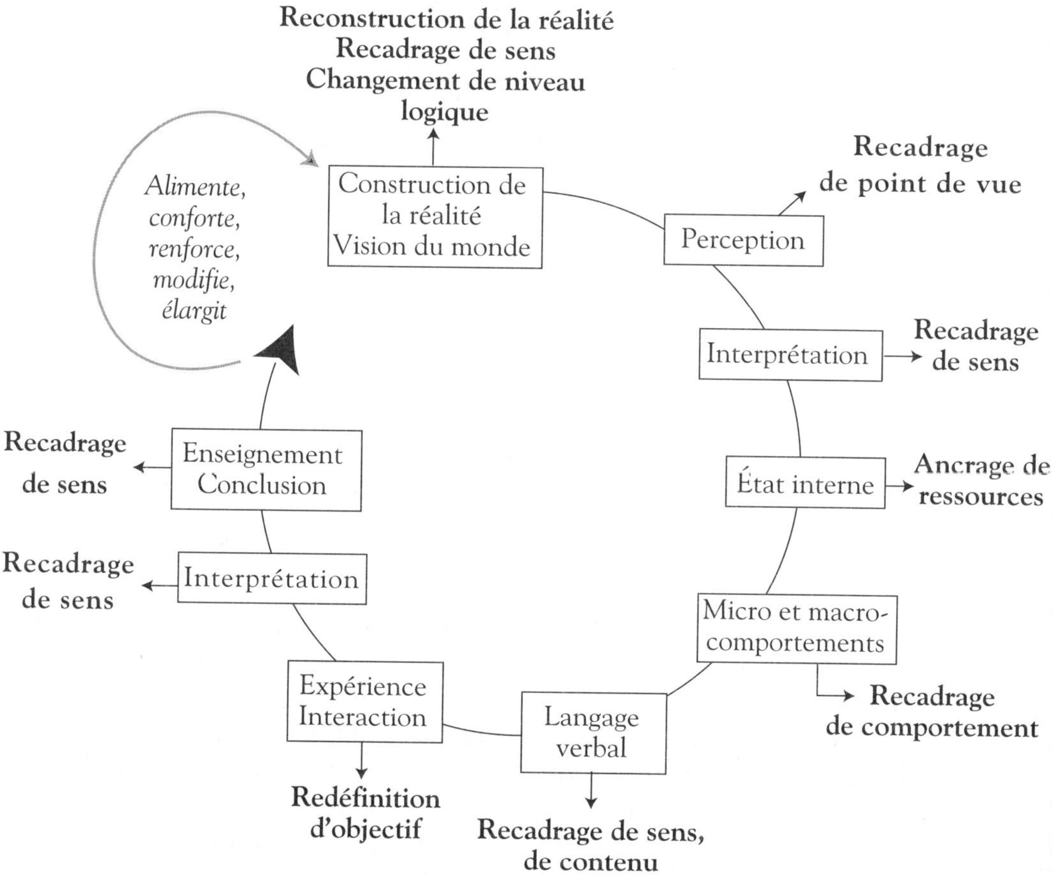

Les différents paramètres susceptibles d'être recadrés dans un système

La logique circulaire de la communication (1)

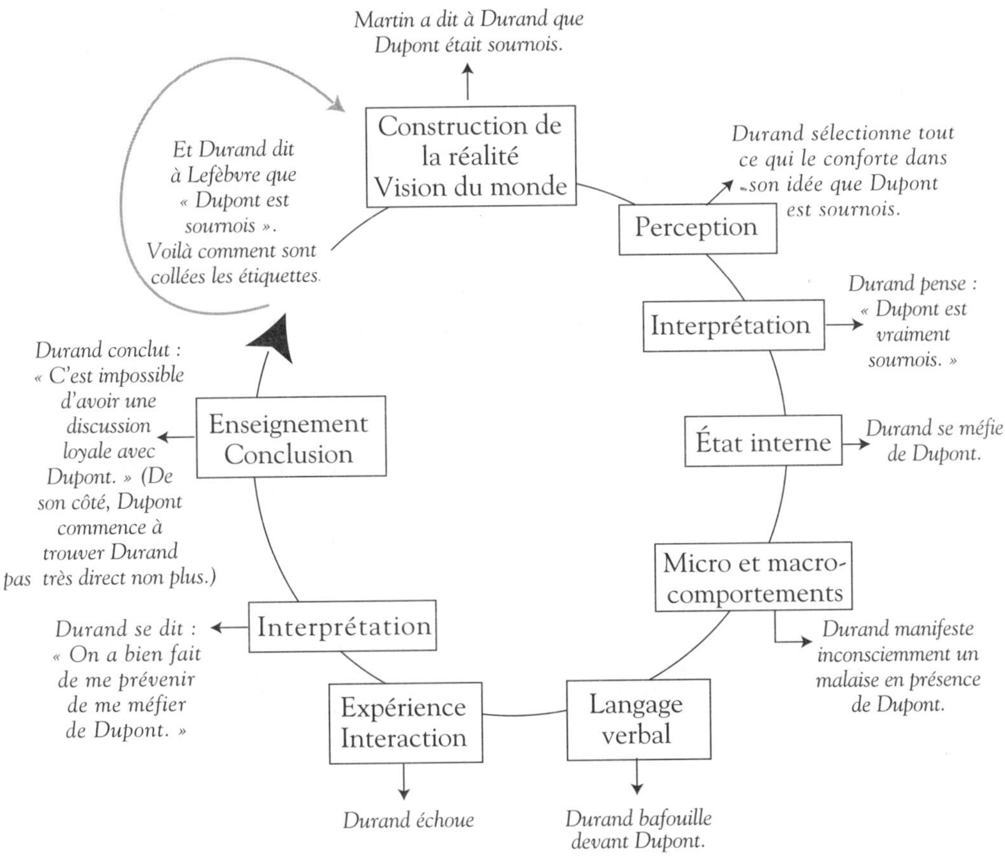

La logique circulaire de la communication (2)

Ou comment on vérifie que son point de vue ou sa supposition est la bonne

Un exemple célèbre de recadrage cité par Paul Watzlawick est celui d'un officier, qui alors d'une émeute au XIXe siècle, reçut l'ordre de faire évacuer les manifestants en « tirant sur la canaille ». Il fit mettre en joue ses soldats face à la foule, en position de tir, puis s'adressa aux émeutiers : « Mesdames, Messieurs, j'ai reçu l'ordre de tirer sur la canaille. Mais comme je vois ici beaucoup de citoyens honnêtes, je leur demande de partir afin de pouvoir ainsi tirer sans erreur sur les vraies canailles. » La place fut paraît-il vidée en quelques minutes !

Nous insistons sur le fait que le recadrage, bien évidemment, ne vise pas la *vérité* mais l'*efficacité* d'un autre point de vue. Le recadrage permet de sortir de l'enfermement d'un cadre non opérationnel et fait découvrir des possibilités qui ne pouvaient être envisagées dans la précédente manière d'éclairer la réalité. Néanmoins, tout recadrage, pour être accepté, doit être non contradictoire avec la vision du monde de la personne, il doit être compatible avec son système de valeurs et ses attentes.

Dans le cadre de mes séminaires ou de mes entretiens individuels, mes interventions consistent précisément à suggérer, devant une situation problématique, une réinterprétation qui élargisse le champ des solutions possibles et suscite de nouvelles réactions plus appropriées. Amener, par exemple, un participant à envisager l'attitude de son supérieur hiérarchique à son égard dans un sens plus favorable à leur relation, provoquera chez celui-ci une manière différente de se comporter qui contribuera en retour à établir une relation plus satisfaisante. Une personne en difficultés avec une autre croit généralement juger en toute bonne foi et objectivité lorsqu'elle fait part de son problème relationnel. Mais elle nous livre en fait les repères de sa carte mentale qui l'ont conduite à porter un jugement négatif sur l'attitude de l'autre. Mon intervention consistera donc à reprendre ses repères et à lui en proposer d'autres qui transforment son point de vue dans des termes plus constructifs et qui génèrent chez elle des comportements plus bénéfiques pour leurs relations. Mais c'est parce que ses interprétations de départ sont respectables dans la mesure où elles sont cohérentes par rapport au point de vue qu'elle a pris qu'elle ne peut elle-même les réviser : c'est la raison pour laquelle le dialogue est si nécessaire à chacun car il nous est très difficile de corriger nos interprétations. C'est ce que nous avons vu au début de cet ouvrage.

L'influence exercée par le recadrage est étroitement liée à la qualité de la relation que nous établissons avec l'autre. Pour qu'un recadrage exerce pleinement sa fonction de changement, il doit respecter l'écologie de l'autre tout en provoquant chez lui l'étonnement et la motivation suffisants pour changer. Le fait d'étonner quelqu'un revient à stopper son ancienne pensée pour le rendre réceptif à une nouvelle perception qui le conduira à libérer de nouveaux comportements. Lorsque mes clients formulent des suppositions ou des interprétations qui les handicapent, c'est une joie pour moi toujours renouvelée de mettre en lumière des possibilités laissées par eux dans l'ombre, par la vertu du recadrage.

L'art du recadrage s'apparente à celui du créateur et du scientifique qui, chacun à leur manière, cherchent dans la réalité de nouveaux éclairages, de nouvelles résonances pour lui donner d'autres dimensions et d'autres significations, tel Picasso « qui fait d'une tache jaune un soleil, comme du soleil une simple tache jaune ». La pratique du recadrage ajoute à la conduite du changement et à la thérapie une dimension esthétique et créative ; elle est enthousiasmante non seulement pour celui qui y a recours mais aussi pour celui qui découvre les autres versants de sa réalité. Selon la réaction que l'on souhaite susciter chez l'autre, le recadrage pourra être mobilisant, sécurisant, pédagogique, provoquant, déroutant, humoristique : tous ces attributs étant de puissants leviers pour le changement. Dans mes séminaires, les participants prennent toujours beaucoup de plaisir à s'exercer mutuellement au recadrage.

Toutefois, et nous le soulignons encore, pour pouvoir être pris en compte, *le recadrage doit être écologique* à deux niveaux : il doit respecter l'équilibre psychologique de l'interlocuteur pour être accepté et intégré dans sa vision du monde, mais aussi *tenir compte des conséquences éventuellement nuisibles qu'il pourrait entraîner* dans l'environnement interactionnel et social de la personne. Mais pour savoir où recadrer de manière pertinente, il faut identifier « comment l'autre a construit son problème ». Le recadrage peut, en effet, être effectué sur différents niveaux de construction de la réalité. Selon le niveau logique sur lequel le problème s'est construit, le recadrage pourra viser le contexte perceptuel (recadrage de point de vue), le contexte conceptuel (recadrage de sens ou de niveau logique), ou le contexte relationnel (recadrage de comportement).

LE RECADRAGE DE POINT DE VUE

Ce recadrage vise donc à changer le niveau perceptuel en modifiant les angles de perception, la position du point de vue. Comme nous ne pouvons percevoir la réalité que de notre point de vue et comme nous avons tendance à croire que notre position est centrale, par cette tendance humaine à l'égocentrisme, notre perception de la réalité est partielle et partiale. Ainsi détenons-nous chacun notre part de vérité et d'erreur, comme nous l'avons vu précédemment.

Néanmoins, grâce à l'échange avec nos semblables et aux effets d'influence, ce point de vue est susceptible d'être déplacé et de s'élargir : les choses qui paraissent claires chez un individu peuvent être confuses chez l'autre. Ainsi Erickson affirmait que la manière dont un thérapeute appréhendait son patient influençait de manière déterminante les résultats de la thérapie : « Selon l'optique que l'on prend, un patient devient un tas de problèmes ou un tas de ressources. » Pour reprendre l'image de la bouteille à la fois à moitié vide et à moitié pleine, il est tout aussi réaliste de mettre en lumière la médaille du revers plutôt que le revers de la médaille.

Il ne s'agit pas néanmoins de prôner un optimisme béat (tout le monde il est beau, tout le monde il est gentil !) ni d'opter pour un pessimisme radical (tout le monde il est laid, tout le monde il est salaud !), car ces deux visions binaires de la réalité sont tout aussi partielles, limitées et limitantes. Il s'agit simplement de mettre en évidence qu'en ne percevant que la partie limitante de la réalité, nous limitons nos possibilités, de même qu'en ne percevant que la partie optimiste nous risquons alors d'avoir des désillusions. Un de mes amis, enseignant, Hervé, me fait part de ses critiques sur un étudiant, Paul, que nous avons en commun : il déplore

– son absence de motivation…

N'ayant pas la possibilité d'entrer avec lui dans une discussion sur ce sujet, je tente toutefois cette suggestion :

– N'as-tu pas remarqué que Paul, depuis peu, semblait légèrement plus motivé dans son travail ? J'ai le sentiment qu'il est en train de changer.

En réorientant son observation[6] je lui suggère en fait d'être attentif et de sélectionner les comportements de Paul qui valideraient mon hypothèse. Le fait d'anticiper les microprogrès de Paul multipliera les chances d'Hervé de les provoquer : le regard d'Hervé ayant changé, lui-même se comportera différemment avec Paul et, inconsciemment, il y a de bonnes probabilités pour qu'il les induise. Puisque les relations humaines s'inscrivent dans une causalité circulaire, puisque nous sommes toujours insérés dans une boucle cybernétique, pourquoi ne pas en exploiter les opportunités ?

En situation difficile, les gens s'immergent tellement dans leur problème qu'ils n'ont plus le recul ni la hauteur nécessaires pour

6. Voir au chapitre 17 sur les tactiques d'intervention : *La mise en attente*.

bien l'évaluer. De cette façon, ils déclenchent un « effet zoom » d'une telle puissance que certains points de vue leur échappent parce qu'ils les ont masqués. L'intervention consiste donc à créer une distanciation qui dégage des angles de vue différents, utiles à la résolution du problème. Notre confrontation avec une personne en dificultés doit la conduire à la dissocier[7] de la situation difficile afin qu'elle soit ouverte pour recevoir un éclairage plus adéquat et plus bénéfique pour elle. Parfois le simple fait d'échanger mon fauteuil avec le sien peut suffire !

LE RECADRAGE DE SENS

Le recadrage de sens part des mêmes faits perçus mais en propose d'autres interprétations : il a pour but de donner un sens nouveau à une situation, voire attribuer une autre signification à un mot. Par exemple, à un père, Pierre, un peu « rétrograde », qui se plaint de

> – *l'entêtement de ma fille, Juliette…*

on pourrait répondre :

> – *Oui, vous voulez dire que votre fille sait vraiment ce qu'elle veut. Cela lui servira dans la vie. Surtout lorsqu'elle aura affaire à des garçons un peu trop empressés.*

Dans cet exemple, le recadrage faisait découvrir à mon interlocuteur la fonction utile de l'entêtement : pour ce père, l'entêtement de sa fille devient un atout. Ce sont moins les comportements des autres qui influencent en retour les nôtres à

7. Voir au chapitre 17 : *La dissociation ou métaposition.*

leur égard, que les significations, suppositions et interprétations que nous leur attribuons.

LE RECADRAGE DE COMPORTEMENT

Le recadrage de comportement s'appuie sur le fait que l'explication, seule et d'ailleurs toujours hypothétique, n'est pas une condition suffisante pour changer. Nous l'avons vu aux chapitres précédents. Le recadrage de comportement repose sur le mode de pensée systémique : d'une part tout comportement est cohérent par rapport à la vision du monde de la personne qui le produit ; d'autre part ce comportement doit être considéré comme une réponse adaptative au contexte où il se produit et enfin, tout comportement recèle une intention positive ou remplit une fonction utile qui doit être mise en lumière et préservée afin de produire le changement souhaité.

Lorsqu'une personne souffre d'un comportement, qu'elle se reproche ou qu'elle reproche à autrui, elle déclare généralement :

> *– Je voudrais m'en débarrasser (ou changer le comportement de cette personne) mais je n'y arrive pas.*

Puis elle dérive généralement dans toutes sortes d'explications psychologiques pour argumenter le bien-fondé de sa position. C'est alors que nous la réorientons en lui répondant par exemple :

> *– Il est important, pour que je comprenne bien la situation, que vous me disiez tout d'abord quel but vous visez en vous comportant ainsi. Je souhaite avant tout changement que nous décelions la fonction utile de ce comportement avant de l'éliminer ; il doit y avoir des contextes où il sera fort utile que vous puissiez toujours en disposer ?*

Si le problème est lié au comportement d'une personne de son entourage, nous lui demanderons de réfléchir à l'intention positive de cette personne lorsqu'elle se comporte ainsi. Ces questions surprennent généralement nos interlocuteurs.

Le recadrage permet aussi de *dissocier la personne de son émotion négative* car il la place dans une métaposition : elle est alors conduite à résoudre son problème dans un autre cadre intellectuel mais aussi émotionnel. De plus, comme nous orientons notre démarche sur les buts à atteindre et non plus sur le problème, sa réceptivité change car elle perçoit déjà mentalement de nouvelles possibilités d'action. Lui suggérer des intentions positives, des fonctions utiles pour ce comportement qu'elle déplore l'amène en retour à modifier sa perception d'elle-même ou celle de l'autre.

Lors d'un de mes séminaires un participant, d'origine roumaine, qui parlait parfaitement le français, nous déclara qu'il avait beaucoup de mal à se faire comprendre : on lui reprochait de parler trop vite et de mal articuler. Tout cela était effectivement exact. Je lui ai néanmoins demandé s'il avait une idée de la fonction utile, des avantages et des intérêts de son élocution. Avant de répondre verbalement à cette question, il manifesta des réactions non verbales d'étonnement, puis déclara, de manière rapide et assez mal articulée :

> *– Non, je ne vois aucun intérêt, aucun avantage à cela.*

Je l'écoutai en tendant ostensiblement l'oreille, tout en esquissant un léger sourire, comme il le fit d'ailleurs en me répondant, puis lui demandai (bien que j'eusse parfaitement entendu) de répéter ce qu'il venait de dire. Ce qu'il fit. Puis je lui répondis sur le ton de la confidence :

> *– Savez-vous que lorsque vous parlez comme vous le faites, vous obligez vos interlocuteurs à être particulièrement attentifs à vous*

et à tout ce que vous dites... Il y a des circonstances où cela peut être bien utile de savoir obtenir une telle attention des autres... Je connais des personnes qui auraient bien besoin, de temps en temps, de cette compétence...

Mon interlocuteur, légèrement souriant, ne répondit rien, il restait silencieux, il paraissait à la fois dubitatif et un peu narquois, tout en manifestant une sorte de soulagement, d'état-ressource diraient les praticiens de la PNL, microsignes qui indiquaient que la « graine » du recadrage pouvait bien être en train de germer en lui. Ne le connaissant pas vraiment, je lui suggérai un autre recadrage dont le but était de mettre en valeur l'intention positive de son élocution trop rapide :

– *Souvent lorsqu'on possède très bien une langue étrangère, on a tendance à s'exprimer rapidement, peut-être cherche-t-on par là à prouver qu'on l'a bien adoptée, mais c'est souvent parfaitement inutile, car c'est déjà clair pour les autres.*

Puis, je lui ai proposé cette solution[8] :

– *La prochaine fois que vous souhaiterez intervenir, parlez comme vous le faites d'habitude, mais faites-le de manière beaucoup plus rapide. Cette expérience peut être intéressante.*

Quelques instants plus tard, il intervint en bredouillant d'une manière telle qu'il se mit immédiatement à éclater de rire... Lors d'une pause, quelques heures après cet épisode, des participants sont venus me dire : « Avez-vous remarqué qu'il a ralenti son débit verbal et qu'on le comprend mieux ? » D'accord avec eux, je leur

8. Voir au chapitre 17 : *Prescrire le symptôme, encourager la résistance.*

proposai toutefois d'attendre pour lui faire part de leurs remarques mais de bien manifester leur attention lorsque ce monsieur s'exprimerait. (Quand un changement de comportement est opéré, il est peu élégant et surtout peu judicieux d'en faire prendre immédiatement conscience à celui qui le manifeste, ce serait une erreur stratégique.) A la fin de la journée, lorsque nous avons utilisé la vidéo pour faire un exercice, ce même participant s'est porté volontaire, ce qu'il n'avait pas fait jusqu'à présent. Quand nous avons visionné l'exercice, il ne put lui-même s'empêcher de faire un commentaire sur son élocution et de partager sa satisfaction :

> – *C'est curieux...,* avoua-t-il, *je n'ai fait aucun effort. Je n'ai pas pensé une seconde à cette difficulté... mais j'ai l'impression d'avoir parlé normalement.*

La grande règle du changement est qu'il s'opère d'autant mieux qu'il s'effectue inconsciemment. Vouloir changer en luttant contre soi, ce que ce participant avait tenté de faire depuis longtemps, constitue souvent le plus grand obstacle au changement : c'est au contraire la découverte et l'exploitation de la fonction utile d'un comportement ou la découverte de son intention positive (avec ou sans une prescription du symptôme) qui permettent ce lâcher-prise à la base de tout changement profond.

☆

Ce sont moins les événements qui nous limitent que l'interprétation que nous en donnons.
L'exemple des gens qui réussissent nous montre que leur vie est moins déterminée par les événements qu'ils ont vécus que par leurs manières de les envisager et donc d'y réagir.
Le cadre dans lequel nous percevons une situation détermine le sens que nous lui attribuons.

Troisième partie

UN IMPÉRATIF : RÉFORMER NOS MODES DE PENSÉE

Nous ne raisonnons que sur des modèles.

Paul Valéry

7

LES LIMITES DU MODÈLE ANALYTIQUE ET DE LA LOGIQUE DISJONCTIVE

CHANGER, C'EST AVANT TOUT PENSER DIFFÉREMMENT

Nos perceptions étant modelées en fonction de nos modes de pensées, il nous est très difficile de découvrir ce qui est évident, simplement parce que nos anciennes tournures de pensée bloquent notre capacité de voir ce qui est vieux d'un œil neuf. Rien n'est plus tenace que les « modèles » et logiques de pensée. Et pourtant, la conduite du changement nécessite en premier lieu de penser différemment pour agir autrement. Si les modèles de pensée et les logiques qui nous gouvernent sont rigides, notre environnement, lui, ne cesse d'évoluer ; c'est la raison pour laquelle un jour ils deviennent obsolètes. Loin de condamner nos modes de pensée traditionnels, nous proposons de les remettre en question et de les conjuguer avec d'autres pour les élargir. Il ne s'agit pas ici de prôner de nouvelles vérités : le problème des modes de pensée n'est pas qu'ils soient vrais ou faux mais qu'ils soient efficaces, utiles et féconds, et plus aptes à appréhender la complexité des systèmes humains.

La question n'est donc pas : « Que faut-il penser pour changer ? » mais : « Comment penser autrement pour favoriser le changement ? » Nous l'avons vu, la pensée a des milliers de voies pour construire la réalité : lesquelles paraissent être les plus pertinentes et les plus économiques pour s'acheminer vers le changement et le provoquer ? Telle est l'interrogation fondamentale dans la conduite du changement et la thérapie brève. En effet, si certaines voies, certaines logiques mènent inexorablement à des impasses et perpétuent les problèmes, d'autres conduisent plus aisément à leur résolution. Nous vivons à l'intérieur de logiques que nous sommes à même de dépasser. Ces logiques reposaient sur le modèle analytique, héritage des nombreux siècles passés. Or, le modèle systémique, découverte contemporaine, révolutionne cette logique classique. Sa pertinence pour appréhender les systèmes humains le rend plus opérationnel pour faire face aux problèmes complexes qui nous sont posés aujourd'hui. C'est lui qui fonde la logique de ce livre et sa conclusion.

L'HÉRITAGE DE LA LOGIQUE DISJONCTIVE

Héros de la pensée cartésienne, nous en sommes aussi les victimes. Forgé par Aristote, façonné par Descartes, ce mode binaire de raisonnement consiste à distinguer, à disjoindre. Il nous conduit à cloisonner ou à opposer pour comprendre. Ainsi, bien que le corps soit constitué d'un ensemble de systèmes et sous-systèmes en étroite interdépendance, le développement de la médecine du XXe siècle s'est néanmoins accompli par le développement de spécialisations. Les propos de Ray Birdwhistell, l'un des membres de l'École de Palo Alto, illustrent bien la prégnance de ce mode de pensée : « Je trouve ridicule et déplacé de subdiviser un système organique ou un système social et d'agir comme si nous étions une petite voiture rouge avec des roues, des languettes et d'autres pièces détachables susceptibles d'être étudiées les unes après les autres. Ce n'est pas ainsi qu'est la nature (…) le foie n'est un foie que sur la table de dissection de l'anatomiste. » Toutefois l'utilisation de ce mode de pensée disjonctif a permis à la science d'avancer et a guidé nombre d'innovations technologiques : l'invention de l'ordinateur de première génération représente sans aucun doute l'aboutissement parfait du modèle de pensée binaire. Cette logique disjonctive peut être aussi utilisée à bon escient. En thérapie, elle présente un intérêt notoire lorsque mes clients font des amalgames ou des associations qui leur sont préjudiciables ; j'y ai systématiquement recours pour effectuer les dissociations nécessaires à la résolution de leurs problèmes. Le mode disjonctif de pensée, qui dissèque et découpe, sert également à définir de manière concrète et spécifique des objectifs. Il ne s'agit donc pas ici de mettre au ban *Le Discours de la méthode* qui fut décisif pour le développement de la recherche scientifique, dans sa phase initiale. Mais la découverte de la complexité et l'évolution des connaissances imposent de nous doter de nouveaux outils de pensée[1] : car ce qui était vrai et utile hier peut s'avérer aujourd'hui faux et handicapant. Nul doute que si Descartes revenait sur terre, son génie tirerait les plus grands profits des nouvelles données de la science et qu'il développerait un autre « Discours de la méthode ». Edgar Morin[2], sociologue et épistémologue, s'est investi dans ce projet grandiose de dégager les perspectives pour cheminer dans la connaissance, construire une méthode pour appréhender la complexité du réel.

LE RAISONNEMENT BINAIRE OU LOGIQUE DU TIERS EXCLU

Le mode binaire de raisonnement nous conduit à poser les problèmes en termes de dilemme, de contradiction ou d'opposition. Mais est-ce suffisant pour croire que la réalité est ainsi construite ?

Dans certains ouvrages qui traitent du nouveau management, les auteurs se plaisent souvent à distinguer, pour les mettre en opposition, l'intuition et la rationalité. Or, toute pensée intuitive

1. « En tenant pour compliqués les problèmes complexes et en les traitant par des méthodes analytiques, on les a rendus plus complexes encore », déclare Jean-Louis Le Moigne dans *La Modélisation des systèmes complexes*.
2. Voir la bibliographie.

contient sa face cachée de rationnel, comme toute pensée rationnelle recèle aussi sa part d'intuition. Croire qu'une pensée peut être strictement rationnelle ou strictement émotionnelle ou intuitive relève du mythe ; cela revient en effet à croire à l'existence de cloisons entre les parties du cerveau, en particulier entre le cerveau droit et le cerveau gauche. Pensée rationnelle et pensée intuitive sont indissociables et s'alimentent l'une l'autre ; Kant n'exprime rien d'autre lorsqu'il écrit : « Les concepts sans intuition sont vides et les intuitions sans concepts sont aveugles. » En admettant leur complémentarité intrinsèque, en combinant et en conciliant les ressources de ces deux modes de pensée, nous favorisons au contraire l'émergence d'une intuition plus juste et d'une rationalité plus pertinente parce que plus nuancée. Comme l'a souligné Edgar Morin : « Une pensée strictement rationnelle comme strictement intuitive risquerait de nous plonger dans le délire ; poussées à l'extrême, l'une et l'autre mènent à l'absurde. »

Par ailleurs je constate très souvent dans mes séminaires cette tendance, courante en entreprise, à dissocier les problèmes techniques des problèmes humains pour les opposer : les premiers sont qualifiés de rationnels et les seconds d'irrationnels parce que purement affectifs. Bien qu'admettant que problèmes techniques et humains s'enchevêtrent et sont indissociables, beaucoup de personnes reconnaissent se laisser encore conditionner par leur logique cartésienne pour les aborder. Leur formation, généralement technicienne, fondée essentiellement sur le mode binaire et linéaire, est en effet peu opérationnelle pour résoudre les problèmes complexes de management car ceux-ci ne relèvent pas de cette logique disjonctive qui engendre des solutions mécanistes. Les enjeux des entreprises ont changé de configuration en se complexifiant ; ils résident en particulier dans la capacité d'innover et dans la gestion de la qualité des biens et des services produits. Cela implique de nouvelles compétences dans le management des relations et des ressources humaines et cela nécessite de réactualiser les outils de pensée des managers.

LES CONSÉQUENCES DE LA PENSÉE BINAIRE

Le mode binaire de pensée devient particulièrement dangereux lorsqu'il engendre le manichéisme et tout son cortège de dualisme, de fanatisme et d'exclusion. En analysant les ressorts de l'idéologie totalitaire, qu'elle soit de nature politique ou religieuse, Paul Watzlawick ainsi qu'Edgar Morin ont montré combien les idéologies peuvent résulter des délires d'une rationalisation poussée jusqu'à l'absurde. Poussées à l'extrême, la rationalité au même titre que l'irrationalité sont porteuses de mythes qui ont débouché sur les violences les plus inhumaines de notre histoire : le nazisme n'a-t-il pas voulu introduire le racisme comme vérité scientifique dans la biologie, le stalinisme ne s'est-il pas servi de sa conception génétique, certains ne parlent-ils pas aujourd'hui de purification ethnique ? Des horreurs de même nature résultent des religions portées au fanatisme. Le mode de pensée manichéen est à l'origine de ces ultrasolutions dont on a parlé au chapitre 3. Ces solutions radicales, à l'image du jeu à somme nulle, n'autorisent que deux possibilités, l'une éliminant l'autre. Pour gagner, il faut obligatoirement que l'autre perde ou, pire encore, pour survivre, il faut nécessairement éliminer l'autre. L'hypothèse d'un jeu à somme non nulle, c'est-à-dire aboutissant à deux gagnants, dans les systèmes humains, est en effet impossible dans un raisonnement binaire alors que ce jeu est jouable, comme nous le verrons, dans un raisonnement interactionnel.

CAUSALITÉ LINÉAIRE, DÉTERMINISME ET CULPABILISATION

La causalité linéaire peut se résumer ainsi : A cause B, qui, lui-même, cause C, et ce dans une chaîne infinie de causes à effets. Les problèmes humains sont encore généralement appréhendés de cette manière, notamment dans l'entreprise : de cette façon la source du problème est située le plus souvent chez les autres :

services, personnes, marché, conjoncture… Cette démarche non seulement démotive, culpabilise et déresponsabilise les personnes, mais elle bloque leurs possibilités de changement. Ainsi posés, les problèmes engendrent le plus souvent des solutions inappropriées qui figent le système ou le perturbent un peu plus. Combien de temps et d'énergie sont gaspillés à débattre pour identifier le ou les boucs émissaires, coupables des dysfonctionnements ? Combien de fois entendons-nous : « Si ça ne marche pas ici, c'est à cause des administratifs » ou « S'il y a du chômage c'est à cause de la concurrence des pays d'Asie du Sud-Est », ou encore « à cause du développement technologique qui supprime des emplois » ? Trouver un coupable mène rarement sur le chemin de la solution et procède plutôt du désir d'éliminer le mal une fois pour toutes. A vouloir éliminer le mal sans discernement, il arrive souvent qu'on élimine simultanément le remède qui y est inclus. Cette attitude accusatrice qui consiste à chercher ailleurs le coupable ou le malade permet aussi de se considérer en bonne santé, sans responsabilité et de le déclarer…

LES EFFETS PERVERS DE LA PRÉDICTION-PRÉVISION

La logique linéaire conduit à penser la causalité sans tenir compte de la rétroactivité, c'est-à-dire des effets en retour sur leurs propres causes. Cette logique engendre ainsi des situations qui n'auraient peut-être jamais existé si l'on n'avait pas présupposé leur existence. Il y a quelques années, l'annonce d'une éventuelle pénurie de sucre avait couru en France. Les Français, paniqués par cette information, se sont alors rués dans les magasins pour stocker, « en prévision », un maximum de kilos de sucre. Bien évidemment, en quelques jours, la prévision annoncée fut vérifiée : il n'y avait plus un gramme de sucre dans les magasins. Toutes les informations d'ordre social ou économique courent ce risque des « prédictions qui s'autoréalisent » – tant mieux si les événements prédits sont souhaitables, mais dommage dans le cas contraire. La prévision-prédiction d'un événement favorise irrésistiblement son avènement. Thomas Hobbes[3], à son époque, soulignait déjà cet état de fait : « La prédiction est fréquemment la cause principale de l'événement prédit. »

L'effet d'annonce pose un problème complexe de responsabilité et d'éthique : mal évaluée et mal maîtrisée, une annonce peut être à l'origine de problèmes et de crises qui auraient pu être évités. Selon la résonance donnée à tel événement ou à telle information prédictive, les medias provoquent en retour des réactions sociales dont ils ne maîtrisent pas les retombées pas forcément souhaitables. Cela nous invite aussi à être vigilant dans tous les domaines de notre vie, en famille, dans le couple, au travail, etc.

Sur un autre plan, le développement actuel de la médecine « prédictive » qui vise à prévenir un certain nombre de maladies contient en germe, compte tenu de l'interaction-rétroaction corps-esprit, le risque similaire de développer des maladies qui auraient pu ne jamais se manifester : ceci aussi interroge la responsabilité et l'éthique médicales. Dans l'un de ses *Propos sur le bonheur*[4] intitulé « Crainte est maladie », le philosophe Alain évoquait ce problème : « Thalès, Bias, Démocrite et les autres vieillards fameux des temps anciens avaient sans doute une tension artérielle peu satisfaisante dans le temps où ils commençaient à perdre leurs cheveux ; mais ils n'en savaient rien ; ce n'était pas un petit avantage. Les solitaires de la Thébaïde se trouvaient encore mieux placés ; comme ils espéraient la mort au lieu de la craindre, ils vivaient très longtemps. Si l'on étudiait physiologiquement et de très près l'inquiétude et la crainte, on verrait que ce sont des maladies qui s'ajoutent aux autres et en précipitent le cours, en sorte que celui qui sait qu'il est malade, et qui le sait d'avance d'après l'oracle médecin, se trouve deux fois malade. Je vois bien que la crainte nous conduit à combattre la maladie par

3. Thomas Hobbes, 1588-1679, philosophe et politologue anglais, auteur de la redoutable formule : « L'homme est un loup pour l'homme. »
4. Gallimard, Paris, 1992.

le régime et les remèdes ; mais quel régime et quels remèdes nous guériront de craindre ? »

☆

La question n'est pas « Que faut-il penser pour changer ? » mais « Comment penser autrement pour favoriser le changement ? »
Le mode binaire de raisonnement conduit à poser les problèmes en termes de dilemme, de contradiction ou d'opposition.
Pensée rationnelle et pensée intuitive sont indissociables et s'alimentent l'une l'autre.
La logique disjonctive est utile pour réduire des amalgames ou des associations préjudiciables et effectuer les dissociations nécessaires à la résolution des problèmes. Elle sert également à définir de manière concrète et spécifique des objectifs.
Elle est nocive quand elle conduit à penser en termes de cause à effet et de recherche de coupable et à cause des effets pervers de la prédiction-prévision.
Le mode de pensée binaire et linéaire n'est pas opérationnel pour résoudre les problèmes de changement d'un système humain, quel qu'il soit, individu ou organisation, car le changement ne relève pas d'une logique qui engendre des solutions mécanistes.
La conduite du changement nécessite en premier lieu de penser différemment pour agir autrement.

☆

Ce sketch de Raymond Devos dénonce de manière ludique, mais néanmoins réaliste, les effets parfois pervers de la prédiction, notamment de l'astrologie qui bénéficie d'un vaste engouement :

Je ne sais pas si vous lisez l'horoscope… Moi, je le consulte tous les matins.
Il y a huit jours, je vois dans mon horoscope : « Discussion et brouille dans votre ménage. »
Je vais voir ma femme :
– Qu'est-ce que tu fais ?
– Rien !
– Alors… Pourquoi discutes-tu ?

Depuis on est brouillés !
Ce matin, je lis dans mon horoscope : « Risques d'accidents. » Alors toute la journée, au volant de ma voiture, j'étais comme ça… à surveiller à droite… à gauche… rien !… rien…
Je me dis : « Je me suis peut-être trompé... »
Le temps de vérifier dans le journal qui était sur la banquette de ma voiture… Paf !… Ça y était !
Le conducteur est descendu… Il m'a dit :
– Vous auriez pu m'éviter !
– Pas du tout c'était prévu !
– Comment ça ?
– L'accident est déjà dans le journal !
– Notre accident est déjà dans le journal ?
– Le vôtre, je ne sais pas ! Mais le mien, il y est !
– Le vôtre, c'est le mien !
– Oh !… Eh !… une seconde !… Vous êtes né sous quel signe, vous ?
– Balance !
– Balance ?
Je regarde Balance ! Je dis :
– Ah ben non ! Vous n'avez pas d'accident !… Vous êtes dans votre tort, mon vieux !
Il y a un agent qui est arrivé… Il m'a dit :
– Vous n'avez pas vu mon signe ?
– Prenez le journal ! Regardez !… Je ne vais pas regarder le signe de tout le monde !

Raymond Devos
Matière à rire,
Éditions Olivier Orban,
Paris, 1991

8

LA PERTINENCE DU MODÈLE SYSTÉMIQUE ET DE LA LOGIQUE CONJONCTIVE

Le mode de pensée systémique constitue une nouvelle étape dans l'histoire de la pensée, une nouvelle logique pour appréhender le monde : sans l'ériger en vérité intangible, il permet d'adopter un regard différent sur la réalité et d'ouvrir d'autres perspectives de réponses. Cette remise en question de la pensée linéaire et disjonctive n'est pas une défaite de la pensée. Tant s'en faut. « Elle est au contraire une victoire de l'esprit, en ce sens que l'esprit humain a cette merveilleuse capacité de trouver lui-même les imperfections inévitables de ce qu'il a construit avant même de l'avoir achevé. » (Albert Jacquart, *Au péril de la science ?*) La démarche systémique est un nouvel acte de foi épistémologique qu'il est intéressant d'expérimenter.

UNE PENSÉE QUI RELIE

Le modèle systémique est centré sur les interactions des éléments d'un système plutôt que sur ses éléments isolés. S'il est utile, dans un premier temps, d'identifier et de distinguer les éléments d'un système, ce sera pour mieux les relier en vue d'une compréhension globale. Si le modèle analytique conduit à isoler un phénomène pour mieux l'étudier et le maîtriser, le systémique s'attache au contraire à la lecture de ses interactions et de ses connexions multiples.

La logique conjonctive nous invite à nous libérer de la dictature du vrai et du faux, du blanc et du noir, du normal et de l'anormal, de la thèse et de l'antithèse comme de la dichotomie mutilante du maître et de l'élève, de l'homme et de la femme, du dirigeant-dirigé, du soignant-soigné. Tous sont en fait les deux faces indissociables d'une même réalité. C'est ainsi que nous découvrirons qu'en intégrant et en conjuguant deux aspects, apparemment contradictoires mais complémentaires, d'une même réalité nous démasquons une troisième dimension de la réalité, qui est celle de ses interactions entre les deux composantes. Un plus un ne fait plus deux mais trois ! La démarche systémique prend précisément pour champ d'observation et d'intervention cette dimension de l'interaction qui s'inscrit pleinement dans des logiques conjonctives, holistiques et circulaires. Elle resitue les éléments, les idées, les individus dans leurs contextes interactionnels et prend systématiquement en considération les interdépendances et les rétroactions... Là où la pensée disjonctive découperait les éléments et élèverait des cloisons, elle jette des passerelles.

☆

« Et » et « Avec » sont les conjonctions de coordination privilégiées du mode conjonctif de pensée alors que le mode disjonctif se sert plutôt de *ou*, *contre* et *mais*.
Si le mode disjonctif a un penchant pour la division, la soustraction ou l'exclusion, le mode conjonctif préfère la multiplication, l'inclusion, la combinaison.

Face à autrui, l'enjeu n'est donc plus moi ou l'autre, mais l'interaction entre moi et l'autre qui construit le « nous », qui constitue la *qualité émergente de la relation*. Dans l'optique systémique, l'appréhension d'un problème et la recherche de ses solutions résident dans la mise en œuvre d'une démarche intégrative et créative qui vise, selon les contextes, à concilier ou réconcilier les contradictions de départ. Cette démarche implique un lâcher-prise intellectuel, qui ne peut s'opérer que par un changement de niveau logique pour dépasser et transcender les contradictions que nous voyons de manière conditionnée automatique. Dans cette perspective, les rapports entre les choses deviennent plus importants que les distinctions entre elles. Le comportement des éléments d'un système ne se comprend que par la prise en compte du contexte interactionnel dans lequel il est produit. Ainsi la performance d'une entreprise nécessairement composée de cadres, de techniciens, d'administratifs, de fonctionnels et d'opérationnels, réside davantage dans les qualités des relations et des coopérations entre ses différentes entités que dans les qualités de tous ses membres pris séparément : ce sont les relations dans l'entreprise qui produisent la qualité émergente de son management et son dynamisme. C'est pourquoi nous focalisons nos interventions sur les contextes interactionnels dans lesquels sont placés les individus plutôt que sur les individus eux-mêmes. De même en coaching, nous demanderons à notre client de décrire le contexte interactionnel dans lequel il rencontre les difficultés qu'il expose.

DU DILEMME À LA DÉFINITION D'OBJECTIF : UN CHANGEMENT DE NIVEAU LOGIQUE

« La doctrine Zen considère l'apprentissage comme le passage à un niveau supérieur d'où le disciple peut examiner ses pensées et ses valeurs avec détachement. Aussi longtemps que l'élève reste attaché à un niveau, qu'il a une préférence, ou juge de ce qui est bon ou mauvais, positif ou négatif, spirituel ou matériel, le but de l'apprentissage n'est pas atteint. Un bon maître Zen doit, je pense, pouvoir faire saisir la circularité, ou l'unité, et la complexité de la situation si distinctement que l'élève se trouve en quelque sorte contraint de dépasser ce niveau de complexité. » (F. Varela *et al.*, *L'Inscription corporelle de l'esprit*)

Tenter de résoudre un problème complexe en le posant sous la forme d'un dilemme ou d'une alternative s'apparente à mettre la charrue avant les bœufs, c'est-à-dire à brûler l'étape préalable impérative de la clarification des objectifs et à poser un problème sous la forme anticipée des moyens et des solutions.

Lorsque nous sommes coincés dans l'impasse d'un problème, un bon réflexe est de passer à un niveau logique d'ordre supérieur pour ouvrir une issue. Or, les objectifs sont à un niveau supérieur par rapport à celui des moyens et des solutions. Derrière un dilemme se cache généralement un objectif mal ou non identifié : celui-ci doit être mis en lumière au cours de la première étape de la résolution du problème pour libérer cette troisième dimension indispensable pour élargir le champ des solutions possibles.

Prenons l'exemple d'une personne insatisfaite depuis longtemps dans son travail, Dominique, qui exprime son problème, de manière classique, à l'aide d'une question-solution alternative :

> – *Faut-il que je quitte mon travail ou que je me contente de ma situation présente ?*

Cette manière de nous interroger nous empêche d'appréhender globalement une situation ; coincée entre deux éléments, la prise de décision « patine » et risque d'être bloquée longtemps. L'aide à apporter en premier lieu à Dominique consistera à l'amener à changer le niveau logique de son questionnement pour la faire accéder à un niveau logique d'ordre supérieur, susceptible de lui apporter un nouveau cadre plus opérationnel. On facilitera sa prise de décision en lui demandant par exemple :

– Qu'est-ce qui est pour vous le plus important à satisfaire dans votre vie professionnelle ?

ou

– Si votre travail était plus satisfaisant, que vous apporterait-il de plus ?

ou encore

– Quel genre de satisfactions attendez-vous de votre métier ?

Une fois cette première étape franchie, sa créativité pourra enfin se libérer et s'investir sur « comment » atteindre ses objectifs et satisfaire ses aspirations. Ainsi lui deviendra-t-il possible d'envisager différemment sa situation : changer ses méthodes de travail, négocier de nouvelles fonctions ou, si c'est impossible dans le contexte où Dominique se situe, aller chercher ailleurs la réalisation de ses souhaits et, si cela est réalisable, mettre en œuvre les moyens nécessaires pour y parvenir. La définition d'objectif est une libération pour la personne : elle permet de relier des aspirations à la réalité et d'agir en connaissance de cause.

Nombreux sont les jeunes bacheliers qui se torturent l'esprit avec ces questionnements binaires particulièrement inadéquats pour décider quelle voie choisir : « Vaut-il mieux s'inscrire en droit ou en économie ? » « Faut-il choisir l'université ou une école ? » Sans objectif en vue, ces interrogations ne peuvent construire des choix. Les avis recueillis à droite et à gauche sont généralement contradictoires et les plongent un peu plus dans la confusion. Le temps passant, ces jeunes bacheliers se retrouvent souvent au pied du mur, condamnés à prendre une décision dans la précipitation, non pas en fonction de leurs désirs (qui n'ont toujours pas été explorés) mais en fonction des places disponibles qui restent ici ou là. Là où il y a dilemme, la liberté de choisir et la responsabilité de décider sont exclues.

☆

Face à un problème posé en termes de dilemme, l'étape de la définition des objectifs et de la clarification des critères, est prioritaire.
Elle donne une direction d'intervention, facilite et oriente la recherche de solutions ; surtout, et cela est capital, elle sert à préserver l'écologie de la personne ou du système concerné : toute solution mise en œuvre doit être adaptée au modèle du monde du système concerné, c'est-à-dire à sa culture, à ses critères, à ses valeurs, à ses aspirations et à sa finalité en fonction du contexte où il se situe.

CAUSALITÉ CIRCULAIRE, PROBABILISME ET RESPONSABILISATION

Dans la causalité circulaire, A n'est pas la cause, B n'est pas l'effet de A ; A et B se réalisent simultanément ; A et B sont à la fois *cause et effet*. Observons par exemple un couple interagir : si l'un peut apparaître comme le leader et l'autre le suiveur, il est néanmoins impossible de savoir qui a commencé à prendre cette position et tout aussi difficile de prédire ce que chacun serait sans l'autre. La découverte du principe de causalité circulaire fut une révolution dans le principe de causalité. Elle correspond à un des plus grands changements dans notre appréhension de la réalité ; toute la pensée complexe est sous-tendue par cette logique de la causalité circulaire. Insuffisamment prise en compte dans notre vie quotidienne, elle s'avère néanmoins plus adaptée à la compréhension des systèmes complexes et à la conduite du changement dans les systèmes humains. Modifiant radicalement notre ancienne construction de la réalité elle nous impose, en effet, d'abandonner nos vieilles habitudes de raisonnement.

☆

Dès que nous sommes confrontés à un problème humain, nous faisons face à la complexité : du fait de sa causalité circulaire, effets et causes se produisent simultanément, et la notion de causalité linéaire perd alors de sa pertinence.

Illustrons ces propos par une histoire. Un jour, un élève posa à son Maître Nasrudin[5] cette question : « Qu'est-ce que la destinée ? » et celui-ci lui répondit : « C'est une succession d'événements entremêlés qui s'influencent les uns les autres. » « Je ne comprends pas cette réponse », répondit l'élève « car je crois que c'est la loi de cause à effet qui nous gouverne. » « Comme tu voudras, rétorqua le maître, mais regarde bien ceci » : il lui montra alors une procession qui passait dans la rue, et lui dit : « Tu vois, ils vont pendre cet homme, est-ce parce que quelqu'un lui a donné une pièce d'argent avec laquelle il s'est acheté un couteau pour commettre son meurtre ou parce que quelqu'un l'a vu le commettre, ou parce que personne ne l'a empêché de le commettre ? »

L'approche systémique part de l'hypothèse qu'il faut « moins un changement *dans* le système qu'un changement *du* système » ou qu'il faut « moins une thérapie dans le système qu'une thérapie du système ».

Dès l'instant où il devient impossible de répertorier et d'identifier clairement toutes les causes d'un problème du fait de sa complexité, la démarche analytique, classique et rationnelle perd son efficacité. En s'appuyant sur la logique de la causalité circulaire nous nous donnons la possibilité d'accomplir un changement 2, qui seul permet l'évolution du système concerné. Cette nouvelle démarche passe effectivement par un renouvellement épistémologique radical de notre appréhension des problèmes complexes,

5. Les histoires de Nasrudin ont été publiées aux éditions Le Courrier du Livre.

et notamment en ce qui concerne nos propos, dans le domaine de la thérapie et de la conduite du changement.

Logique disjonctive	**Logique conjonctive**
ou contre élément visé à éliminer	et avec interaction visé à utiliser, à conjuguer
Logique aristotélicienne du tiers exclu (c'est soit l'un, soit l'autre)	Logique du tiers inclus, de la troisième voie, du niveau supérieur (c'est à la fois l'un et l'autre)
Oppose et distingue en posant les problèmes en termes de dilemme, d'alternative	Appose, compose et relie les choses en les envisageant dans leur interaction
Les choses sont vraies *ou* fausses, utiles *ou* nuisibles	Les choses sont à la fois vraies *et* fausses, utiles *et* nuisibles

9

LA DÉMARCHE SYSTÉMIQUE, UNE CLÉ POUR LA CONDUITE DU CHANGEMENT

Aussi audacieux soit-il d'explorer l'inconnu, il l'est plus encore de remettre en question le connu.

Walter Kasper

LES FONDEMENTS HISTORIQUES DE L'APPROCHE ANALYTIQUE

La première œuvre importante de Freud, *L'Interprétation des rêves*, s'inscrit dans une époque où les sciences de la nature, et particulièrement la physique, connaissaient des progrès importants grâce à la manière analytique d'appréhender le monde. Aussi les spécialistes des sciences humaines de cette période rêvaient-ils de se mesurer à ceux des sciences de la nature en recourant aux méthodes scientifiques, linéaires et analytiques en vigueur. C'est dans ce contexte qu'il faut replacer la démarche scientifique de Freud, tout comme celle de Marx qui ont tellement marqué nos générations. Tous deux, sous des angles différents, l'un sous l'angle économique et social et l'autre sous l'angle de la vie intrapsychique, sont partis d'une même démarche en cherchant les causes de la souffrance humaine dans ce qui est caché. Si pour Marx, il s'agissait des superstructures et pour Freud de l'inconscient, chez les deux, l'idée de déterminisme dialectique était bien présente, quoique Marx accordât au déterminisme un caractère moins causal et linéaire que ne le fît Freud. Freud et Marx peuvent ainsi être rapprochés par le choix des prémisses qui a construit la logique de leurs démarches respectives. Pour l'un comme pour l'autre, la vraie réalité, celle sur laquelle il faut agir, résidait dans des mécanismes cachés qu'il fallait mettre à jour. Dans la théorie freudienne notamment, tout ce qui se passe possède une signification, rien ne peut être accidentel ou fortuit. C'est à ce titre qu'ils ont tous deux provoqué les hostilités du milieu scientifique car ils se réclamaient justement l'un et l'autre d'une approche scientifique.

UN AUTRE PARADIGME POUR APPRÉHENDER LES SYSTÈMES HUMAINS : LE SYSTÉMISME

L'une des découvertes les plus révolutionnaires, dans la première moitié du XXe siècle, fut celle de la cybernétique dont Bateson dégagea des concepts clairs pour les appliquer à la thérapie selon une approche systémique. Les concepts de causalité circulaire, de boucles interactives vont offrir un modèle pour l'étude des comportements humains et constituer les premières fondations de l'approche systémique en thérapie. Tout individu est placé dans des contextes interactionnels et ce sont moins les individus qui sont perturbés que les modes d'interactions à l'intérieur des contextes où ils sont placés qui les perturbent en leur rendant impossible d'y faire face de façon satisfaisante. Illustrons succinctement ces propos à l'aide d'un exemple : soit une mère venant se plaindre du comportement agressif de son enfant à son égard. Tout d'abord nous envisagerons l'étiquette « comportement agressif » non pas comme une caractéristique de l'enfant mais simplement comme sa manière de répondre dans l'état actuel du système interactionnel avec sa mère. Ainsi, les comportements agressifs de l'enfant sont simplement considérés comme des réponses homéostatiques ne résultant pas nécessairement de problèmes intrapsychiques chez cet enfant. En outre le diagnostic de la mère, « comportements agressifs de mon enfant », correspond à « son » interprétation des comportements de son fils mais rien de plus. Aussi demanderons-nous en premier lieu à cette mère de nous décrire concrètement ces comportements qu'elle juge agressifs et de nous donner les contextes précis dans lesquels ceux-ci se manifestent. A cette occasion, on pourra estimer que ce n'est pas forcément l'enfant qui devra faire une thérapie, comme la mère le pensait au départ. Toutefois, selon les difficultés rencontrées, nous pouvons être amenés à recevoir l'enfant pour le conduire à envisager différemment les situations où il se comporte de manière agressive et ainsi à y répondre de manière plus appropriée. Mais le plus souvent, en travaillant simplement avec la mère, c'est-à-dire en recadrant son interprétation du problème et des comportements de son fils, nous l'amènerons à modifier spontanément ses interactions avec celui-ci. Et nous avons vu que le fait que la mère ait une nouvelle perception du problème s'avère généralement suffisant pour modifier en retour les réactions de l'enfant à son égard.

DES HYPOTHÈSES DE BASE DIFFÉRENTES

La thérapie analytique relève de la psychologie des profondeurs : elle est explicative et interprétative. Cherchant à expliquer les phénomènes psychiques par la recherche de leurs causes, elle engendre de la théorie. L'École de Palo Alto a, pour sa part, adopté une démarche d'une tout autre nature : elle est holistique, compréhensive, au sens de « prendre avec », elle se veut non explicative, non interprétative, mais utilisationnelle, préférant prendre prioritairement en considération les manifestations externes, visibles et audibles des patients. La thérapie brève est avant tout une « pédagogie de l'action » inventive et libératrice ; elle se focalise sur ce qui se passe dans le contexte interactionnel de l'individu, sans s'investir dans le dédale des causes et des explications déterministes.

Ces deux approches se séparent irrémédiablement dans leur appréhension du réel. Pour la psychanalyse, ce qui est caché est toujours plus réel que ce qui est produit au grand jour, alors que dans l'approche des thérapies brèves ou stratégiques on s'attache avec le plus grand soin à observer les nuances verbales, paraverbales et non verbales les plus fines possibles. En fait, cette approche se caractérise par son rejet catégorique de toute théorie pseudo-explicative sur les conduites humaines et pourfend les approches thérapeutiques qui fondent leurs démarches sur ce qui est caché.

> ☆
>
> La prise de conscience des causes d'un problème, toujours hypothétiques, ne produit pas nécessairement le changement ; c'est l'action qui en découle qui est plus importante à provoquer pour sortir de l'impasse.

DEUX LECTURES DE L'INCONSCIENT : DE FREUD À ERICKSON

En découvrant le concept d'inconscient, Freud a immédiatement mis en avant l'opposition qu'il entretenait avec le conscient. Selon lui, c'est par le mécanisme du refoulement que le conscient règle sa lutte avec l'inconscient, rejetant dans ce dernier tout ce qui se passe d'insupportable et d'inacceptable. Néanmoins, Freud considérait que cette partie souterraine qu'est l'inconscient continuait à exercer une influence déterminante sur le conscient. Ainsi la psychanalyse devint-elle la démarche qui devait permettre d'extraire ces refoulements de l'inconscient. Cette théorie, vieille de plus d'un siècle, a façonné et continue à façonner considérablement notre vision du monde, notre langage et notre appréhension des problèmes humains (repérages et interprétations des lapsus, des actes manqués, etc.). Comme c'est le cas pour la théorie marxiste (la lutte des classes prit une place prépondérante dans l'histoire des sociétés), l'édifice théorique freudien repose sur cette vision d'une lutte de l'homme avec lui-même, entre les forces de l'inconscient et celles du conscient, combat qui vise aussi, à son terme, à rendre au conscient sa liberté et à ce que le conscient accepte l'inconscient. Si la théorie marxiste a vécu, l'approche analytique domine toujours la majorité des psychothérapies et même parfois celles qui affichent s'en être affranchies.

Comme dans la psychanalyse, l'inconscient reste au cœur de la thérapie ericksonienne mais Erickson lui en a donné une tout autre lecture. Celle-ci a notamment beaucoup influencé les théoriciens et praticiens de l'École de Palo Alto, et en particulier Paul Watzlawick qui cite fréquemment Erikson dans tous ses ouvrages.

Erickson a défini l'inconscient de manière minimale et modeste : l'inconscient correspond selon lui à ce que nous savons mais qui n'est pas directement conscient pour nous ; il s'exprime, pour lui, au travers des microsignaux paraverbaux et non verbaux que nous émettons sans nous en rendre compte. Pour Erickson, l'inconscient n'est surtout pas cet adversaire qu'en a fait Freud ; il est au contraire notre allié et notre guide le plus précieux. Il le considère en effet comme la partie la plus riche de l'individu, celle qui emmagasine tous les apprentissages et toutes les ressources nécessaires à notre développement. Il rejoint néanmoins Freud sur le fait qu'il est, lui aussi, convaincu que nos conduites et nos processus sont essentiellement régis par notre inconscient, mais s'en sépare encore par le fait qu'il s'est refusé à élaborer toute théorie sur les motifs les plus profonds de la conduite humaine.

Pratiquée selon la vision ericksonienne de l'inconscient, la thérapie va alors changer radicalement d'état d'esprit et visera à stimuler[6] cet inconscient de manière bien différente. Elle consiste essentiellement à *apprendre au patient à accéder aux ressources de son inconscient* mais aussi à extraire de ses difficulté et souffrances passées d'autres ressources qu'il a simultanément construites et qui vont être utiles pour résoudre ses problèmes présents. Pour Erickson, le fait qu'une personne soit aux prises avec des problèmes qu'elle ne peut surmonter, signifie qu'elle a perdu le contact avec ses ressources, que la coopération avec son inconscient s'effectue mal car elle ne sait plus le mobiliser. Cette approche thérapeutique a, en outre, le mérite de réduire considérablement le temps d'intervention (d'où l'expression « thérapie brève ») car la thérapie n'a plus comme but la recherche des causes lointains et multiples des problèmes et des souffrances mais celle des ressources latentes engrangées dans le passé. Elle vise également à tirer profit des résistances du patient et à déléguer à l'inconscient la résolution du problème, en ayant recours si besoin à l'hypnose.

DES DESCRIPTIONS, DES BUTS ET MOINS D'EXPLICATIONS

Cette tendance à vouloir tout expliquer dans la thérapie selon l'approche analytique repose sur une conception linéaire de la réalité, elle-même construite sur un credo déterministe, dont le physicien français Pierre-Simon de Laplace fut sans doute l'un des plus illustres promoteurs : « Nous devons envisager l'état présent de l'Univers comme l'effet de son état antérieur et comme la cause de celui qui va suivre » enseignait-il au début du XIXe siècle. Ce déterminisme, battu en brèche aujourd'hui, ne serait-ce que par les découvertes de la mécanique quantique, demeure fortement ancré dans les esprits et se manifeste quotidiennement dans nombre de tournures de langage qui nous conditionnent à notre insu.

6. Voir le chapitre 16 sur la communication indirecte et notamment : *La communication hypnotique, selon Milton Erickson.*

Démarche analytique	**Démarche systémique**
Logique binaire et disjonctive Causalité linéaire Orientée passé-présent	Logique ternaire conjonctive Causalité circulaire Orientée présent-futur
Pour résoudre un problème, il faut d'abord connaître ses causes	Pour résoudre un problème, il faut d'abord clarifier l'objectif à atteindre
Centrée sur l'explication des dysfonctionnements et les handicaps du système	Centrée sur les fonctions utiles des dysfonctionnements et sur les ressources du système
Elle se nourrit du passé pour faire évoluer	Elle se nourrit du présent et le fait évoluer en fonction du but à atteindre
Le passé détermine le présent et le futur	La projection du futur souhaité influence aussi et beaucoup le présent
Le passé est un réservoir d'explications	Le passé est un réservoir de ressources dans lequel on va puiser

Ilya Prigogine, à la fois philosophe et chimiste, s'est particulièrement attaché à montrer comment « la vision probabiliste est plus vraie que celle du déterminisme laplacien » tout en indiquant que le probabilisme, comme le déterminisme, ne sont rien d'autre que des nouvelles étapes de la pensée sur le chemin de la connaissance.

Il est plus efficace, en management du changement comme en thérapie, d'identifier d'abord *comment* les choses et les êtres fonctionnent et de définir des objectifs plutôt que de prendre le risque de se laisser dériver, sinon « délirer », dans des pseudo-explications interminables et toujours hypothétiques.

Nous avons l'habitude de formuler nos problèmes, non pas en les décrivant mais en les expliquant : « Vu le manque d'effectifs et la charge de travail, comment peut-on encore avoir le temps de communiquer avec le patient ? » « Le patron de mon département est hermétique à toute innovation, il s'oppose aux investissements nécessaires pour moderniser nos instruments de travail : que faire avec quelqu'un qui refuse de s'adapter aux évolutions et qui ne s'implique pas dans nos problèmes quotidiens ? » Toutes ces informations explicatives et ces jugements tendent à limiter les possibilités de résolution de problème chez ce participant car elles le conduisent à confondre ses explications avec les données descriptives et factuelles du problème.

Notre culture favorise cette manière explicative d'énoncer les problèmes : décrire les choses dans un langage descriptif peut paraître un peu vulgaire et simpliste, alors que les expliquer témoigne d'une plus grande agilité intellectuelle, d'un « raisonnement ». Seulement les explications ne débouchent pas nécessairement sur des changements et contribuent plutôt à justifier l'existence des problèmes. Pendant qu'on explique, on se réfère généralement au passé et aux autres ; on énonce généralement des jugements limitants ou encore des vœux pieux qui vont précisément renforcer la passivité ou une rébellion stérile : en fait, on raisonne mais on ne réfléchit pas pour agir.

La démarche analytique, très soucieuse de la prise de conscience comme remède thérapeutique, s'attache logiquement à recueillir les causes d'un problème et pour ce faire use largement des interrogations basées sur les « pourquoi ».

Dans la démarche systémique, c'est la question du « quoi » et des buts à atteindre qui est l'attitude de base pour appréhender les problèmes. Si nous intervenons sur le présent, ce sera à partir du futur souhaité. La démarche analytique conduit au contraire à penser le présent à partir du passé subi et à intervenir sur celui-ci. La ligne conductrice de l'approche systémique peut être résumée ainsi : les buts de la ou des personnes concernées sont plus importants que les causes de leurs problèmes et de leurs dysfonctionnements.

L'ATTENTION PORTÉE À L'ÉCOLOGIE HUMAINE

Un des principes de base de la thérapie systémique et de la conduite du changement est de ne pas porter atteinte à « l'écologie des systèmes humains » et de prendre en compte leur finalité. Guidée avant tout par les principes de préservation de l'écologie, ou de l'exploitation systématique de la fonction utile d'un dysfonctionnement pour favoriser précisément le changement dans le système, l'approche systémique est éminemment « utilisationnelle ». Elle nous conduit ainsi à échapper à l'emprise de la pensée dualiste, en ce sens qu'elle cherche systématiquement à extraire, pour les préserver, les éléments utiles qui peuvent être contenus dans la partie à première vue nuisible. L'approche analytique sous-tend, elle, une volonté d'élimination des blocages et des comportements nuisibles, avec tous les effets pervers que cela recèle, notamment l'émergence des résistances au changement.

UNE EXPLOITATION DIFFÉRENTE DU PASSÉ, DU PRÉSENT ET DU FUTUR

La démarche systémique est essentiellement orientée dans les sens « présent-futur-passé » et « futur-présent-passé » et non dans le sens linéaire du temps « passé-présent futur ». Elle parcourt le futur en quête d'étapes à atteindre. Elle envisage le passé, en tant que réservoir de ressources et d'apprentissages utiles. Ainsi intègre-t-elle le temps dans ses trois dimensions, ses espaces-temps, sur un mode circulaire en les envisageant simultanément et non de manière linéaire, passé, présent, futur. La démarche analytique privilégie l'axe temporel « présent-passé, passé-présent », le parcourant un peu comme un chemin de croix, dans la mesure où elle y cherche la source et l'explication des problèmes présents. Étant déterministe, elle envisage le futur dans une logique de prévision-prédiction et non de prospective et d'incertitude comme dans le systémisme.

Le modèle analytique nourrit parfaitement cette tendance à vivre le présent avec les termes du passé. Le fait de penser à ce qui se passe aujourd'hui avec les termes d'hier tend à fixer les situations par nature mouvantes, de manière absurde ; car les jours se suivent mais ne se ressemblent pas ; les données changent sans cesse et hier, déjà passé, ne peut revenir. De cette façon, bon nombre d'individus passent leur vie à rejouer l'année suivante les expériences de l'année précédente. Il va de soi que le passé exerce une lourde influence sur l'individu. L'important, toutefois, est moins ce que notre passé a fait de nous, que les enseignements que nous en tirons. Cette croyance en un éternel retour des choses nous porte à déduire que nous sommes totalement déterminés par notre histoire et que nous n'y pouvons rien. Elle peut aboutir à des raisonnements suicidaires.

Tout problème s'inscrit à la fois dans un passé, un présent et un futur car nous vivons, à notre insu, les trois temps simultanément. Erickson a particulièrement bien montré dans sa démarche thérapeutique comment, en utilisant le passé comme réservoir de ressources et d'apprentissages, en recadrant les données du présent, on modifie le futur et on traite déjà une bonne partie du problème posé. Il n'y a pas une orientation temporelle de la pensée plus vraie qu'une autre ; il y en a simplement de mieux adaptées et de plus efficaces, selon les contextes. La clé n'est donc pas de privilégier l'une plutôt qu'une autre mais de les conjuguer d'une autre manière.

Si le passé influence le présent et peut prédire le futur, le futur aussi oriente le présent qui, à son tour, prépare le futur et modifie notre vision du passé. Chaque geste s'accomplit dans le présent à partir d'un passé et en fonction d'un futur projeté, qui n'est pas nécessairement conscient. C'est pourquoi il est indispensable, dans la résolution de problème, d'interroger notre vision du futur pour dégager la direction que nous souhaitons donner à nos actions. Cette démarche a l'avantage de nous libérer non seulement des pensées encombrantes du passé, mais aussi des angoisses anticipatrices qui peuvent nous bloquer dans le présent. Ainsi en thérapie, comme en conduite du changement en entreprise, je fais aborder le présent comme un réceptacle de données éventuellement à reconstruire, projeter le futur comme indication éventuelle des apprentissages à acquérir et explorer le passé comme un enseignement et un réservoir d'apprentissages. Nous invitons ainsi notre pensée à être plus flexible pour voyager de manière circulaire dans les trois espaces temporels, présent-futur-passé.

Pour les personnes dont l'orientation temporelle de la pensée est fixée sur l'axe passé-présent, une idée qui a bien fonctionné en de multiples occasions devient une vérité sans faille pour le futur et dans l'absolu. Et si cette même idée cesse de fonctionner correctement, elles ne la remettront pas en cause mais s'en prendront plutôt aux circonstances, aux attitudes ou à l'incompétence des autres. La volonté systématique, dans certaines catégories socio-professionnelles, de conserver coûte que coûte des avantages acquis peut freiner l'évolution d'une profession et conduire paradoxalement à son déclin. En effet, bien souvent l'avantage en question n'est pas remis en cause parce que la connexion à la nouvelle réalité n'a pas été faite. Mais ce qui fut un avantage hier peut s'avérer aujourd'hui un handicap pour évoluer. De même les offres d'emploi qui visent en priorité des candidats ayant de l'expérience ne sont pas forcément adaptées aux emplois à pourvoir. Lorsque l'expérience s'érige en savoir intangible, elle tue la créativité et conduit à la rigidité et à la fermeture, c'est-à-dire à l'incapacité d'acquérir de nouvelles connaissances ou de nouveaux savoir-faire. Si un individu investit son capital d'expériences pour reproduire un présent et un futur similaires au passé, l'expérience se met au service de la répétition et non de l'évolution. Dans ce sens, l'expérience peut figer l'évolution.

DE LA RATIONALISATION À LA PENSÉE CRÉATIVE ET À L'ÉTONNEMENT

Comme l'expert en créativité Roger Von Oech le souligne dans *Ne restez pas assis sur le meilleur de vous-même* : « Avoir de nouvelles idées, c'est facile. Ce qui est dur, c'est de laisser tomber ce qui vous a réussi deux ans auparavant mais qui sera bientôt dépassé. » La créativité se caractérise par le fait de passer d'un vieux cadre de référence à un nouveau ; elle repose essentiellement sur une manière originale d'appréhender la réalité. Dans *Le Cri d'Archimède*, Arthur Koestler a introduit le concept de « bissociation » pour définir l'essence de la pensée créatrice. « La bissociation, écrit-il, consiste à percevoir une situation ou une idée sur deux plans de référence dont chacun a sa logique interne mais qui sont habituellement incompatibles. » Dans notre domaine, elle découle de la capacité de repenser différemment les problèmes pour en faciliter les solutions. La pensée rationalisante, du fait de son inaptitude à sortir des cadres et des schémas traditionnels, se distingue par son incapacité d'imaginer l'avenir : ne sachant pas accomplir ce lâcher-prise avec le passé, elle mutile tout potentiel de créativité.

La pensée créative consiste moins à déceler les mauvaises solutions qu'à mettre en lumière les énoncés qui rendent insolubles les problèmes et à identifier les questions qui mènent à des impasses. Détecter les mauvaises questions est une attitude fertile pour innover et changer. En caricaturant, nous dirions qu'aux « pourquoi » systématiques de la pensée rationalisante, la pensée créative rétorque : « Et pourquoi pas ? » Le créatif est subversif parce qu'il commence par désorganiser pour réorganiser ; ce mode de pensée combine et exploite les compétences complémentaires de nos deux cerveaux.

Pour provoquer le changement chez l'autre, il est nécessaire de mettre en sourdine les limitations du cerveau gauche[7] pour

7. Voir le chapitre17 et en particulier : *L'art de la confusion*.

favoriser l'émergence du potentiel créatif du cerveau droit : un dialogue bien mené est plus qu'un échange de connaissance, il est créateur et produit une connaissance, et c'est pourquoi nous avons tant besoin du dialogue pour inventer et changer.

Enfin, la pensée créative rend hommage à cette capacité proprement humaine : celle de s'étonner. L'étonnement qui est une sorte « d'arrêt sur image » libère et favorise la force créatrice et inventive de l'individu. En fait, s'étonner revient le plus souvent à transformer la vision d'un phénomène évident en vision d'un phénomène étonnant ou encore à penser à ce à quoi personne n'avait pensé à partir d'une même perception banale. Ne dit-on pas que c'est en observant la simple chute d'une pomme que Newton aurait découvert le principe de la gravitation universelle ?

Quatrième partie

LE CHANGEMENT SE SÉCRÈTE ET SE PROVOQUE DANS L'INTERACTION

10

LA GESTION DE LA RELATION ET L'ART DE L'INFLUENCE

L'INTERACTION, UN PHÉNOMÈNE CIRCULAIRE

La conception d'un modèle linéaire de la communication est fondée sur l'image du téléphone (ou sur celle d'une partie de ping-pong) où un émetteur envoie un message à un récepteur qui, à son tour, devient émetteur et ainsi de suite. Cette conception encore très ancrée dans les esprits est inappropriée pour rendre compte du phénomène circulaire de la communication interpersonnelle. Les théoriciens de l'École de Palo Alto, notamment Yves Winkin, décrivent la communication comme un processus auquel chaque individu participe sans en être ni l'origine ni l'aboutissement. Ils comparent ce processus de la communication à celui d'un orchestre où tous les musiciens improviseraient en s'accordant sur les autres sans qu'il y ait ni chef ni partition. Mais si nous nous plaçons maintenant dans les contextes spécifiques de la communication thérapeutique, managériale ou pédagogique visant à produire du changement, un chef d'orchestre existe bien. Et ses talents reposent essentiellement sur son aptitude à orienter ses interventions tout en sachant simultanément se guider sur les musiciens pour mieux atteindre l'objectif visé.

Dans la relation, il n'y a pas de séparation entre les individus. La dichotomie entre le maître et l'élève, le soignant et le malade, le thérapeute et le patient, le responsable et le subordonné relève d'une vision linéaire et dualiste de la communication. Elle n'est pas recevable dans la nature systémique, circulaire et orchestrale de la communication. Sur un plan épistémologique, il est erroné de considérer, dans une relation, le comportement de l'un comme la cause du comportement de l'autre, car l'un et l'autre s'influencent mutuellement par cette causalité circulaire qui régit les interactions. La relation interpersonnelle est donc un phénomène éminemment complexe, car ses caractéristiques ne peuvent être rattachées à l'un ou l'autre partenaire. Au même titre que l'eau n'est pas la simple addition des propriétés de l'oxygène et de l'hydrogène mais un résultat particulier émergeant de leur mise en relation, les comportements humains sont moins liés aux individus en eux-mêmes qu'à la qualité émergente de leurs relations.

Prenons la situation courante d'une épouse qui reproche à son mari de fuir le foyer conjugal tandis que le mari, lui, récrimine contre sa femme qui, selon lui, cherche le conflit dès qu'il met le pied à la maison. Compte tenu du climat conjugal à son arrivée, le mari fait en sorte de rentrer de plus en plus tard afin de retarder le moment redouté des reproches, tandis que sa femme, de son côté, s'irrite de plus en plus violemment des retards toujours plus importants de son époux. Voilà un exemple typique de conflit rendu insoluble par les deux protagonistes car ils n'envisagent la situation que dans une perspective linéaire (c'est de sa faute). Chacun des conjoints tente alors maladroitement de corriger le comportement de l'autre et plus ils corrigent, plus le problème s'amplifie.

Les erreurs de communication sont le plus souvent liées à la non-prise en compte du fonctionnement circulaire de la communication. Pour quelqu'un d'extérieur au problème, habitué à lire la réalité circulaire de la communication et connaissant ses effets de spirale, il n'y a pas de coupable dans cette situation. Il s'agit avant tout de changer l'optique selon laquelle les membres de ce couple appréhendent leur conflit et de leur demander ce qu'ils attendent de leurs relations. Quelle est la finalité de celles-ci. Il sera ensuite possible de dégager de nouvelles règles interactionnelles qui satisfassent leurs aspirations communes. Nous verrons plus loin combien le recours à la tendresse de l'humour et aux vertus de la créativité sont des moyens précieux pour sortir de ce genre de cercle vicieux.

Communiquer ce n'est pas seulement informer : une dimension supplémentaire, fondamentale, s'ajoute à l'information : la qualité de notre relation avec l'autre. La fluidité des échanges d'information est liée avant tout à la qualité des relations établies entre les individus. C'est essentiellement l'estime, la confiance, la valorisation et le respect réciproques qui facilitent la circulation et l'intégration des informations. Si l'information est un système de signes, la communication qui inclut la relation leur donne du sens. Ainsi l'explosion actuelle des supports d'information[1] entraîne une perte du sens et constitue la raison la plus impérative d'améliorer la communication interhumaine, c'est-à-dire en premier lieu les relations. Paradoxalement, l'univers de la communication est, plus que tout autre, malade de ses remèdes. Il ne suffit pas de transmettre plus d'informations ou de signes, il faut s'assurer que du sens passe et savoir que la qualité de la relation est le meilleur vecteur pour y contribuer.

« Communiquer » est souvent confondu avec « informer » en ce sens que cela est généralement assimilé à transmettre un message et que cela sous-entend la passivité du récepteur et la négation de son existence en tant qu'être humain doué d'autonomie. La communication est avant tout comportementale, elle est dialogue, « mise en commun et en relation » pour agir, s'enrichir, coopérer et créer ensemble. L'art du dialogue consiste en premier lieu à reconnaître les similitudes pour les relier, puis à exploiter les différences pour les conjuguer et en dégager une valeur

1. Informatique, télématique, médias de toutes sortes ; prolifération des prospectus, des journaux, des plaquettes, des notes de services et lettres internes en entreprise, etc.

ajoutée. Si la communication est *inter*personnelle, l'information, elle, est *imper*sonnelle, car elle consiste simplement à produire et à transmettre un message. Mais l'information seule, sans effet de communication, est insuffisante pour générer de l'influence. Par exemple, l'information stricte des horaires de trains ne motive pas les gens à prendre le train. La communication vise avant tout à produire un effet chez celui ou ceux à qui elle s'adresse. Communiquer suppose donc d'identifier au préalable les attentes, les valeurs et les critères du destinataire, pour bâtir un contenu informationnel adapté à son cadre de référence : c'est ainsi qu'elle acquiert sa pleine « dimension relationnelle » et remplit sa fonction d'influence.

La grande lacune en matière de communication humaine s'exprime par un décalage croissant entre l'augmentation vertigineuse des technologies de l'information et l'insuffisance des progrès en matière de communication interpersonnelle, qui reste empreinte d'archaïsme. Ainsi, les individus communiquent de plus en plus avec des instruments[2] qui affaiblissent la communication interpersonnelle, là où se situe précisément le problème. Plus l'information est envahissante et plus l'apprentissage de la communication est rendu nécessaire. L'efficacité des systèmes techniques d'information, notamment dans les entreprises, devrait précisément se mesurer à leur faculté d'affranchir l'homme du problème de l'information, pour ainsi lui permettre de se consacrer à celui de la communication dans son acception la plus originelle, celle de la mise en commun, de la mise en relation des ressources humaines.

2. Minitel, messageries électroniques, téléphones modulaires (interrompant ou empêchant toutes conversations au restaurant ou autre lieu public), télévision, répondeur, bip de second appel téléphonique…

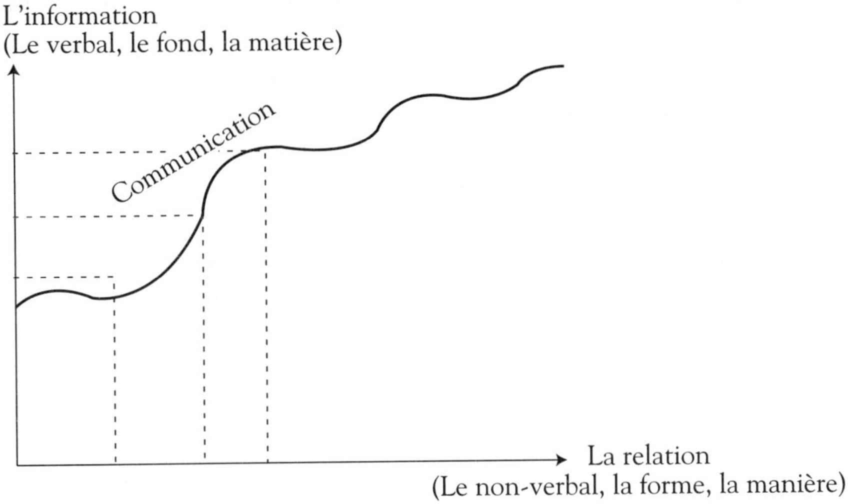

La communication conjugue deux paramètres : l'information et la relation

LE DIALOGUE EFFICACE PRODUIT UN CHANGEMENT

La communication, avant tout comportementale, est fondamentalement destinée à produire des effets. Comme l'a souligné Edward Hall, anthropologue spécialiste de la communication interculturelle : « Il est plus important de déclencher la bonne réponse que d'envoyer le bon message. » La communication efficace ne décrète pas mais induit et vise à provoquer l'effet souhaité : dès lors qu'un message, ou un comportement, modifie la vision ou le comportement de l'autre dans le sens visé, il y a eu communication efficace. En dehors des communications rituelles, conventionnelles, il n'est guère de communication qui ne vise l'influence et le changement.

Le changement s'accomplit dans l'échange. On peut être transformé par une rencontre. Ce terme « échange » n'est-il pas précisément à la racine du mot « changement » ? L'efficacité d'une communication se mesurera donc au fait que le changement souhaité est bien le changement obtenu : la performance d'une communication s'évalue donc sur les résultats et non sur les bonnes intentions. C'est ainsi que les problèmes de résistance au changement résultent la plupart du temps de communications inappropriées.

Communiquer, c'est intervenir pour changer l'état de la situation d'autrui, sa construction de la réalité, pour susciter des comportements différents. Ainsi, plus une personne se situe à un niveau hiérarchique élevé et plus son activité de communication devient un enjeu. Des études ont montré qu'un dirigeant ou que le responsable d'une équipe importante consacre près de quatre-vingts pour cent de son temps aux contacts humains, pour régler toutes sortes de problèmes, techniques, administratifs, financiers, humains ou politiques. Cet enjeu est encore plus marqué pour les thérapeutes, les formateurs et les enseignants, pour lesquels la communication est l'instrument de travail par définition. Il est incontournable dans beaucoup de professions, notamment médicales. Toute personne en contact avec le malade doit non seulement soigner mais aussi communiquer. Mais de même, dans notre sphère personnelle, en tant que parent, conjoint, ami, de quel outil disposons-nous si ce n'est de la communication pour mieux vivre avec notre entourage ?

Nous nous construisons et évoluons au travers des relations que nous établissons avec les autres : notre identité est un processus et non quelque chose de tangible et de fixe. Ainsi la qualité de nos dialogues « intérieurs » et de la relation que nous entretenons avec nous-même contribue fortement à notre équilibre et par là même à notre évolution. Nous nous alimentons mutuellement en interagissant, mais cette nourriture peut être plus ou moins bénéfique pour notre développement personnel : ainsi nous pouvons nous intoxiquer comme nous ressourcer selon notre manière d'interagir avec nous-même comme avec les autres.

Apprendre à écouter comment pensent ceux à qui nous nous adressons semble être l'un des apprentissages fondamentaux à acquérir. Pour que chacun de nous remplisse réellement sa fonction d'agent de changement, pour que nos interventions suscitent chez nos interlocuteurs le désir de coopérer, il est indispensable d'explorer et d'acquérir des manières intègres d'influence. Le fait d'apprendre à focaliser son regard et son écoute sur les ressources de l'autre plutôt que sur ses limites est un des principes clés de la communication d'influence ; c'est ainsi que l'on peut attirer l'attention de nos semblables et les surprendre agréablement.

Communiquer réellement avec l'autre c'est (tout en gardant en vue l'objectif visé) s'oublier « soi » et son cadre de référence pour aller à la rencontre de l'autre sur son terrain et ainsi pouvoir « reconnaître son point de vue » : cela ne signifie pas pour autant devoir l'adopter. Il revient à la PNL d'avoir fourni des outils[3] raffinés d'écoute, d'observation et de questionnement pour améliorer nos compétences en communication, en acquérant en particulier une meilleure souplesse mentale et comportementale ainsi qu'une plus grande rigueur dans le recueil et l'exploitation des informations de notre vis-à-vis.

INFLUENCER EST INÉVITABLE, MANIPULER NE L'EST PAS

Dès l'instant où il y a relation, mise en présence de deux personnes, il y a nécessairement exercice d'influence car « on ne peut pas ne pas influencer ». Cette situation banale l'illustrera : vous vous retrouvez seul dans la salle d'attente d'un médecin, vous vous asseyez alors confortablement et de manière relâchée ; vous feuilletez des magazines que vous lancez négligemment sur le guéridon. Tout à coup, une personne entre ; dès lors votre position

3. Voir, au chapitre 11, les techniques de synchronisation et, au chapitre 12, la boussole du langage créée par Alain Cayrol.

relâchée se réajuste spontanément et vous posez ensuite avec plus de précaution les magazines sur la table : seule la présence de l'autre, sans qu'il ait rien dit, a complètement modifié votre comportement. Bien que l'autre n'ait pas cherché volontairement à vous influencer, son influence s'est exercée.

Quoi que nous voulions, quoi que nous fassions, il n'y pas de relation sans jeu d'influence. Même si nous ne répondons pas, cette non-réponse constitue encore une réponse qui influence. Croire que nous sommes neutres est donc un leurre : ce qui est neutre, c'est ce qui n'envoie pas de message et nous ne pouvons pas ne pas envoyer de message. Que nous le voulions ou non, que nous nous taisions ou pas, nous ne pouvons pas ne pas communiquer et donc nous ne pouvons pas ne pas influencer. *Le problème n'est donc pas de vouloir ne pas influencer, puisque c'est impossible, mais d'exercer une influence intègre et d'être conscients des effets que nous voulons produire* : c'est la raison pour laquelle la clarification précise des objectifs est essentielle pour éviter les phénomènes fréquents de manipulation et d'automanipulation dans la communication. Il y a risque d'automanipulation lorsque nous ne savons pas clairement ce que nous voulons : ainsi nous nous laissons inconsciemment « embarquer » dans une direction que nous ne désirions pas.

Pour lever toute ambiguïté, nous proposons cette distinction sémantique : manipuler l'autre consiste à le faire dévier de ses objectifs. Cette manipulation est consciente lorsque nous les connaissons mais peut être inconsciente si nous n'avons pas pris la précaution de les lui faire clarifier : là réside notre responsabilité. En revanche, influencer l'autre avec intégrité nécessite au préalable de négocier des objectifs et d'en faciliter l'atteinte grâce à des stratégies d'échanges adaptées. *La notion d'éthique et de respect de l'autre est donc au cœur de toute communication.* Elle repose sur la responsabilité que nous engageons dans nos réactions, car celles-ci produisent nécessairement des effets sur l'autre qui peuvent lui être utiles comme nuisibles.

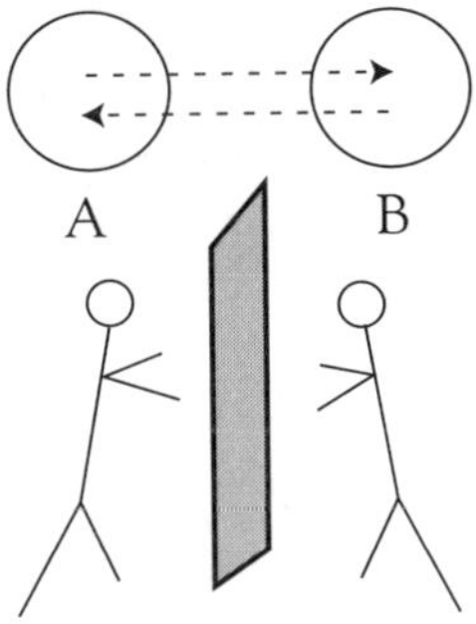

Communication sans objectif :
la relation est centrée
sur les jeux de pouvoir.
Risques de manipulation et d'automanipulation

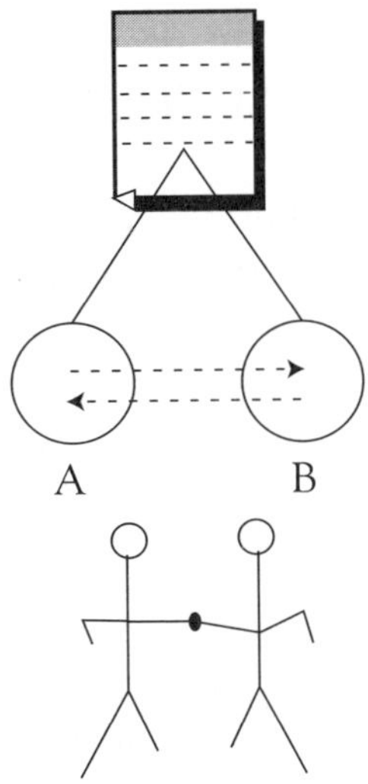

Communication avec objectif :
la relation se régule en fonction de l'objectif

Communication avec ou sans objectif

Les participants de mes séminaires soulèvent fréquemment les problèmes de communication dans leurs entreprises ou dans leurs services en évoquant « l'inertie ambiante ». Si nous nous référons à la définition donnée par le dictionnaire, le mot « inertie » signifie « propriété de la matière de demeurer au repos quand elle s'y trouve, ou si elle est en mouvement de continuer dans la même direction, *à moins qu'une force extérieure ne l'influence* ». Le terme « inertie », lorsqu'il concerne les systèmes humains, ne traduit rien d'autre que le phénomène classique des résistances au changement. L'effet d'inertie résulte de modèles interactionnels figés, inadéquats et redondants qui contribuent précisément à créer l'immobilisme puis à le renforcer. La pondération introduite dans la définition du dictionnaire, « à moins qu'une force extérieure ne l'influence », suggère justement cette inéluctable possibilité d'influence et de changement au sein de la communication.

LES JEUX DE POUVOIR : SYMÉTRIE ET COMPLÉMENTARITÉ

L'un des axiomes de base de la communication interpersonnelle est que « l'on ne peut pas ne pas définir sa relation avec autrui ». Gregory Bateson, le fondateur de l'École de Palo Alto, qui est l'auteur de cet axiome, a introduit pour décrire les différentes formes de relations interpersonnelles les concepts de symétrie et de complémentarité. Nous les retrouvons à une échelle plus vaste dans les relations sociales et internationales. Tous les échanges de communication sont soit symétriques, soit complémentaires, selon qu'ils sont basés sur la similitude ou la différence. Ces deux formes de relation sont au cœur de tout processus interactionnel où résident les jeux d'influence et de pouvoir. Ainsi, on ne peut pas ne pas se positionner par rapport à son interlocuteur, de même qu'on ne peut pas, non plus, ne pas être positionné par celui-ci. Chacun de nous définit donc, consciemment ou inconsciemment, la nature des relations qu'il développe en fonction des contextes et de ses différents partenaires. Le pouvoir inhérent à toute relation n'appartient donc ni à l'une ni à l'autre des parties, mais réside dans notre manière de définir la relation avec les règles du jeu qui y seront établies.

En résumé, dans une relation complémentaire, on peut distinguer une position haute et une position basse tandis que, dans la relation symétrique, la notion de niveau disparaît, les deux interlocuteurs se mettant au même niveau.

Prenons, par exemple, une relation de type complémentaire entre deux personnes Luc et Florent. Si Luc adopte la position haute, autoritaire, et si Florent adopte celle de la soumission, et si aucun facteur ne vient troubler ce système interactionnel, la relation évoluera dans le sens où Luc deviendra de plus en plus autoritaire et Florent de plus en plus soumis. On dira alors que les deux individus s'accordent et se complètent, la complémentarité imposant l'existence de deux positions, la position haute et la position basse. Pour identifier les différents modèles de réplique dans une interaction, donc sans niveau, les théoriciens de l'École de Palo Alto proposent ce repérage :

- *La symétrie stable* : Luc et Florent seraient en présence d'une relation symétrique, donc sans niveau, stable si Luc définissait sa position comme symétrique et si celle-ci était acceptée comme telle par Florent et vice versa.
- *La complémentarité stable* : Ils seraient dans une relation complémentaire stable si Luc définissait sa position comme haute et se voyait accepté comme tel par Florent, lui-même définissant sa propre position comme basse et se voyant accepté comme tel par Luc et vice versa.
- *La compétition symétrique pour la position haute* : Ils pourraient être aussi dans une relation de concurrence pour la position haute si Luc définissait sa position comme haute et se voyait redéfini dans une position basse par Florent, lequel se placerait lui-même dans une position haute.
- *La compétition symétrique pour la position basse :* Si Luc définissait sa position comme basse, se voyait redéfini dans une position haute par Florent se plaçant aussi dans la position basse, nous serions alors en présence d'une concurrence pour la position basse. Ainsi Luc dirait à Florent : *Vous êtes beaucoup plus à même de faire ce rapport que moi. Luc répondrait : Je ne partage pas votre point de vue, votre dernier rapport a recueilli beaucoup d'éloges*, ce à quoi Florent rétorquerait : *Certes, mais c'est bien la première fois, un coup de chance probablement.*

- *La compétition asymétrique pour la position haute et la symétrie* : Imaginons maintenant que Luc définisse sa position comme haute (relation complémentaire) mais se voie redéfini comme symétrique par rapport à Florent, lequel se placerait en relation symétrique, donc sans niveau, par rapport à Luc, alors que ce dernier le redéfinit en position basse ; nous serions alors en présence d'un jeu de pouvoir où Luc chercherait la relation complémentaire en prenant la position haute et Florent la relation symétrique : Ainsi Luc dirait à Florent : *Il est préférable que j'aille moi-même négocier avec le banquier, préparez-moi simplement quelques arguments à mettre en avant* Florent répondrait : *Avez-vous des expériences de négociation ? Êtes-vous sûr de réussir ?* Luc citerait quelques-uns de ses succès. Mais Florent insisterait : *Certes, mais reconnaissez que ce n'étaient pas des négociations particulièrement difficiles, souvenez-vous*. Et encore : *Quelles sont les difficultés que vous voyez dans cette négociation que vous voulez prendre en charge ?* Il y aurait là concurrence pour la position haute et désaccord sur le type de la relation.
- *La compétition asymétrique pour la position basse et la symétrie* : Enfin, si Luc définissait sa position comme basse et se voyait redéfini comme symétrique par Florent, lequel définirait sa propre position comme symétrique et se verrait redéfini par Luc dans la position haute, nous serions en présence d'un autre jeu de pouvoir où Luc chercherait la position complémentaire en prenant la position basse et où Florent revendiquerait la relation symétrique.

La nature symétrique ou complémentaire d'une relation ne peut être définie que dans le contexte précis dans lequel elle s'inscrit : elle est fondamentalement relative et suppose l'observation d'au moins trois messages échangés par les partenaires, pour évaluer le caractère symétrique ou complémentaire de leurs échanges : les théoriciens de l'École de Palo Alto les nomment stimulus, réponse et renforcement.

☆

Il y a sept types de configuration interactionnelle pour Luc et Florent :

- la symétrie stable
- la complémentarité stable
- la compétition symétrique pour la position haute
- la compétition symétrique pour la position basse
- la compétition asymétrique pour la position haute et la symétrie
- la compétition asymétrique pour la position basse et la symétrie
- enfin la fluidité et la combinaison des six positions interactionnelles décrites plus haut.

Plaçons-nous maintenant dans une relation de type symétrique. Elle s'inscrit le plus souvent dans un contexte d'égalité *voulue*, qui peut cependant évoluer vers la rivalité, l'escalade et la surenchère si l'une des deux entités n'accepte pas, ou plus, l'égalité, que ces entités soient des individus, des institutions ou même des peuples. Pierre Bourdieu évoque cette dérive de la relation symétrique vers l'escalade, dans *Esquisse d'une théorie de la pratique*, lorsqu'il analyse comment les tribus kabyles se ruinaient en échanges de dons de plus en plus somptueux. La relation symétrique évolue vers le rapport de force, l'« escalade », lorsque les deux vis-à-vis se placent sur un pied d'égalité, chacun se donnant le droit de critiquer l'autre, de le juger ou d'aspirer à faire mieux. La relation symétrique recèle le risque de la compétition qui peut dégénérer en escalade symétrique, c'est-à-dire dans un emballement du système interactionnel. Qui ne connaît l'exemple de deux amis inséparables qui finissent par se brouiller parce que l'un réussit beaucoup mieux que l'autre ?

Une relation symétrique est satisfaisante quand les partenaires s'acceptent tels qu'ils sont et se confirment réciproquement un respect mutuel. De la même façon, une relation complémentaire peut être satisfaisante si chacun maintient, dans le confort, la définition de la relation en confirmant l'autre dans sa position. Mais cette complémentarité harmonieuse est toujours susceptible de dégénérer si l'un des deux partenaires commence à se sentir frustré dans cette complémentarité.

Les difficultés de communication vécues dans les entreprises proviennent tout aussi bien de la rigidité des relations complémentaires générées par le système hiérarchique traditionnel, suscitant l'insatisfaction, que des escalades symétriques même si celles-ci sont généralement « feutrées ». Nous constatons néanmoins que les problèmes de communication les plus fréquemment évoqués dans nos séminaires concernent les rapports hiérarchiques où nos participants sont placés en position de subordonnés : car on a généralement tendance à assimiler, de manière erronée, la position basse à celle de subordonné et la position haute à celle de supérieur hiérarchique.

L'UTILISATION STRATÉGIQUE DE LA POSITION BASSE

Paul Watzlawick a apporté une réflexion très féconde sur « l'usage stratégique » de la redéfinition de la relation, notamment dans le cadre de la relation thérapeutique. En effet, la relation complémentaire ne correspond pas nécessairement à une relation hiérarchique : celui qui se situe en position haute hiérarchiquement n'est pas forcément celui qui maîtrise le mieux la relation. On peut se demander parfois si dans la relation d'autorité parent-enfant, par exemple, ce n'est pas l'enfant qui contrôle en fait la relation. Le pouvoir ne réside donc pas systématiquement dans la position haute, car paradoxalement, la position basse offre souvent beaucoup plus de possibilités de manœuvres à celui qui la « choisit volontairement ». Les « faibles » exercent souvent une force extraordinaire grâce à leur position basse. A ce titre, l'anecdote rapportée par Jay Haley[4], d'un individu ayant pour objectif de se faire porter par autrui dans la rue et qui, pour y parvenir,

4. L'un des membres prestigieux du groupe de l'École de Palo Alto.

choisit de faire semblant de s'évanouir sur le trottoir plutôt que d'ordonner délibérément à quelqu'un de le faire porter est très parlante : une faiblesse bien exploitée peut devenir un élément de pression merveilleusement efficace. Bien des personnes détiennent les clés de cet art « de ne pas y toucher » qui rejoint celui avec lequel certaines personnes dans l'entreprise font faire aux autres le travail qui leur est imparti. Mais de manière plus constructive l'art de la délégation procède aussi de ce même type de stratégie ! Sur un autre plan, il est connu que certaines femmes auraient très bien assimilé et exploité les vertus de la position basse pour exercer pleinement leur influence sur les hommes… de même que la réciproque masculine, dans d'autres domaines, est tout aussi connue.

Le fait de se placer volontairement en position basse plutôt qu'en position haute permet dans certaines situations d'exercer beaucoup plus d'influence. En effet, le choix d'un comportement d'impuissance influence tout aussi bien, et souvent beaucoup mieux, la conduite d'autrui que le comportement d'autorité. Il peut être aussi exploité à des fins éducatives. Si je me montre désemparée pour aider mon fils à résoudre un problème de maths en lui disant que je n'en comprends pas l'énoncé et que je voudrais qu'il m'apporte son aide, je l'oblige à le lire et à tenter de le déchiffrer en même temps que moi : pendant ce temps-là, je lui apprends à travailler, ce qui est mon but. Placé de la sorte en position haute, mon fils est plus à même d'apprendre parce que je lui demande de m'apprendre. En accentuant mon impuissance, de manière non verbale, j'invite subrepticement mon fils à me prendre en charge pour l'obliger, en fait, à se prendre lui-même en charge. En le plaçant dans la position haute, je déjoue sa tactique initiale consistant à prendre une position subalterne de passivité et d'incompétence pour que je fasse son travail à sa place. De la même façon, le manager qui souhaite obtenir plus d'initiative, de responsabilité et de motivation dans ses équipes peut apprendre à déjouer les effets pervers de la relation complémentaire où il est placé en position haute.

11

POUR UNE ÉTHIQUE ET UNE ESTHÉTIQUE DES RAPPORTS HUMAINS

LA RECONNAISSANCE DE L'AUTRE EST SAGESSE, LA CONNAISSANCE DE L'AUTRE EST ILLUSOIRE

La communication implique avant tout la reconnaissance de l'autre. La connaissance de soi comme de l'autre est une utopie. Toujours imparfaite puisque jamais achevée, partielle et donc partiale, cette prétendue connaissance de l'autre fige la représentation que l'on en a et donc, nécessairement, notre relation avec lui. Il nous paraît ainsi urgent de remplacer l'injonction paradoxale du « connais-toi toi-même » par ce conseil plus modeste : « Reconnais l'autre pour mieux te reconnaître toi-même et, ainsi, être mieux reconnu. » Passer de la connaissance à la reconnaissance de l'autre semble un chemin plus efficace pour exploiter les effets d'influence d'un dialogue respectueux. Le dialogue est l'instant suprême de la reconnaissance de l'autre. La Bruyère, à sa manière, le soulignait déjà : « L'esprit de conversation consiste bien moins à en montrer qu'à en trouver aux autres. » La reconnaissance de l'autre, de sa valeur et de ses ressources, constitue une sorte de câble d'acier qui relie les individus dans le respect.

L'individu évolue d'autant plus facilement qu'il se sent respecté et reconnu dans son identité. Seul le respect de l'autre permet son évolution : avoir une image constructive de soi, s'accepter et se sentir accepté sont les éléments de base du développement humain. Une conduite du changement ne peut se fonder sur le mépris. Mépriser l'autre revient à ne pas prendre en compte la valeur intrinsèque de la personne et donc à se méprendre.

Dans nos conventions de présentation, nous avons essentiellement acquis le réflexe de mettre en valeur ce qui nous distingue des autres : nous exposons essentiellement ce que nous sommes et ce que nous faisons. Qui nous empêche de modifier ce rituel et de nous présenter, au contraire, en établissant d'abord non plus des distinctions mais les liens qui nous rassemblent avec notre vis-à-vis ? Dans les rapports de travail, notamment, cette nouvelle attitude est indispensable pour favoriser les liens de coopération nécessaires. Bien des problèmes conflictuels entre services opérationnels et fonctionnels, entre services administratifs et commerciaux résultent de cette fameuse distinction-séparation, à l'origine des phénomènes de dévalorisation et de mépris qui polluent les relations de travail. En cherchant à reconnaître en premier lieu « ce qui nous ressemble et nous rassemble » nous franchissons la première étape décisive de la communication, celle de la mise en commun ; celle-ci facilite en effet l'acceptation des différences et le désir de s'en enrichir ; le recours à l'attaque ou à la défense pour se faire reconnaître devient alors caduc. Cette mise en commun initiale va établir le point d'ancrage de la construction du « nous ». La nature de cette troisième dimension, tout aussi invisible qu'essentielle, contribue fortement à l'évolution de chacun car c'est la qualité du « nous », à la base de toute relation, qui permettra à chacun d'évoluer en devenant, paradoxalement, un peu mieux lui-même. Le chiffre de la relation humaine n'est pas deux mais trois : je, il, nous. Selon Lao Tseu : « Le un engendre le deux et le deux engendre le trois qui engendre le un. »

☆

Les relations entre « moi » et « l'autre » produisent le « nous », lequel à son tour enrichit à la fois « l'autre et moi-même ».

L'EFFET MIROIR ET L'EFFET ÉCHO

Comme le soulignait encore Lao Tseu et comme nous l'avons tous appris par l'expérience : « Lorsque la confiance manque, la loyauté disparaît. »

Les communications interpersonnelles se construisent dans des jeux subtils d'échos où se renvoient nos multiples facettes, établissant des duos ou des duels, des résonances et des dissonances. Nous sommes les uns pour les autres des miroirs dans lesquels nous nous projetons et nous nous réfléchissons. Si certains miroirs embellissent, d'autres enlaidissent, mais il y a ceux aussi qui réfléchissent tout simplement et révèlent alors des pistes de changement utile.

Que nous soyons en relation avec notre famille, des collègues, des patients, des étudiants, plus nous les écoutons et mieux nous pourrons utiliser leur logique pour exercer ainsi notre pouvoir d'influence. Nous savons qu'une « certaine harmonie » s'est établie avec nos interlocuteurs dès lors qu'ils viennent à leur tour nous rencontrer sur notre propre terrain. Cette rencontre se repère facilement à ces fameux jeux de miroir et d'écho que se renvoient entre eux les individus. Ce phénomène du mimétisme, appelé « synchronisation » en PNL, résulte d'une écoute très attentive et d'un sens aigu de l'observation qui confèrent à la communication sa dimension hypnotique, telle qu'Erickson l'a mise en exergue. Cette synchronisation est en fait un mécanisme naturel que tout être humain met en œuvre inconsciemment lorsqu'il éprouve dans sa relation avec l'autre suffisamment de confiance et d'estime. Lorsque nous avons bien accompagné notre interlocuteur, c'est-à-dire lorsque nous avons réussi à nous synchroniser sur sa construction de la réalité, notre pouvoir d'influence s'exerce alors pleinement. En observant l'absence, ou au contraire, l'abondance des jeux de miroirs et d'échos entre plusieurs individus, nous pouvons évaluer la qualité de leurs relations et le degré d'influence de chacun des partenaires sur les autres.

☆

Votre interlocuteur vous écoutera et vous comprendra d'autant mieux qu'il entend son écho dans votre voix, qu'il entrevoit son reflet dans votre regard et qu'il ressent son émotion un peu partagée.

LA COMMUNICATION : UNE COMPOSITION, UNE COCRÉATION POUR UNE COÉVOLUTION

Tout se passe comme si l'on était né en sachant déjà jouer du violon, comme si l'on n'avait à déployer de grands efforts que dans le but d'éliminer les habitudes qui empêchent cette virtuosité de se manifester.

Francisco Varela

La communication interpersonnelle s'apparente à l'art de la danse ou à la conduite d'un orchestre. Tout comme des artistes, auteurs ou interprètes, nous touchons plus ou moins ceux qui nous écoutent et nous observent.

Néanmoins, l'élégance et la justesse de certains gestes suscitent l'envie d'harmonie de ceux qui répondent et favorisent l'évolution de chacun. Les fondateurs de la PNL ont ainsi modélisé les gestes inconscients de communicateurs hors du commun, notamment ceux d'Erickson et de Virginia Satir. Ces « morceaux choisis » modélisés en partition et en chorégraphie nous permettent de connaître les esquisses d'un dialogue de qualité.

Lorsque deux personnes communiquent, elles accomplissent en fait une danse et une musique. Selon leurs capacités de s'ajuster l'une à l'autre et la souplesse de leurs réactions, leurs relations seront plus ou moins harmonieuses, souples, dissonantes ou rigides. Si deux personnes qui dansent ensemble s'influencent mutuellement en permanence, l'esthétique de leur création commune se mesure au fait que les spectateurs, pas plus qu'elles-mêmes, sont incapables d'identifier « qui » mène la danse. Dans la danse, comme dans la communication, nous sommes insérés dans une boucle où chacun rétroagit sur l'autre.

Ray Birdwhistell, dans *La Nouvelle Communication*, illustre ainsi la nature inexorable de l'interdépendance des rapports humains : « Nous avons observé de bons danseurs de salon. Lorsque nous interrogions les filles, elles déclaraient que le bon danseur était celui qui tenait fermement sa cavalière et conduisait avec vigueur. Les garçons déclaraient que la bonne danseuse devait avoir un pas léger et pouvoir suivre immédiatement. Quand nous avons effectivement découpé et étudié le mouvement, nous avons découvert que la bonne danseuse était en réalité celle qui savait conduire la danse et que le bon danseur était celui qui savait pressentir le mouvement à suivre. » En d'autres termes, l'harmonie de ces couples reposait en réalité sur une interdépendance spontanée dans la mesure où l'objectif commun, la qualité du spectacle, était clair pour chacun des partenaires. Cette description est riche de perspectives pour l'instauration d'un nouveau management en entreprise.

Dans un dialogue, nous l'avons vu, il n'y a pas deux personnes qui seraient tour à tour actives ou passives, tantôt émettrices et tantôt réceptrices : les deux interlocuteurs sont à la fois actifs et passifs, émetteurs et récepteurs ; stimulus, réponse et renforcement rétroagissent simultanément. Cependant lorsque nous faisons partie d'un dialogue conflictuel, nous présentons la séquence des échanges généralement en notre faveur et rendons l'autre le plus souvent responsable du conflit ou du blocage. En fait, cette analyse est absurde dans la mesure où elle ne tient pas compte de la réalité circulaire de la communication interpersonnelle. C'est la raison pour laquelle nos interactions peuvent tout aussi bien prendre la configuration d'un « cercle vertueux » que d'un cercle vicieux.

Ainsi, en étant prêt à nous tenir également responsable d'une partie du conflit ou du blocage, nous multiplions nos possibilités d'intervention. A la racine du mot « responsabilité » se trouve le verbe « répondre » ; le fait d'être bloqué dans un conflit nécessite en effet de rechercher de nouvelles réponses et attitudes.

> *L'ancienne rhétorique enseignait l'art de se distinguer, de se mettre à distance et de convaincre.*
> *La nouvelle rhétorique enseigne l'art de se relier, de conjuguer les différences, d'harmoniser les contraires pour donner envie d'agir ensemble.*
> *Elle est l'art de composer le « nous » qui rassemble et non d'opposer le « je » ou le « vous » qui isole.*
> *Elle est en cela une com-position, une co-création.*

« Si tu fais ce que tu as toujours fait, tu obtiendras ce que tu as toujours obtenu », dit le sage. Ce que nous attendons de l'autre nous indique ce que nous devons faire nous-même pour favoriser son évolution. La communication interpersonnelle ne se dissocie pas non plus de l'art de la composition d'un bouquet, qui consiste à harmoniser les différentes fleurs dont nous disposons. De même, des sons ici et là dissonants, subtilement combinés, pourront composer une harmonie nouvelle. « C'est de la discorde que naît la plus belle harmonie », « tout naît de la discorde et des contraires » déclarait Epictète.

Si les différences sont à l'origine de la plupart des problèmes de communication, ce sont pourtant elles qui nous permettent d'évoluer. Chaque individu étant unique par définition, la complexité et la beauté de la communication interhumaine résident précisément dans l'émergence d'une harmonie issue de nos différences. Il n'y a aucune esthétique dans les rapports humains lorsqu'il y a mépris, acharnement à convaincre ou à éliminer les différences de point de vue. L'esthétisme réside dans le respect mutuel et dans le fait d'intégrer ces différences pour les conjuguer de manière créative : c'est ainsi qu'un accord se construit. Humaniser les relations signifie se libérer des réactions comportementales instinctives et archaïques de défense et d'attaque. Il y a, en effet, d'autres manières de répondre à une agression verbale que la défense, la fuite ou la contre-attaque. Une agression cache bien souvent une demande ou une peur ; ainsi est-il pertinent de répondre au niveau caché de l'agression plutôt qu'à son niveau manifeste. Le travail avec les résistances[5] est de cet ordre : de même pour avancer dans une discussion, il est beaucoup plus efficace d'avoir recours au recadrage en exploitant de manière créative la fonction utile des obstacles, des objections et des critiques qui nous sont opposés.

☆

Un dialogue créateur ressemble à ces couples de valseurs qui se sont tellement bien observés, écoutés et mis en harmonie, qu'ils évoluent ensemble sans effort, sans chercher à savoir qui mène la danse.
D'ailleurs, qu'importe puisque la danse s'accomplit.
Si les différences sont à l'origine de la plupart des problèmes de communication, ce sont elles aussi qui nous permettent d'évoluer.
La beauté et l'efficacité de la communication humaine résident dans l'émergence d'une harmonie issue de nos différences.

5. Voir aux chapitres 23 et 21 : *Les objections et les résistances, des tremplins pour progresser* et *Exploiter les ressources et tirer profit des résistances*.

12

LA RIGUEUR DANS LE RECUEIL ET LE TRAITEMENT DE L'INFORMATION

Celui qui parle sème,
celui qui écoute récolte
et sème à la fois.

Proverbe ancien

LES TROIS NIVEAUX DE RECUEIL DE L'INFORMATION

L'écoute n'est pas naturelle, elle s'acquiert par l'apprentissage, comme la majorité des savoir-faire humains. L'apprentissage de l'écoute et de l'observation devrait être à la base de l'enseignement primaire car ces compétences sont primordiales pour la réussite de l'élève. En amont de toutes nos activités, l'écoute est décisive pour adapter nos réactions aux situations auxquelles nous avons à faire face. Elle contribue fortement à la qualité de toute relation. N'est-ce pas attribuer à quelqu'un une des qualités les plus précieuses que de lui reconnaître une capacité d'écoute ?

L'écoute est difficile car elle implique d'établir le silence en nous-même, c'est-à-dire de nous déconnecter quelques instants de nos réactions internes pour ainsi pouvoir rejoindre pleinement l'autre, sans pour autant perdre de vue l'objectif de la communication. Être silencieux avec soi-même signifie s'oublier : s'abstenir de commentaires, même intérieurs, et ne pas préparer sa réponse avant que l'autre ait fini de parler. L'écoute réelle implique de se dissocier de soi, c'est-à-dire d'adopter une « métaposition » pour mieux envisager l'ensemble de la situation interactionnelle. Ainsi menée, l'écoute se révèle être l'un des meilleurs outils de prévention du stress. Le stress précisément bloque nos facultés d'intuition et l'accès à nos propres ressources, notamment le calme et la vigilance dont nous aurions besoin. L'écoute mobilise aussi pleinement l'attention de l'autre et l'invite à prendre davantage conscience de ce qu'il dit et, de la sorte, il s'entend mieux lui-même aussi. L'écoute et l'observation favorisent l'ouverture et la réceptivité car elles sont l'expression de la reconnaissance de l'autre et témoignent du respect porté à sa subjectivité.

Ecouter « réellement » l'autre implique d'être attentif aux trois niveaux suivants de l'information émise par l'interlocuteur :

- L'écoute de son *cheminement mental* et de sa *logique*, c'est-à-dire la manière dont notre interlocuteur construit sa réalité : ses déductions, ses suppositions, ses interprétations, les faits qu'il a privilégié de sélectionner, les règles qui le gouvernent, les valeurs qui le mobilisent, les croyances qui l'orientent, les métaphores qu'il emploie mais aussi les critères sur lesquels repose son argumentation…
- L'écoute du *contenu de la communication* : soit les mots que notre interlocuteur utilise pour s'exprimer et particulièrement les mots sensoriels qu'il choisit.
- L'écoute et l'observation très attentive des *micro-indices non verbaux* qui expriment le *sens du message* ainsi que la *nature de la relation et de l'émotion* tels les intonations, les nuances des volumes sonores, les rythmes et les inflexions de la voix, les gestes, les expressions faciales, les postures, la gestion de l'espace, les fluctuations des rythmes respiratoires, les mouvements oculaires ; toutes ces informations expriment la partie la plus authentique de nous-mêmes.

Une bonne façon de détecter la dominante sensorielle d'une personne est de l'écouter parler, en étant particulièrement attentif aux mots sensoriels qu'elle choisit. En effet lorsque notre interlocuteur décrit son expérience, il sélectionne, généralement à un niveau inconscient, les mots qui représentent le mieux celle-ci. Le langage reflète la pensée, il est un « discours sur l'expérience ».

Lors de mes séminaires j'insiste sur l'entraînement à l'acquisition de ce savoir-faire car celui-ci est décisif pour interagir de manière plus pertinente. Que nous soyons thérapeutes, consultants, responsables, qu'il s'agisse d'entretien thérapeutique, d'entretien d'évaluation et de motivation, de résolution de problème, de négociation, la conduite de l'échange sera d'autant plus efficace que nous ajusterons nos interventions en fonction de cette collecte d'informations, tout en restant focalisés sur l'objectif à atteindre. Par ailleurs, cette vigilance dans l'écoute et l'observation nous conduit à porter un regard différent sur l'autre et à y trouver beaucoup plus d'intérêt : celui-ci devient alors notre source importante d'inspiration. Plus nous alimentons notre cerveau de toutes ces précieuses informations, et mieux notre créativité et notre intuition pourront s'exercer.

LES VERTUS DE LA CLARIFICATION

Il est important de partir du principe que notre interlocuteur parle un langage mystérieux qui, bien qu'il ressemble au nôtre, a rarement le même sens. Combien de conflits interhumains ou de discussions sans fin résultent du fait que les interlocuteurs répondent aux mots des autres sans avoir, au préalable, vérifié auprès d'eux le sens qu'ils leur donnaient.

Imaginez cette situation : un de vos collaborateurs refuse de travailler avec votre secrétaire, prétextant qu'elle est trop déprimée, mais vous ne partagez absolument pas son opinion. Avant d'opposer votre point de vue, faites-lui plutôt clarifier ce qu'il veut dire par

« déprimé » en lui demandant par exemple quels comportements précis le lui indiquent. Il peut vous répondre :

> – *Elle ne sourit jamais et parle peu dans le travail.*
> – *Connais-tu d'autres collègues qui sourient et parlent peu ?*
> – *Oh oui, je pense à toi, en particulier.*
> – *Alors tu me trouves, moi aussi, déprimé ?*
> – *Non je ne le pense pas du tout. Je pense simplement que cette secrétaire n'est vraiment pas marrante.* (La personne effectue d'elle-même un recadrage de sens[6].)
> – *Et c'est une condition sine qua non pour toi. Que préfères-tu : qu'elle rigole ou qu'elle te facilite le travail ?*

Les questions les plus ambitieuses produisent paradoxalement les réponses les plus pauvres. Plus les questions sont générales et plus les réponses risquent d'être mutilantes et limitées parce qu'encore plus générales. Bien que les questions binaires, ou fermées, soient nécessaires pour impliquer un interlocuteur et lui « soutirer » un engagement du type « oui » ou « non », elles doivent néanmoins être utilisées avec précaution. Si elles ne sont pas formulées de manière suffisamment précises ou encore, si elles manifestent à l'évidence une volonté de manipulation, elles peuvent induire des réponses peu fiables. C'est le cas si l'on demande, par exemple : « Êtes-vous d'accord avec cette analyse ? » plutôt que : « Quels sont les points que vous partagez pleinement dans cette analyse ? » Les questions orientées, quant à elles, sont susceptibles d'amener l'interlocuteur à répondre ce qu'il ne pense pas ; la plupart du temps elles visent à provoquer une docilité ou une adhésion, qui peut n'être que de surface et donc très temporaire. Par exemple : « Avez-vous apprécié notre rapport ? »

Le « pourquoi » est inadéquat[7] lorsqu'il s'agit d'appréhender des problèmes humains dont la causalité est circulaire. Cette question

---

6. Voir, au chapitre 6, la partie sur le recadrage de sens.
7. Voir au chapitre 9 : *Des descriptions, des buts et moins d'explications*.

place les problèmes complexes dans une perspective causale et linéaire et nie leur nature, par essence circulaire. En revanche, poser la question du « quoi », du « qu'est-ce qui se passe » du « comment cela fonctionne » appelle une description concrète du problème posé qui respecte la vision cybernétique de la réalité. La formulation de questions pertinentes est essentielle pour ouvrir le champ des solutions d'un problème. Au lieu de dire : « Pourquoi n'écoute-t-il pas ?», ce qui provoquera des explications et des jugements négatifs sur l'autre, il est plus fructueux de se demander plutôt : « comment faire la prochaine fois pour capter son attention ? »

Lorsque l'on cherche à modifier une situation insatisfaisante, l'observation minutieuse et l'analyse descriptive de ce qui s'y passe sont beaucoup plus opérationnelles que l'analyse explicative du « pourquoi » de cette situation. Ensuite pourra être posée la question des « buts à atteindre » afin de dégager la direction à prendre pour intervenir plus efficacement.

La question : « Pourquoi est-ce que Dupont est désagréable avec moi ? » a peu de chance de provoquer autre chose que des explications, des justifications, des ruminations, des remords, des jugements limitants, des idées de revanches... Alors que la question : « Comment puis-je améliorer mes relations avec Dupont ? » permettra d'explorer quelques solutions créatives pour engager une action différente.

LA BOUSSOLE DU LANGAGE, UN OUTIL PERTINENT DE QUESTIONNEMENT

Pour obtenir une information de qualité, déceler et éclaircir les imprécisions et les limitations du langage, accéder pleinement à l'expérience de l'autre et lui faire retrouver un contact plus authentique avec celle-ci, John Grinder et Richard Bandler ont mis au point un modèle de questionnement qu'ils appelèrent le « métamodèle ». Mais les difficultés de sa mise en pratique ont conduit à concevoir un outil linguistique simplifié : la boussole du langage. Au départ une idée d'Alain Cayrol, que j'ai trouvé utile de compléter et de développer. Comme son nom l'indique, la boussole sert à ne pas se perdre dans le discours de l'autre et à lever des obstacles. Techniquement elle permet :

- D'améliorer la qualité de l'information verbale émise par nos interlocuteurs.
- De retrouver l'information perdue au cours du processus qui consiste à exprimer par des mots l'expérience sensorielle.
- D'identifier les distorsions, sélections, interprétations, suppositions et généralisations qui limitent la représentation de notre interlocuteur.
- De clarifier le langage de l'autre lorsqu'il est trop flou ou trop abstrait, autrement dit de remettre la personne en contact avec son expérience en lui permettant d'être plus proche de ce qu'elle exprime.

Trois niveaux logiques participent au cheminement de notre pensée et se déclinent en fonction de notre modèle du monde (ce dernier recouvre notre système de croyances, notre échelle de valeurs, les hypothèses et prémisses de base qui nous guident, les normes et les règles qui nous régissent, les critères d'évaluation qui sous-tendent nos jugements et nos décisions) :

- Nous percevons une situation, nous faisons une expérience : nous nous situons là au *nord* de la boussole.
- Nous donnons à cette expérience une interprétation, une signification ou encore nous faisons une hypothèse ou une supposition : nous sommes alors au *sud* de la boussole.
- De là nous l'évaluons, la jugeons ou encore énonçons à son propos une règle : nous nous déplaçons alors à l'*est* ou à l'*ouest* de la boussole.

La boussole du langage sert à repérer et à reprendre ces trois processus de pensée qu'elle décompose en quatre types de contenu : les faits et expériences, les interprétations, les règles et les jugements.

Tout discours gravite autour de ces quatre axes, dont un ou deux sont généralement privilégiés chez chacun.

En effet supposer, interpréter, juger n'est pas la même chose qu'utiliser ses yeux ou ses oreilles pour vérifier les faits. Néanmoins nombreuses sont les personnes qui ne différencient pas cette connaissance factuelle de la connaissance inférentielle (suppositions, déductions, interprétations, jugements). Cette confusion, à l'origine de la plupart des problèmes de communication, génère la plupart des conflits, des blocages ou des impasses dans la résolution de problèmes.

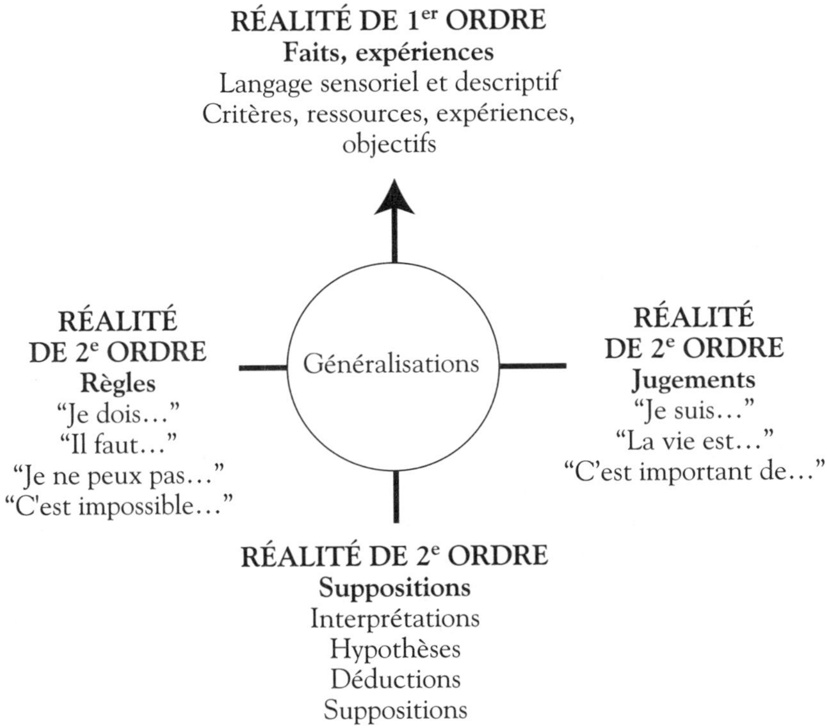

La boussole du langage

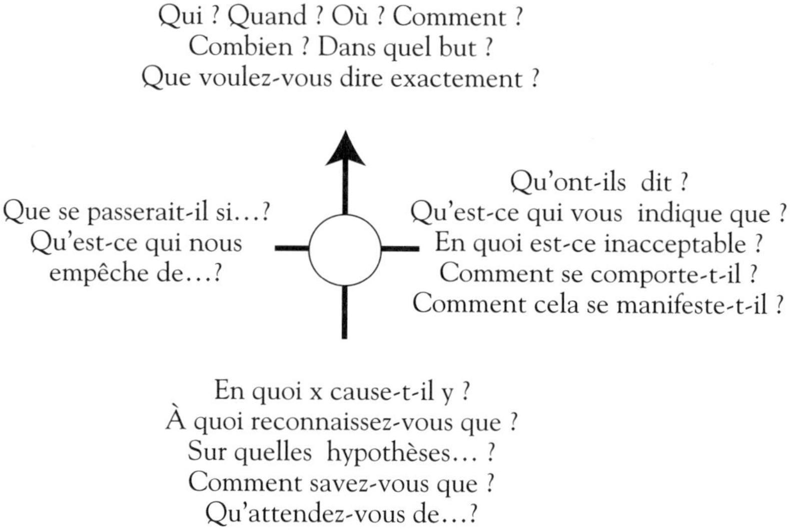

Les questions clarificatrices de la boussole

La pertinence des questions que l'on pose alors est directement liée à l'écoute de l'autre. Ces questions s'articulent en fonction de l'information recueillie mais aussi de l'objectif visé. Les questions qui visent à recueillir des informations situées au nord de la boussole, s'adressent, pour leur majorité, à ce qui n'est pas immédiatement conscient chez l'interlocuteur. Elles lui demandent donc un effort de réflexion. Aussi est-il primordial, pour l'aider, de réinjecter, dans nos questions, les mots qu'il vient d'utiliser : en peaufinant la synchronisation verbale comme non verbale nous lui apporterons le confort dont il a besoin pour effectuer cette recherche d'information. Par exemple, si notre interlocuteur émet une interprétation, une supposition ou un jugement qui le limite dans la résolution de son problème[8], nous

8. Voir le chapitre 18 : *Examiner, clarifier ou rédéfinir l'énoncé du problème*.

utiliserons ces questions clarificatrices afin de recueillir les critères sur lesquels repose sa limitation mais aussi d'explorer la logique de sa construction de la réalité. Ensuite nous pourrons, en nous appuyant sur ses propres critères, lui proposer un autre sens à la réalité dont il fait part dans le but d'élargir le champ de ses possibilités. Mais la boussole ne doit pas être utilisée systématiquement car son abus donne au dialogue un caractère d'interrogatoire policier, peu propice à la communication. Il est approprié de l'employer uniquement lorsqu'il y a dérive ou limitation dans le discours de l'autre, pour atteindre l'objectif visé. Dès lors qu'une personne présente une information contestable, soit parce qu'elle est trop générale, soit parce qu'elle limite l'atteinte de l'objectif visé, il sera prudent, avant de la contester, de vérifier sur quelles bases[9] – interprétations, règles, jugements, expériences sensorielles et critères –, cette information repose avant de développer un contre-exemple ou un recadrage.

Je me rappelle un ami, Thierry, venant se plaindre à moi d'un de ses fils :

– *Mon fils ne veut rien entendre, il ne m'écoute pas.*
– *A quelle situation précise penses-tu en ce moment ?* (Question de la boussole pour le faire revenir au nord.)
– *Hier encore, alors que je lui donnais quelques conseils, il est parti en claquant la porte.* (Recueil de l'expérience vécue.)
– *Face à certaines personnes très susceptibles, et les adolescents le sont généralement, il est souvent nécessaire, avant de leur donner un conseil, de prendre la précaution de leur demander si elles sont intéressées de connaître notre point de vue sur la situation. Ton fils est peut-être plus susceptible que tu ne le penses ?* (Recadrage de la représentation du père.)
– *Il est très susceptible, oui c'est sûr.*

9. Voir le chapitre 20.

Un recadrage[10], c'est-à-dire un nouvel éclairage de la réalité telle qu'elle est vécue par une personne, sera d'autant mieux pris en compte par notre interlocuteur qu'il y a respect de sa réalité vécue. Il est donc indispensable de revenir à son expérience. Sans prendre soin au préalable de le questionner sur son expérience vécue, nous multiplions nos chances de ne pouvoir modifier son point de vue limitant. Par exemple, si nous avions répondu d'emblée à Thierry : *Tu sais, les adolescents sont tous pareils : mon fils n'écoute rien non plus*, notre ami n'aurait eu aucune possibilité d'appréhender différemment la situation qu'il déplorait. Si nous lui avions rétorqué de but en blanc : *Je crois que tu es trop autoritaire avec lui, tu lui en demandes beaucoup*, l'échange aurait alors pu virer à la polémique et perturber, de surcroît, notre relation avec lui.

☆

Que l'on soit professeur, infirmière, cadre, parent ou simple ami, l'usage de la boussole économise grandement la durée de la conduite du changement.

Elle nous évite, en effet, non seulement de nous perdre dans nos propres commentaires internes mais de laisser nos interlocuteurs se noyer dans des commentaires et des explications interminables, sans lien avec l'objectif visé ou sans grand apport pour son obtention.

Toute question qui s'éloigne de l'objectif visé est non seulement déplacée ; elle risque de générer encore plus de confusion et de faire dégénérer le dialogue dans des discussions interminables ne débouchant sur rien de nouveau ni de concret.

L'efficacité des réponses aux questions de la boussole est proportionnelle à la qualité du rapport établi avec l'autre.

Il y a quelques années un de mes clients, Jean-Paul, directeur commercial dans une PME, me raconta l'une de ses plus impor-

10. Voir le chapitre 6.

tantes négociations, qu'il faillit « gâcher ». Il était en négociation depuis quelques mois avec un important groupe industriel en vue d'obtenir un accord commercial de sous-traitance. Parvenu à la dernière phase de cette négociation, celle de la signature, il me raconta que son interlocuteur, Monsieur B., avec qui il était convenu de déboucher sur une signature, lui rétorqua, lorsqu'il lui proposa de signer, qu'il ne pouvait pas. « Non, je ne peux pas signer », lui dit-il.

Bien familiarisé à l'usage et aux questions de la boussole, Jean-Paul, courtoisement, chercha à connaître le bien-fondé de cette règle. Voici le récit de son intervention.

> – *Vous ne pouvez pas signer, qu'est-ce qui vous en empêche ?*
>
> – *Je ne signe jamais ce type de contrat sans la présence de Monsieur Dupont.*
>
> – *Et Monsieur Dupont n'est pas dans la maison aujourd'hui ?*
>
> – *Je ne le pense pas car il serait alors présent à notre réunion.*
>
> – *Est-il possible de l'appeler dans son bureau ? Peut-être a-t-il oublié notre rendez-vous ?*
>
> – *On peut toujours, mais en général nous nous rencontrons tous les matins et, aujourd'hui, il est déjà quatre heures et nous n'avons encore eu aucun contact. Il savait aussi que vous deviez venir.*
>
> – *Que risque-t-on en l'appelant ?*
>
> – *Rien. On peut toujours tenter de le faire.*

Monsieur B. prit alors le téléphone et eut immédiatement son supérieur hiérarchique en ligne. Celui-ci avait oublié le rendez-vous pris pour la signature et les rejoignit pour signer le contrat. Les questions de la boussole évitent l'affrontement ; elles visent au contraire la confrontation en cherchant à comprendre le bien-fondé d'une position. Jean-Paul aurait pu endommager l'issue de cette négociation s'il avait interprété la réponse initiale de son interlocuteur comme un refus d'aboutir.

FAVORISER L'ÉMERGENCE DE L'INTUITION

Se laisser enfermer dans des grilles de lecture ou des a priori constitue le plus grand obstacle à l'écoute et à l'observation neutre et donc à l'émergence de l'intuition. Le fait d'être très attentif à « l'ici et maintenant » nous rend plus créatif et pertinent dans nos interventions. Certes, cela impose le silence à l'intérieur de nous-même pour concentrer notre réceptivité sur les stimuli externes qui sont la source de notre inspiration. C'est ainsi que nous pouvons nous libérer des parasites mentaux et nous absorber pleinement dans notre attention à l'autre. L'intuition est essentiellement liée à notre acuité sensorielle et à notre capacité de recueillir des faits et des expériences dans un dialogue ; ils alimentent notre créativité, qui résulte d'un traitement complexe, le plus souvent inconscient, de toutes ces informations factuelles recueillies. Les compétences de notre inconscient ou cerveau droit, selon Watzlawick, sont d'autant mieux sollicitées que nous dirigeons notre esprit conscient ou cerveau gauche sur l'écoute et l'observation ; ce faisant, nous bloquons l'activité de censure et de raisonnement critique de ce dernier. Nous créons également cet état de confort nécessaire pour que le cerveau droit ou inconscient exerce pleinement sa compétence intuitive, en associant et en combinant les informations verbales et non verbales recueillies, et qu'il produise des réponses créatives et mieux appropriées.

Léonard de Vinci, en guise d'études supérieures, dit avoir puisé toute son inspiration en surentraînant ses facultés d'observation et d'écoute : il racontait par exemple qu'il stimulait et développait son imagination en regardant attentivement des taches dorées ou simplement les nuages et leur déplacement dans le ciel. Il expérimentait en fait l'état hypnotique sur lequel nous reviendrons lorsque nous parlerons des techniques de Milton Erickson[11]. Ces méthodes sont enseignées maintenant dans la prestigieuse univer-

11. Voir les chapitres 9, *La démarche systémique, une clé pour la conduite du changement*, et 17, *Être un praticien aussi rusé que respectueux*.

sité de Standford sous forme de cours d'entraînement à l'intuition dans ses programmes de management.

L'intuition émerge d'autant mieux que nous savons établir un état de calme et de confort, qui s'apparente à l'état hypnotique. Celui-ci résulte de notre entraînement à nous synchroniser, à nous mettre en harmonie avec l'environnement dans lequel nous sommes : la méditation Zen, au même titre que l'auto-hypnose, sont des techniques très utiles pour y parvenir. Cet état modifié de conscience, appelé aussi à juste titre « état d'expansion de conscience », apporte en effet un état différent de l'état habituel d'éveil, en ce sens que l'éveil, justement, y est nettement supérieur.

Cinquième partie

LA QUALITÉ DE LA COMMUNICATION, UNE CONDITION FONDAMENTALE

13

LE LANGAGE VERBAL, MATIÈRE PREMIÈRE DE LA COMMUNICATION

LE CORPS ET LES MOTS, DEUX MODES D'EXPRESSION ET D'INFLUENCE

L'analyse de la communication humaine a longtemps été réduite à celle du langage verbal, c'est-à-dire du langage digital[1], au détriment de son aspect analogique, le langage non verbal, qui lui est néanmoins inéluctablement associé. Bien qu'il soit absurde de dissocier ces deux modes de communication qui s'interpénètrent étroitement, nous nous permettons ici de les distinguer dans un but strictement pédagogique. La communication humaine est en effet un système global, elle est un « tout ». Elle intègre à la fois la logique d'un cheminement mental (les processus cognitifs), un contenu informationnel, le verbal, mais aussi quantité d'éléments paralinguistiques, tels les attitudes et les postures corporelles, les

1. Le langage digital est un système de code ; il n'y a pas de logique entre le nom et la chose exprimée. Contrairement au langage analogique, le langage digital peut affirmer la non-existence d'une chose. Sa précision est faible pour décrire l'expérience vécue et les relations humaines. Le langage analogique ne repose pas sur des mots mais sur les expressions du visage, les intonations, etc. Peu adapté pour exprimer des concepts abstraits, il est extrêmement fiable et précis pour exprimer des sentiments, faire part des émotions et décrire des relations humaines.

gestes, les mimiques, les rythmes verbaux, les intonations et inflexions de la voix, les volumes sonores, la respiration... Ces différents signaux verbaux et non verbaux exercent en se combinant leur fonction d'influence dans la communication. Nous sommes plus ou moins sensibles à ces codes selon notre tendance. Selon le contexte de la communication, nous serons plus ou moins réceptifs aux éléments verbaux ou non verbaux.

Le langage verbal et le langage non verbal étant de puissants outils de conditionnement, ils sont par là même les outils par excellence du changement. De multiples langages sont possibles pour nous exprimer et nous relier aux autres : c'est en manipulant ces différents langages que s'ouvrent de multiples possibilités d'influencer le changement. Cependant le postulat de base de la communication d'influence affirme que parler le langage de l'autre permet d'exercer la plus haute influence sur celui-ci. Partager la même langue sans parler le même langage est une des causes d'échec dans la communication interpersonnelle.

L'une des grandes caractéristiques de la communication humaine, par rapport à celle des autres mammifères, est l'utilisation des mots : nous y puisons notre grandeur et nous y trouvons notre servitude ! « Aucune autre société que l'humaine n'est capable de prendre un mot, une idée, un phantasme pour une réalité », souligne Edgar Morin dans *Sociologie*, en 1984. Le monde symbolique du verbal, auquel nous appartenons, nous conditionne et nous emprisonne ; ainsi les mots que nous possédons nous possèdent pour le meilleur et pour le pire.

Néanmoins le monde du vivant n'est pas le monde du verbal : l'un est dynamique et circulaire, l'autre est statique et linéaire. Un paradoxe existentiel de la communication humaine est donc mis à jour : nous ne pouvons nous exprimer réellement avec les mots et nous ne pouvons pas non plus nous exprimer sans les mots. Ainsi, lorsque nous faisons part de nos expériences et de notre représentation de la réalité, sommes-nous condamnés à transcender le conflit entre ces deux mondes antinomiques. Bien que se situant sur un plan ésotérique, la philosophie Zen a su mettre en lumière, mieux que toute autre, à quel point les mots limitent et asservissent l'homme dans la mesure où chacun d'eux constitue le codage verbal d'une expérience et ne représente qu'un concept. Ainsi les mots limitent notre perception de la réalité bien qu'ils en soient aussi la condition nécessaire. Ils nous plongent parfois dans des dilemmes insurmontables : nous ne pouvons leur faire totalement confiance tout en ne pouvant pas non plus totalement nous en libérer. Bien qu'ils ne soient souvent que des façades ou des écrans, nous avons besoin d'eux pour échanger nos expériences.

Le Zen, qui lutte contre la confiance excessive dans les mots, propose, pour s'en libérer, la solution du *kôan*. Le kôan est une situation d'apprentissage par le verbe que le maître inflige à son élève. C'est un exercice de style dans lequel les mots sont si mal employés que, si on les prend au sérieux, l'esprit devient complètement confus. La technique du kôan, comme nous le verrons, s'apparente aux techniques de la double contrainte, de la confusion mentale et à la plupart des techniques de communication hypnotique. Le caractère fondamental de tout kôan est le paradoxe qui transcende le raisonnement logique et rationnel. Le kôan n'est pas une énigme car ce n'est pas l'intelligence rationnelle qui le résout ; sa résolution passe par un brusque changement inconscient de niveau de compréhension. Pour le Zen, qui représente le holisme poussé dans ses derniers retranchements, l'ennemi de l'illumination réside à la fois dans la pensée verbale, parce qu'elle est dualiste, et dans notre perception, puisqu'elle procède d'une division et d'une mutilation de la réalité, une infinité de faits étant nécessairement laissés de côté. En se dérobant à toute situation rationnelle, le kôan permet à l'élève de prendre conscience des limitations de l'intellect et l'oblige à les transcender par l'intuition, qui le transporte dans un univers où il est libéré des contradictions et des pensées dualistes.

LES MOTS, UN DISCOURS SYMBOLIQUE SUR L'EXPÉRIENCE

Sans les mots donc, nous pourrions difficilement communiquer nos expériences. Mais nous ne pouvons réellement faire part de nos expériences sensorielles et émotionnelles car le langage verbal n'est qu'une traduction conventionnelle et approximative de ce que nous vivons au fond de nous-même. Le langage verbal, même dans son apparence la plus descriptive et neutre, reste également largement coloré de connotations. C'est la raison pour laquelle les mots atteignent autrui plus qu'on ne le croit car, étant associés à des expériences très différentes selon les individus, ils déclenchent parfois des effets imprévisibles. Il est ainsi souvent nécessaire, pour s'entendre, d'amener notre interlocuteur à clarifier le sens des mots qu'il utilise afin de mieux se connecter à l'expérience à laquelle il les a associés. Si un mot n'a pas de référence sensorielle, expérientielle, pour celui qui l'entend, il n'est qu'un son.

Les représentations auditives de notre vécu, les mots, traduisent nos expériences sensorielles et émotionnelles généralement de façon grossière car un écart existe toujours entre les mots et ce qu'ils expriment. Ce que nous disons n'est jamais tout à fait ce que nous avons vu, entendu, senti, mais simplement une représentation conventionnelle auditive de ce que nous avons vécu. Pour décrire nos perceptions de la réalité (notre monde empirique et expérientiel), nous dépendons du langage (notre monde symbolique et conventionnel). Ainsi, nous sommes non seulement limités par nos capacités sensorielles[2] mais aussi limités par cet outil symbolique qu'est le langage verbal.

Mis à part les mots techniques et scientifiques qui ont un sens bien codé pour les initiés, les mots n'ont pas de sens absolu mais un sens relatif qui dépend uniquement du contexte de celui qui les emploie, comme de celui qui les reçoit. Leur charge émotionnelle a plus d'impact que le sens que leur donne le dictionnaire,

2. Voir, au chapitre 5, la partie sur l'acuité sensorielle.

ce qui contribue encore à la complexité de la communication humaine. Bien souvent, nous croyons parler de la même chose parce que nous employons les mêmes mots alors que nous donnons à ceux-ci des sens différents. À l'inverse, nous pouvons employer des termes différents pour parler de la même chose ; ainsi s'établissent bon nombre de dialogues de sourds et de conflits. Les mots ont autant de sens qu'il y a de personnes qui les prononcent et qui les écoutent. Si, alors, leur signification n'est pas négociée, ils peuvent constituer de vraies barrières dans la communication. Un effort de négociation sémantique est souvent nécessaire pour dégager au moins un accord sur le sens des mots utilisés afin de s'entendre et de toucher la réalité de l'autre d'un peu plus près.

Plus le langage verbal s'éloigne de la description factuelle et sensorielle de la réalité pour aller vers l'abstraction et la généralisation, et plus l'imprécision, l'incompréhension et les malentendus augmentent. Or l'imprécision de notre langage peut nous priver de contrôle et de mesure sur les choses : les généralisations en font partie, telles « les femmes sont plus intuitives que les hommes », « les infirmières sont des femmes dévouées », « les Italiens sont magouilleurs », « personne ne m'apprécie ici », « c'est toujours la même chose dans ce service », « rien ne marche dans cette entreprise », « elle ne comprend jamais rien », etc. Le recours à la boussole du langage, évite de s'engager dans des discussions générales susceptibles de déboucher sur des échanges stériles, sans objet, où chacun parle et personne ne s'entend.

DES SIMULATIONS ET DES PROPHÉTIES

Nous dépendons plus que nous ne le croyons du langage verbal que nous utilisons car celui-ci décrit moins la réalité qu'il ne la crée. Comme l'écrit Pierre Bourdieu : « Nous faisons le langage qui nous fait. » Les linguistes comme les anthropologues le soulignent : un langage est une façon de voir le monde et d'interpréter nos expériences. Les idées que nous avons du monde ne sont pas « données » par les événements extérieurs : nous voyons ce que le langage nous a sensibilisés et entraînés à percevoir.

Le langage n'est pas seulement un outil d'échange pour influencer nos interlocuteurs, il exerce aussi sur son utilisateur une influence considérable dans sa construction de la réalité. Les choses deviennent ce qu'on les nomme et la chose nommée finit généralement par exister ; le mot peut ainsi devenir prophétie. Comme le souligne Paul Watzlawick dans *Les Cheveux du baron de Münchhausen* : « L'idée qu'un nom puisse flotter tout seul dans notre univers conceptuel, comme les angelots sans corps des peintres baroques, est presque insupportable. »

Les mots sont aussi des simulations et peuvent véhiculer des concepts mensongers, non dénués de danger. Ainsi le qualificatif « normal » qui repose sur le calcul quantitatif d'une moyenne, ne se réfère en fait à aucune réalité. Ce concept créé par les statistiques (le quotient intellectuel *normal* d'un enfant de 8 ans, par exemple) ne représente qu'une abstraction : tous les enfants de 8 ans ont contribué à une époque à établir ce qui n'est à la base qu'une unité de mesure du développement humain.

Alfred Korzybski, le père de la sémantique générale, n'a cessé de souligner l'inadéquation du langage pour décrire la réalité : « Le nom n'est pas la chose et la carte n'est pas le territoire. » Les mots constituent donc des étiquetages plus ou moins hasardeux qu'il convient de relativiser. Les mots que nous employons peuvent trahir, déformer et limiter nos façons de penser. Le langage est à la réalité ce qu'une carte est à un territoire : la correspondance entre les deux est nécessairement imparfaite. La réalité des choses est beaucoup plus nuancée que ce que notre langage limité permet d'exprimer. La fonction d'un mot se réduit toujours à mettre en évidence un aspect particulier d'une chose et c'est justement de cette restriction que dépend la valeur du mot. Notre vision du monde est modelée par les mots que nous utilisons et ceux que nous entendons, car le langage « téléguide » à notre insu nos perceptions. Une civilisation qui n'aurait que quatre mots pour nommer les couleurs ne laisserait apparaître aux individus que ces quatre mêmes couleurs, celles qu'ils peuvent nommer. Les Esquimaux, par exemple, disposent d'innombrables adjectifs pour qualifier la couleur de la neige parce qu'elle est un élément fondamental de leur vie quotidienne. *Le langage verbal constitue à la fois un instrument de simulation de la réalité et de stimulation de nous-mêmes.* Notre répertoire linguistique prédétermine nos perceptions, nos raisonnements, nos émotions et nos rapports avec les autres. Nous projetons dans le monde, la plupart du temps inconsciemment, la structure du langage que nous employons. Ludwig Wittgenstein dénonçait cette sorte « d'ensorcellement par le langage » dont personne ne peut être immunisé.

DES MOTEURS ET DES FREINS

Les mots sont à la fois des moteurs et des freins pour l'action car ils sont porteurs d'émotions. Et l'émotion, n'est-ce pas ce qui nous fait bouger ou nous fige ? Les mots sont ainsi doués d'une sorte de pouvoir magique, générant aussi bien motivation que passivité. Un mot provoque toujours une réaction : il peut détruire, bloquer, révéler ou faire naître une intention. La charge émotionnelle d'un mot a souvent plus d'importance que la signification donnée par le dictionnaire, car les mots sont essentiellement des évocations qui prennent, chez chacun, des sens différents. Les hommes politiques le savent qui tentent parfois – mais pas toujours avec succès – de réactualiser certaines expressions usées et usantes de leur répertoire linguistique. Les mots, selon la signification que nous leur attribuons, peuvent limiter comme élargir nos façons de penser et nos possibilités d'agir.

Nos expériences prennent la direction que notre langage tend à leur imposer. De ce fait, les mots peuvent aussi être recherchés selon l'effet que l'on vise. On peut lister des termes davantage susceptibles de geler une situation et d'autres capables d'encourager une dynamique de l'action. C'est ce que nous suggérons dans l'exemple ci-dessous. Bien entendu, le pouvoir de chacun des mots cités peut changer de force selon la personne à laquelle il sera appliqué, puisque, nous l'avons dit, chaque mot résonne différemment selon notre histoire émotionnelle.

Mots plutôt freins	**Mots plutôt moteurs**
Pourquoi ?	Dans quel but ?
Échec	Résultat
Mais	Et
Contre	Avec
Essayer	Faire
Soit	A la fois
Explication	Solution
Problème	Objectif
Cause	Conséquence
Connaître	Reconnaître
Opposer	Apposer
Distinguer	Relier
Diviser	Conjuguer
Affronter	Confronter
Opposer	Composer
Ou	Et
Exclure	Inclure
Frontières	Passerelles
Discuter	Dialoguer
Parce que	Pour que
Ne soyez pas inquiet	Soyez rassuré
Limites de la situation	Opportunités de la situation

Puisque les mots sont de puissants instruments d'influence, à la fois porteurs et inhibiteurs de changement, il paraît pertinent de changer de vocabulaire lorsqu'une situation est bloquée. *Les mots sont aussi des clés* : ils permettent tout aussi bien d'ouvrir que de fermer des issues, de mener à la solution que d'en détourner. Lors de mes interventions, je prends souvent du temps pour insister sur la différence entre *devoir* changer et *préférer* changer, d'une part, et entre *vouloir* changer et *savoir* changer, d'autre part. Vouloir changer laisse entendre une simple intention de changement.

Préférer changer indique déjà un engagement. Savoir changer sous-entend que les compétences sont déjà acquises pour passer à l'action. Pour initier de manière constructive un processus de changement, il s'avère nécessaire d'explorer avec nos interlocuteurs les différents verbes qui précéderont le terme « changer ». Selon le profil de nos interlocuteurs, nous choisirons l'expression la plus stimulante pour eux.

Dans les discours en entreprise, je relève fréquemment l'emploi de mots ou expressions susceptibles de « sabrer » toute dynamique de changement tels que : « Il faut changer » ; « Nous devons évoluer » ; « Nous n'avons pas le choix ». Engager un processus de changement passe non seulement par « l'accouchement » du désir des personnes mais aussi par la mise en lumière de leurs ressources pour parvenir au changement souhaité et souhaitable. Pour faire changer, *motiver* est plus efficient que *convaincre* car le langage affectif est généralement plus dynamisant que le langage de la raison. Recueillir un « Oui, c'est évident nous devons changer » est très insuffisant pour enclencher une dynamique de changement. En revanche, un « Nous choisissons de changer » constitue un vrai engagement au changement, qui n'exclut pas toutefois la nécessité de négocier des choix de changement. De manière générale, une décision formulée en termes de nécessité, telle que « Je dois faire X » ou « Il faut faire X » est moins susceptible de se concrétiser qu'une décision exprimée en termes de préférence, de désir ou de savoir-faire. Les discours sur le changement en entreprise sont très souvent ponctués d'expressions rassurantes mais celles-ci sont formulées négativement. Citons les plus courantes : « Ne vous inquiétez pas, nous n'allons pas... » ou « Dans ce projet, il n'est pas question de... » ou « Ne croyez pas que... » Toutes ces formes négatives d'expression risquent d'induire justement ce qui est redouté ou craint, à savoir la méfiance, les résistances et l'inertie.

Les mots sont à la fois des remèdes et des poisons prêts à intoxiquer comme à guérir celui qui les prononce et celui qui les écoute. Ils forment à la fois les barrières que nous élevons consciemment ou inconsciemment contre nous-même ou contre les autres et les passerelles qui permettent de nous relier aux autres. Le langage verbal peut faire office d'écran et servir à se protéger de l'autre en tentant de combler le vide d'une relation mal établie. À ce titre, il constitue un instrument de distanciation, que certains qualifient de « lubrifiant social ». Mais le mécanisme, s'il tourne, tourne à vide ! La solution, pour mieux se faire comprendre, ne serait donc pas de parler *plus* mais d'apprendre à *mieux* établir le rapport, c'est-à-dire, comme le prônent les fondateurs de la PNL[3], à mieux utiliser le langage de l'autre, à la fois verbal et non verbal.

CHANGER DE RHÉTORIQUE : MOTIVER AU LIEU DE CONVAINCRE

Passons maintenant des mots à leur mise en forme. Tout contenu verbal peut s'exprimer sous différents styles de formulation : une interrogation, une injonction, une affirmation, une négation, une suggestion, une description, une généralisation, un jugement, une règle, une hypothèse, une déduction, un euphémisme, une allégorie, une métaphore... Ces différentes possibilités de l'expression verbale ont une influence directe sur la nature de la relation qui s'institue entre deux personnes et sur les effets produits en retour, comme nous le verrons de manière plus approfondie dans le chapitre suivant. Il est important de choisir un style de formulation approprié au message ; la mise en forme participe en effet au sens du message de manière parfois plus prégnante que les mots sélectionnés pour le dire. Qui ne s'est jamais fait reprocher sa manière de s'exprimer par ce genre de répartie : « Ce n'est pas ce que tu dis qui me choque mais la façon dont tu le dis. » Par ce reproche,

3. La PNL est une approche de la communication et du changement qui se fonde sur le fonctionnement du cerveau, de l'expérience subjective et de la communication humaine, d'où son nom – quelque peu rebutant – de Programmation Neuro-Linguistique.

notre interlocuteur vise aussi bien notre comportement (langage non verbal) que la formulation de notre message (langage verbal).

Le langage repose souvent sur la loi du talion : œil pour œil, dent pour dent. Ainsi, lorsque nous mettons l'accent sur l'argumentation, nous faisons part à l'autre de la rationalité de notre point de vue tout en faisant appel à son esprit logique : ne soyons donc pas surpris s'il nous répond sur le même registre… en nous développant le plus souvent une magnifique contre-argumentation. En employant, en revanche, un langage métaphorique, nous mobilisons la partie créative et symbolique de l'esprit de nos interlocuteurs – et évitons peut-être d'induire une contre-attaque. De même, si nous nous justifions constamment, nous risquons d'affaiblir notre pouvoir d'influence et d'emporter moins facilement l'adhésion que nous recherchons. Très souvent, nous légitimons systématiquement toute proposition que nous émettons, alors qu'il est beaucoup plus dynamisant de mettre en valeur le but qu'elle permettra d'atteindre.

Il y a plusieurs manières d'argumenter : plus une argumentation est indirecte, plus elle gagne, paradoxalement, en pouvoir d'influence. Je peux annoncer par exemple à quelqu'un : « Il est une heure » comme un argument pour l'inviter à aller manger, sans pour cela argumenter explicitement. Bien des marqueurs linguistiques indiquent l'intention d'argumenter, tels que *mais aussi, même, de surcroît…* Si je dis : « Il fait beau *mais* pas assez chaud pour… » ou « Il est plein de bonne volonté *mais aussi* plein d'idées… », les locutions « mais pas assez », « mais aussi » intensifient l'argument sans le développer pour autant. Le recours à un argument « manifeste » n'est pas toujours efficace pour convaincre car, marquant une différence de point de vue ou un désaccord, il peut provoquer chez notre interlocuteur une opposition. Lorsque nous argumentons, nous avons tendance à partir de notre propre point de vue et aboutissons souvent, de la sorte, à élargir le fossé qui nous sépare de l'autre. Dans une nouvelle conception de la rhétorique, l'art de l'argumentation va consister, au contraire, à « utiliser le point de vue de l'autre » afin de lui montrer en quoi ce que nous lui disons demeure en harmonie avec sa vision des choses. Cela nécessite de « sortir de sa bulle », de se dissocier de sa vision du monde et d'aller à la rencontre de celle de l'autre pour ainsi mieux la cerner afin de pouvoir l'influencer...

LES POLLUTIONS DU LANGAGE VERBAL

Si on dresse un inventaire des pollutions générées par le langage verbal on trouve la langue de bois et ses excès de nominalisations, la logorrhée, la dénégation, le mensonge, le malentendu, les généralisations abusives... La *langue de bois*, symptôme d'une perte de contact avec la réalité vécue, traduit généralement un manque d'engagement et une grande frilosité des idées ; elle engendre la passivité. Dénoncée un peu partout, notamment dans le discours politique, elle s'est aujourd'hui largement répandue dans le langage en entreprise. Elle provient du fait que ces « orateurs » sont tellement absorbés par leurs représentations intellectuelles qu'ils ne vérifient plus si leur langage traduit toujours une réalité de fait et de sens. La liaison entre le discours et le terrain n'étant alors plus assurée, la langue de bois devient un fond sonore, une sorte de rengaine qui déclenche la lassitude et la démission chez celui qui la subit. D'aucuns lui attribuent peut-être le pouvoir d'apaiser les esprits ?

La nominalisation en surabondance est une caractéristique de la langue de bois. Ce phénomène consiste à préférer des substantifs aux verbes, procurant ainsi aux discours un effet de statisme et de passivité. Le fait décrit prend par là une valeur d'institution et l'action qui le produit est désincarnée. On dira ainsi : « La coopération est bonne dans l'équipe » au lieu de : « Vous coopérez tous dans votre équipe. » La langue de bois fait perdre de vue l'objectif de la communication ; son utilisateur est souvent plus préoccupé de « parler beau » que de « parler efficace ». Parfaitement conventionnel et répétitif, ce type de discours est tellement prévisible et vide de présence humaine qu'il ne suscite plus que l'indifférence.

Dans le brouhaha ambiant, nous sommes aussi abreuvés d'euphémismes, tel que le fait de dire systématiquement : « Ce n'est pas mal » pour n'avoir pas à dire : « C'est très bien. » Bien des manipulations rhétoriques permettent de « faire des allusions », sans toutefois énoncer directement ce qui est sous-entendu : si je dis par exemple, lors d'une négociation : « Le temps passe vite », mon interlocuteur ne saura pas forcément quelle réponse me donner puisque mon message contient plusieurs interprétations possibles : je peux vouloir lui signifier que le temps que je passe avec lui est agréable, mais aussi que nous n'avons guère avancé vers notre objectif ou encore que je n'ai plus de temps à lui consacrer. S'il n'ose pas me demander adroitement ce que j'entends par cette phrase (« Vous voulez dire… »), il prend le risque de se fier uniquement à sa propre interprétation, de commettre une erreur et de passer, par exemple, pour une personne mal élevée en poursuivant le débat ou en le clôturant sur-le-champ. Le langage techno-bureaucratique est truffé d'expressions euphémiques comme : « J'en doute » pour signifier généralement : « Je ne l'ai pas vérifié. »

Selon la gravité des problèmes, nous remarquerons que les termes employés pour les évoquer se modifient, le plus souvent pour être rallongés : ainsi les prisons sont devenues des « institutions de détention », les ghettos, des « quartiers défavorisés », les vieux, des « personnes du troisième âge », les chômeurs, des « demandeurs d'emploi »… La liste est inépuisable et augmente de jour en jour en fonction des nouveaux problèmes qui apparaissent et de l'intensité de l'angoisse sociale qu'ils dénotent.

Le langage mensonger pollue les relations humaines lorsqu'il dénie et falsifie sciemment la réalité. Seul le tout petit enfant, qui ne dispose pas encore des mots pour communiquer, reste à l'abri du mensonge : il est en effet très difficile de mentir avec le langage du corps lorsque nous avons affaire à de bons observateurs, parfaitement attentifs aux signaux du langage non verbal. Ainsi l'expérience du mensonge vient avec l'acquisition du langage des mots.

Un discours vire à la *logorrhée*, autre forme de pathologie du langage, lorsqu'il y a accumulation, dans des proportions inquiétantes, de déchets verbaux, de mots inutiles et de contradictions linguistiques.

Le déni de la réalité par le langage s'exprime aussi par l'utilisation de la négation. Par exemple, un homme politique en campagne électorale fait part spontanément de son opinion quant à la moralité de son adversaire et déclare incidemment : « Je ne pense pas que X soit malhonnête » ; ce faisant, il suggère au public que la question de l'honnêteté de X pourrait être posée tout en se gardant la possibilité, en cas d'attaque, de prouver qu'il n'a jamais accusé son adversaire de malhonnêteté, bien au contraire ! Il a néanmoins bel et bien induit la question sous le masque d'une sentence négative. L'utilisation pernicieuse de ces formulations négatives est fréquente dans l'enceinte politico-institutionnelle, théâtre d'affrontements verbaux à visée médiatique.

LA NÉGATION, ATTRIBUT DU LANGAGE VERBAL

Or, si la caractéristique du langage verbal est d'admettre la négation, l'expérience sensorielle, elle, ne l'admet pas. Le fait de dire : « Ne pensez pas à un éléphant » ne provoque-t-il pas obligatoirement l'image mentale de cet animal ? De même, la pancarte « Interdiction de fumer » placée dans une salle de réunion risque de donner l'envie subite d'une cigarette aux fumeurs. Ne pouvant pas enregistrer d'emblée une information formulée négativement, nous sommes en effet obligés d'effectuer une démarche supplémentaire : celle de nous représenter d'abord l'information au positif, pour voir l'éléphant dans notre tête, puis ensuite de nier cette représentation pour ainsi l'effacer. Lors d'entretien ou de discours, il convient d'éviter la forme négative si nous visons à faciliter une bonne intégration et mémorisation chez nos auditeurs.

Quel que soit le type de langage utilisé – langage sensoriel, descriptif, technique, technocratique, métaphorique –, les formulations négatives aboutissent généralement à l'inverse de l'objectif recherché. Annoncer à des personnes inquiètes d'une prochaine restructuration : « Nous n'aurons pas recours à des licenciements » revient en fait à les évoquer. Il est plus approprié de dire : « Nous vous garantissons vos emplois. » De même, dans notre vie de tous les jours, il est plus efficace de dire : « Pensez à poster cette lettre » plutôt que « N'oubliez pas de poster cette lettre » si nous souhaitons accroître les chances qu'elle parte vite.

En formulant nos objectifs négativement nous diminuons notablement nos chances de les atteindre, comme nous le verrons au chapitre 20. Si nous nous disons : « Je ne veux plus avoir le trac quand je fais un discours », nous nous conditionnons à penser un peu plus à notre trac. Les injonctions négatives sont inappropriées pour le cerveau et le système nerveux car nous ne pouvons intégrer une non-expérience, un « non-objectif » : comment se diriger en effet vers un non-objectif ?

Toutefois, on pourra, dans le cadre de la communication thérapeutique, recourir au déni justement pour encourager notre interlocuteur à changer ; une formule comme : « Je ne pense pas que vous ayez envie de perpétuer cette situation insatisfaisante pour vous » peut mettre la puce à l'oreille ! De même, dans la communication diplomatique ou managériale, les formulations négatives peuvent être efficaces lorsqu'on vise à produire un effet paradoxal ou à créer de la confusion mentale (voir chapitre 17). Par exemple, on peut ouvrir un débat en annonçant : « Il n'est pas question de revenir sur telle question », si précisément on vise à s'autoriser la possibilité de l'évoquer par l'interdiction de le faire !

LE VERBE « ÊTRE » ET SES RISQUES D'ÉTIQUETAGE

La sémantique générale nous invite à échapper à la structure aristotélicienne du langage et à réfléchir sur les rapports entre la réalité et le langage que nous utilisons pour la décrire. Le verbe être est celui qui met le mieux en lumière l'inadéquation entre le langage et la réalité, dans la mesure où il traduit la réalité dans son aspect statique alors que celle-ci est par essence dynamique. Ayant pris l'habitude de penser et de nous exprimer en termes de sujet-prédicat, le verbe être est le plus usité de notre langue. Nous l'utilisons partout : dans sa fonction d'auxiliaire, « il est parti », dans son sens propre d'existence, « je suis », d'attribution de qualités, « le bébé est fragile ». On l'utilise enfin en termes d'identité d'état, « l'émeraude est une pierre ». Son emploi, en tant qu'auxiliaire et terme d'existence, ne peut être remis en cause car il comporte là peu d'inconvénients.

En revanche, l'utilisation du verbe « être » en tant que support d'un attribut ou en tant que définition d'une identité devient beaucoup plus toxique car, dans ces deux contextes, il introduit une notion inadéquate de fixité dans un univers par essence mouvant. La reconnaissance que tout est changement dans la nature met en péril cette notion d'identité du verbe « être ». Chacun de nous porte en lui plusieurs identités qu'il met en scène selon les contextes dans lesquels il est placé : une même femme peut être infirmière et présidente d'association et aussi épouse, mère de famille, fille, grand-mère, etc. Chacune de ces identités ne représente pas toute la personne et sera façonnée par des langages différents, eux-mêmes issus de modèles du monde différents. Une infinité de personnages nous composent ; nous évoluons en fonction de l'émergence de personnages latents qui nous habitent. Nous sommes donc en devenir et encore et toujours à découvrir. L'identité humaine, toujours en construction, ne peut donc se définir de manière statique.

Le verbe être institutionnalise en outre les jugements et tend ainsi à figer les choses et les êtres, parfois à leur avantage mais malheureusement aussi à leur désavantage. Tout individu, surtout lors de son enfance, ayant une certaine propension à se conformer au jugement et à l'identité que lui attribue son entourage, finit ainsi par les confirmer plus ou moins. Les jugements des autres, et particulièrement ceux de nos figures d'autorité (parents, professeurs, directeurs, médecins, chef de service, etc.), ont bien souvent brouillé, pour le meilleur et pour le pire, la perception que nous avons de nous-mêmes et, par là même, la vision que nous avons de nos possibilités.

En ce sens, le verbe être distord notre perception des choses et des êtres. Nous touchons là aux limites du langage dans son rapport à la réalité. Nous ne pouvons nous séparer de l'objet ou du sujet que nous décrivons[4] : nous sommes nécessairement en relation avec lui, donc liés à lui. Si je dis : « Cet homme est fragile moralement », je parle soit de mon expérience et de mon point de vue, soit de ceux de quelqu'un à qui je les ai empruntés. Aussi, pour toute personne soucieuse de relations humaines, et encore plus pour nous, thérapeutes, enseignants, consultants, personnel soignant, cadres ou parents, qui « manageons » des ressources humaines, il est impératif de pondérer l'usage du verbe « être » lorsqu'il attribue des limitations aux autres. Compte tenu du principe de causalité circulaire[5] – la source du dysfonctionnement est bien sûr hors de celui qui la dénonce et mécaniquement démontrable ! – qui régit notre communication, nous vérifierons généralement, dans nos interactions avec les autres, le bien-fondé des jugements portés sur eux. Mais les jugements aidants et positifs engendrent les mêmes phénomènes !

Je me souviens de Clémentine « qui trouvait que son mari était agressif avec elle ». Pour explorer ses expériences vécues à l'origine de son jugement, je lui répondis :

4. Voir au chapitre 4 : *Du mythe de l'objectivité au principe de responsabilité.*
5. Voir, au chapitre 8, la partie sur la causalité circulaire.

– Vous voulez dire que les comportements de votre mari signifient pour vous l'agressivité. Comment concrètement votre mari se comporte-t-il lorsque vous le jugez agressif ? Prenez quelques contextes précis.
– Eh bien, par exemple, lorsque je lui demande s'il m'aime, il me rétorque toujours avec exaspération : « Mais bien sûr que je *t'aime* »...
– Et vous, vous interprétez cela comme de l'agressivité... Peut-être réagit-il de cette façon parce qu'il trouve votre question tellement évidente, que la réponse lui paraît superflue. Ou, peut-être encore... ne sait-il pas dire « je t'aime » tout simplement et c'est justement cela qui le rend agressif. L'amour peut s'exprimer de bien des façons... par des actes, par des micro-expressions non verbales qu'on ne remarque pas toujours... Pour votre mari, les mots peuvent paraître déplacés, peu fiables et mal adaptés pour exprimer des sentiments. Qu'en pensez-vous ?

Clémentine retrouva alors des circonstances où son mari s'était montré très attentionné et se rendit peu à peu compte qu'il y a beaucoup d'autres façons de témoigner de l'amour, qu'elle n'utilisait pas elle-même, certes, mais que son mari savait utiliser à son égard. Elle apprit ainsi à percevoir les manifestations d'amour de son mari à travers l'autre dimension du langage. Mais pour cette femme (plus sensible aux mots qu'au langage non verbal) l'amour devait être dit et répété pour être réel.

LE LANGAGE SENSORIEL EST LE PLUS PROCHE DE LA RÉALITÉ VÉCUE

Le langage sensoriel est le langage le mieux compris car il est le plus proche de la réalité, c'est-à-dire de l'expérience vécue. Toutefois chaque individu privilégiera, selon ses contextes expérientiels, des registres sensoriels différents. Ainsi pour décrire une

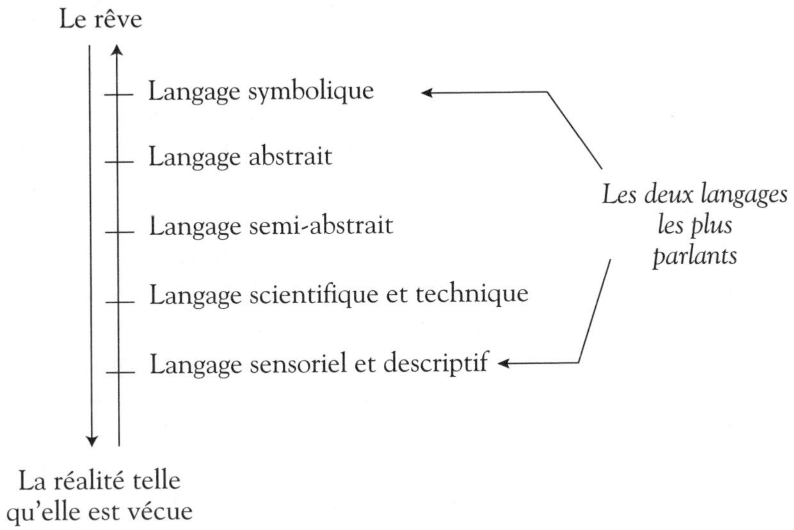

Il est parfois nécessaire de dire une même chose en utilisant des langages différents pour bien se faire comprendre

même situation, un individu plus réceptif au langage de l'image utilisera de manière plus fréquente des termes visuels ; un autre, plus à l'aise dans le langage des sons, emploiera des termes auditifs alors qu'un troisième, si son registre privilégié est celui des sensations, s'exprimera par des termes kinesthésiques. Certains individus utilisent essentiellement des termes abstraits et font peu appel aux vertus du langage sensoriel. Si nous nous référons au sens étymologique du terme « abstrait », celui-ci signifie : « tiré hors de... », « séparé de... » alors que le terme « concret » vient de *concrescere* qui signifie « croître ensemble, se lier dans une croissance commune ». Les vulgarisateurs scientifiques et les pédagogues de talent, dont le but est de transmettre un savoir, s'attachent précisément à illustrer leurs explications avec des mots sensoriels ou métaphoriques : c'est ainsi qu'ils parviennent à « toucher » leur public et à faire passer leur message. Un message est d'autant mieux compris qu'il est adapté au contexte expérientiel de celui à qui l'on s'adresse. Les discours qui rassemblent, touchent et mobilisent le mieux sont généralement composés de mots sensoriels et métaphoriques auxquels les individus peuvent rattacher leurs propres expériences. Ces mots font davantage sens car ils émanent de nos sens, c'est la raison pour laquelle ils exercent pleinement leur fonction de « moteurs » et déclenchent mieux la réflexion et l'action.

Milton Erickson recommandait inlassablement à ses élèves psychothérapeutes d'utiliser le langage de leurs patients afin de faciliter non seulement la relation thérapeutique mais aussi la compréhension mutuelle. C'est ainsi que les mots remplissent leur fonction d'influence. Déjà, dans *Phèdre,* Platon écrit que Socrate insistait sur le fait qu'il fallait s'adresser aux gens dans les termes qui leur étaient familiers, user par exemple des métaphores de charpentier si l'on s'adressait à des charpentiers et ainsi de suite. Si les mots ne sont pas connectés à l'expérience de celui qui les écoute, ils « seront vides de sens » et ne seront rien de plus que des sons ou encore des parasites. Un bon exercice est de lire et relire les *Exercices de style* de Raymond Queneau. Pour vous faciliter la tâche de repérage des mots sensoriels, vous trouverez ci-après une liste de mots classés dans cet esprit.

Exemples de mots à base sensorielle ou « prédicats »

VISUEL			
Voir	Montrer	Visualiser	Regarder
À première vue	Évidemment	Visiblement	Clair
Flou	Net	Lumineux	Éclaircir
Clarifier	Éclairer	Objectif	Flash
Perspective	Horizon	Pittoresque	Vague
Brumeux	Lucide	Clairvoyant	Coloré
Cliché	Illustration	Scène	Mirage
Image	Photographique	Lueur	Rayonnant
Angle	Apparaître	Aspect	L'ombre d'un doute
Examiner	Clarté	Prévoir	Se figurer
Coup d'œil	Illustrer	Lumière	Inspecter
Spectacle	Signe	Façade	Démontrer
Discerner	Distinguer	Percevoir	Remarquer
Reconnaître	Scruter	Dépeindre	Focaliser
Écran	Nuage	Délimiter	Découvrir

AUDITIF

Entendre	Bien entendu	Prêter l'oreille	Crier
Tendre l'oreille	Hurler	La sourde oreille	Faire Echo
Écouter	Parler	Un son de cloche	Cri
Dire	Harmonie	Orchestrer	Sonner faux
Fausse note	Accord	Bruit	Mélodie
Discordant	Symphonie	Rythme	Cacophonie
La gamme	Désaccord	Tonalité	Résonance
Mélodieux	Ton	Entendre des voix	Grave
Refrain	Couplet	Voix	Audible
Amplifier	Annoncer	Articuler	S'exclamer
Bavard	Bruyant	Appeler	Commenter
Commérages	Entretien	Donner le ton	Conversation
Discuter	Dissonant	Divulguer	Prononcer
Énoncer	Marmonner	Parole	Silence
Proclamer	Rugir	Rumeur	Suggérer
Son	Aigu	Déclarer	Inoui
Bavarder	Raconter	Désaccord	Assourdir
Déclic	Parasites	Fracas	

ÊTRE AU DIAPASON – JOUER SUR TOUTE LA GAMME – FAIRE DES MESSES BASSES
ENTENDRE DES VOIX – ACCORDER UNE AUDIENCE – CASSER LES OREILLES –
À PORTÉE DE VOIX – METTRE L'ACCENT

KINESTHÉSIQUE

Être en contact	Sentir	Le bon sens	Prendre en charge
Toucher	Chaleur	Tiédeur	Froideur
Tension	Pression	Contact	Lourd
Prendre à cœur	Léger	Connecter	Cœur sur la main
Pression	Relaxer	Concret	Solide
Choc	Saisir	Ressentir	Avoir du flair
Fermé	Charger	Tendre	Dur
Coincé	Lier	Chaleureux	Se ressaisir
Doux	Moelleux	Mou	Joli à croquer
Décharger	Prendre	Supportable	Ça sent le roussi
Actif	Affecté	Incisif	Froid
Confortable	Profondeur	Charge	Effort
Endurcir	Fondation	Empoigner	Émotif
Énergique	Flottant	Réchauffer	Croître
Éprouver	Blesser	Bousculer	Tenir
Emporté	Émouvoir	Souffrir	Entraîner
Affoler	Serré	Poignée	Palpitant
Lié	Réagir	Creux	Morceau
Pousser	Tâtonner	Chatouilleux	Rudoyer
Bouger	Tangible	Impact	Faire impression
Aplanir			Agiter

METTRE CARTES SUR TABLE – GARDER SON SANG-FROID – AVOIR LA MAINMISE SUR –
EN AVOIR PLEIN LE DOS – SAISIR LE SENS GÉNÉRAL – EN VENIR AUX MAINS –
MAIN DANS LA MAIN – TAPER SUR LES NERFS – METTRE LE DOIGT SUR

14

LE LANGAGE NON VERBAL, VALEUR AJOUTÉE DE LA COMMUNICATION

Les messages les plus importants sont exprimés de façon non-verbale. En surveillant constamment les réactions de l'autre, on s'assure qu'on est, ou pas, sur la bonne voie.

LA PUISSANCE DU NON-DIT

Comme nous l'avons vu, le langage verbal, code conventionnel et sophistiqué, comprenant un vocabulaire, une grammaire avec une syntaxe, ne suffit pas à lui seul pour communiquer : un second langage s'y adjoint, celui du corps. Même l'expression écrite possède son langage non verbal : il se manifeste par le choix du papier, la mise en page, la calligraphie, le style de l'écriture, le rythme des phrases, la place des mots. Selon la manière dont est articulée une phrase, les mêmes mots ne produiront pas les mêmes effets : « La Seine coule sous le pont Mirabeau » n'éveille pas les mêmes sensations que : « Sous le pont Mirabeau, coule la Seine »...

En fait les mots constituent simplement la matière première de la communication, le langage du corps constituant, lui, sa valeur ajoutée. Il n'est pas suffisant de disposer de la même langue verbale pour se comprendre : un « oui » peut avoir un nombre indéfini de sens qui dépendront à la fois du contexte et de la personne qui s'exprime. Un ordre aura aussi un impact différent ; selon la personne qui l'émet, il sera plus ou moins bien exécuté. Le pouvoir des mots réside essentiellement dans la façon de les prononcer. A eux seuls, les mots ne sont pas suffisants pour établir l'authenticité ou la compréhension d'un message. Beaucoup de gens se sentent agressés par un message émis par une « voix » électronique. Chacun en a fait l'expérience : les mots deviennent superflus pour se comprendre lorsque nous savons observer finement les réactions non verbales de nos semblables. S'il n'y a pas de langage verbal sans langage non verbal, l'inverse est possible : le langage non verbal peut se suffire à lui-même. Cesser de parler dans une interaction n'empêche pas de communiquer car le discours non verbal, lui, ne peut jamais « se taire ». Notre culture occidentale nous incline cependant peu à être attentifs aux micro-indices non verbaux que nous révèlent à leur insu nos interlocuteurs. Ils sont pourtant les plus riches et les plus significatifs car émis le plus souvent inconsciemment. J'insiste toujours dans mes séminaires sur cette observation du langage non verbal, prioritaire dans la communication humaine. L'apport de la PNL dans ce domaine est tout à fait précieux.

LE LANGAGE NON VERBAL VÉHICULE L'ÉMOTION ET LE SENS

Un discours prête d'autant plus à interprétation que les mots utilisés sont imprécis, abstraits et que le langage du corps, de surcroît, contredit ce qui est exprimé verbalement. L'ambiguïté des mots conjuguée à l'incongruence du langage non verbal peuvent être chez l'auditeur des facteurs de malaise et de blocages. Bien des échecs en pédagogie, bien des conflits dans le monde du travail en résultent. Dans certains contextes toutefois, dans la communication thérapeutique notamment, il peut être pertinent d'exploiter « volontairement » l'ambiguïté du langage verbal ou de mettre en contradiction le langage du corps avec celui des mots. Franck Farrelly, le virtuose de la thérapie provocatrice, excelle dans cet art. Il prendra une attitude très enfantine pour dire quelque chose d'important et de solennel ou encore, avec une mine apeurée et timide, il assènera des paroles définitives à son interlocuteur...

Le langage du corps ne peut mentir car il est pratiquement impossible d'exprimer physiquement des émotions que nous ne ressentons pas ou à l'inverse de censurer des émotions que nous éprouvons. « Méfie-toi de l'homme dont le ventre ne bouge pas quand il rit », dit le proverbe chinois. A la différence des mauvais comédiens, les comédiens de talent *vivent* les émotions qu'ils expriment. C'est en fait la cohérence, l'harmonie parfaite entre les deux types de langage qui nous font croire à leurs personnages. Ainsi, les expressions non verbales peuvent être considérées comme plus fiables que les mots. Prenons l'exemple d'un père de famille qui rentre chez lui et appelle nerveusement sa femme : la manière dont il prononce son prénom en dit long sur ce qui se passe en lui. Tous nos micro-indices non verbaux reflètent nos émotions : car émotions et comportements font partie d'une même boucle cybernétique à laquelle nous ne pouvons échapper. Lorsque les indices non verbaux sont en contradiction avec le message verbal, il est préférable de prendre appui sur les repères du non-verbal. Les personnes qui inspirent confiance sont habituellement celles dont le comportement non-verbal confirme et renforce le contenu de leur expression verbale. Quel effet peut produire une personne qui dit : « Je vous écoute », tout en fouillant continuellement dans ses papiers ? Si l'on peut aisément mentir avec des mots, il est beaucoup plus difficile d'y parvenir avec le langage du corps car nos microcomportements tels les mimiques, les intonations, les inflexions de voix, la brillance des yeux, les modifications dans les commissures des lèvres, les changements de rythme respiratoire, nous trahissent : ils peuvent être parfaitement repérés par des observateurs attentifs. Qui n'a jamais remarqué combien un sourire produit consciemment, c'est-à-dire forcé et maîtrisé, ressemble plutôt à un rictus ou à une grimace ? Si le langage du corps peut être censuré au niveau macrocomportemental, les micro-indices non verbaux ne peuvent, eux, être totalement maîtrisés. Toutes ces modifications des microcomportements traduisent nos états internes. La PNL distingue trois grands états internes : l'*état interne ressource*, état dans lequel nous sommes lorsque nous disposons pleinement de nos ressources, l'*état interne limitant*, lorsque nous sommes en contact avec nos limitations, et l'*état interne neutre* lorsque nos sommes dans l'indifférence. La calibration est l'outil qu'elle nous propose pour les repérer.

Ainsi un homme politique croit prononcer un discours sécurisant et c'est l'effet contraire qu'il produit. Certes, les mots ont été minutieusement choisis pour être rassurants, les macrocomportements bien maîtrisés, mais l'ensemble du message, lui, n'est pas rassurant : les microsignaux non verbaux accompagnant son discours ont annulé à son insu l'impact qu'il voulait donner. Le langage du corps qui accompagne nécessairement toute expression verbale est, lui aussi, un discours ; or, c'est lui qui donne son « impact » au premier.

Si les réactions non verbales sont, dans le processus de la communication, généralement plus significatives que les mots, soulignons en outre que ces réactions non verbales précèdent les réactions verbales. Il est donc essentiel de les observer attentivement car elles annoncent la réponse verbale et permettent de mesurer l'écart entre ce que dit notre interlocuteur et ce qu'il ressent. Cette vigilance nous permet également de vérifier, au fur et à mesure de nos échanges, les résultats que nous produisons sur nos interlocuteurs et ainsi de nous réajuster si besoin est, en corrigeant simultanément les erreurs que nous commettons. Même si nous pratiquons ces réajustements plus ou moins inconsciemment, il est nécessaire de développer cette finesse d'observation et, d'écoute pour en disposer pleinement dans des contextes où les enjeux sont importants.

L'ÉLOQUENCE DES SILENCES

Comme le déclare l'adage bien connu : « Les silences en disent long. » Un message peut, en effet, être exprimé avec éloquence, sous la forme d'un silence : silence réprobateur, silence d'ennui, silence agressif, silence de colère, d'indignation, de complicité, d'harmonie ou de réflexion. Le silence n'est pas une rupture de communication si l'on reste attentif aux signaux non verbaux manifestés pendant celui-ci. Le silence est vécu de manière désagréable lorsque la relation entre les interlocuteurs en présence est mal établie. Evoquons par exemple ces dîners où pendant un court instant seuls les bruits des fourchettes sur les assiettes se font entendre et où chacun cherche désespérément comment alimenter la conversation. Lorsque la relation entre des personnes est suffisamment établie grâce à l'harmonisation des microlangages non verbaux, le silence n'est plus pesant. Au contraire, il sert à ponctuer un instant de complicité, à prolonger un moment de communion et de réelle empathie, ou encore à établir un temps de concentration et de réflexion communes et synchrones. Les mots sont devenus superflus car il n'y a aucun vide relationnel à combler. Le silence peut alors être vécu comme un instant de paix que personne n'a envie de polluer par des mots-parasites. Les personnes qui savent bien entrer en contact gèrent bien le silence dans la communication. Elles exploitent même beaucoup les silences pour mettre en valeur leurs mots et ainsi laisser se dégager le sens et la résonance de leurs propos tout en dirigeant toute leur attention sur les effets qu'ils produisent. Jacques Lacan, dans ses célèbres séminaires, ne s'en privait pas !

Le silence est aussi une mise en valeur de la présence de l'autre : cette marque d'attention facilite l'intégration, la réflexion de l'autre et la mise en commun. L'art du silence passe avant tout par celui de la maîtrise de la dimension non verbale de la communication. D'ailleurs nous savons bien que « plus on parle et moins on a de chance d'être écouté et entendu ».

☆

Les mots sont parfois superflus pour se comprendre. Nous savons cela. L'harmonie est révélée lorsque le silence est confortable pour chacun.

LA GESTION DU NON-VERBAL DANS LA RELATION

C'est essentiellement par le langage non verbal que nous indiquons à notre interlocuteur la nature de la relation que nous souhaitons établir avec lui. Un rapport de qualité entre deux ou plusieurs personnes se mesure à la mise en harmonie de leurs langages verbaux et non verbaux. Cette mise en harmonie est au cœur de la dimension hypnotique de toute communication. Elle est un outil précieux de communication (thérapeutique, managériale, pédagogique...) qui vise à influencer, mobiliser et faire adhérer.

Si la synchronisation verbale, qui consiste à employer les mots de l'autre, est nécessaire, elle n'est cependant pas suffisante pour créer un rapport de qualité ; la synchronisation non verbale, qui porte, elle, sur les microcomportements, doit s'y adjoindre. Ces deux niveaux de mimétisme ont d'ailleurs un effet boomerang : elles nous ouvrent non seulement à l'autre mais aussi à nous-même et encore ouvrent l'autre à nous-même. Deux interlocuteurs pourront d'autant mieux réfléchir ensemble qu'ils se sentiront mutuellement « réfléchis », aux sens littéral et figuré du terme. De même qu'entendre son écho permet de mieux « s'entendre dire », la résonance de l'autre favorise la qualité du raisonnement. Ces effets de reflets et d'échos participent à l'élégance et à l'efficacité du dialogue ; ils contribuent non seulement à la qualité de la relation mais encore à celle des échanges, qui deviennent plus enrichissants et créateurs. Refléter sobrement son interlocuteur, lui apporter délicatement l'écho sont des manières de lui signifier la valeur et la reconnaissance qu'on lui accorde. Nous avons tous besoin de nous voir et de nous entendre un peu chez nos semblables, c'est à cette condition que nous sommes prêts à nous déplacer pour découvrir leur monde et lâcher prise avec le nôtre. Cette mise en commun, à la base de la communication, nous place dans une meilleure disposition d'esprit pour coopérer mais aussi pour tirer profit de nos différences et nous en enrichir.

La nécessité de s'harmoniser un minimum avec l'autre pour établir un contact de qualité suppose d'apprendre à être souple, c'est-à-dire à se réajuster rapidement pour mieux contrôler les nouvelles données d'un échange. C'est en modifiant nos comportements en fonction de ceux de nos interlocuteurs que nous exerçons au mieux notre pouvoir d'influence. La manière la plus élégante et la plus efficace de faire changer le comportement de notre interlocuteur consiste à modifier d'abord le nôtre. Cette règle à la base de tout exercice d'influence est généralement vécue comme une révolution dans nos façons de faire mais les effets sont si surprenants que nous ne pouvons qu'y obéir. En fait, la synchronisation est un phénomène naturel de la communication : lorsque nous sommes captivés par l'autre, nous nous synchronisons spontanément.

> ☆
>
> Quand nous sommes pleinement attentifs à l'autre, nous nous mettons inconsciemment en harmonie. Nous accédons mieux à notre intuition et nous utilisons mieux notre espace d'influence.

LE COMPORTEMENT N'EST PAS LA PERSONNE

Il ne faut pas confondre la personne avec le comportement qu'elle produit. Le comportement d'une personne est la traduction de sa représentation à un instant donné. De plus, tout comportement s'insère dans une boucle : un comportement provoque un comportement, qui lui-même produit en retour un comportement et ainsi de suite. Les comportements sont à la fois des réponses, des stimuli et des renforcements dans les échanges. Qu'il s'agisse de communication intrapersonnelle ou interpersonnelle, nous sommes insérés dans une spirale et devons, par conséquent, envisager le comportement de l'autre dans une vision circulaire de la communication et non pas dans la vision linéaire de cause à effet. Ainsi les comportements ne sont signifiants que dans leurs contextes interactionnels et cela impose, dans l'analyse du contexte interactionnel, de ne pas confondre l'observation des comportements et leur interprétation. Plus l'analyse sera fondée sur un langage descriptif, factuel et sensoriel, plus elle sera précise.

Nous l'avons vu, nous sommes composés de multiples personnages en interaction qui s'animent et se comportent différemment selon les contextes à vivre. Manifestes ou latents, ces personnages participent à un tout que nous nommons notre personne. Chacun d'eux, toujours à découvrir ou à développer, dispose d'un répertoire comportemental qui lui est propre.

☆

Le comportement ne peut être appréhendé hors de son contexte interactionnel. Pour être compris, il doit être replacé dans le contexte où il a été produit.

Contrairement à ce que nous croyons souvent, *nous ne sommes pas* tout à fait *nos comportements* car ceux-ci résultent des apprentissages que nous avons acquis, le plus souvent, à notre insu. Ainsi sommes-nous, tout au plus, ceux qui animons et choisissons consciemment ou inconsciemment nos comportements parmi ceux dont nous disposons. Nos comportements sont des réponses adaptatives à la réalité que nous croyons vivre : le comportement de l'autre est donc le meilleur choix qu'il puisse faire parmi ceux dont il dispose dans une situation donnée et selon sa construction de la réalité du moment. Mais si ce comportement ne lui permet pas d'obtenir les résultats recherchés, le thérapeute selon l'École de Palo Alto et Milton Erickson a pour mission de lui apprendre d'autres possibilités de réactions. Nous appliquons ainsi les deux évidences suivantes : « Si ce que vous faites ne marche pas, faites autre chose » car « en faisant un peu plus de la même chose, on obtient un peu plus les mêmes résultats ».

Il me paraît essentiel, dès le premier entretien d'une thérapie ou lors de la première journée d'une session de formation en hôpital ou en entreprise, d'insister auprès de mes interlocuteurs sur la distinction qu'il y a entre eux-mêmes et leurs comportements et, d'une manière générale, entre la personne et les comportements qu'elle manifeste. Il est primordial de ne pas réduire un individu à ce qu'il fait : on peut avoir des réactions stupides sans pour autant *être* stupide. Cependant, si l'on doit respecter, reconnaître et valoriser autrui, ses comportements ne doivent pas être valorisés lorsqu'ils lui portent préjudice ou lorsqu'ils nuisent à son entourage. Comme le souligne l'éminent psychothérapeute américain Franck Farrelly : « On peut respecter le pécheur et détester ses péchés. » Même si tout comportement fait partie d'un mécanisme homéostatique, cohérent par rapport au schéma de perception de la personne, il peut être réajusté s'il porte préjudice à la personne.

Nos comportements dépendent largement de nos croyances, elles-mêmes construites à partir de nos expériences, vécues ou empruntées. Or les croyances qui limitent nos comportements peuvent être modifiées par la vertu du recadrage notamment, et c'est par ce biais que nos comportements évolueront le plus rapidement. Quand un changement de niveau 2[6] est effectué, sous l'effet d'un recadrage, il s'ensuit chez l'individu une profonde réorganisation interne qui se manifestera au niveau externe par

6. Voir, au chapitre 1, les deux types de changement et, au chapitre 2, les trois niveaux d'apprentissage.

des comportements nouveaux. Ils surprennent souvent la personne car elle n'en prend conscience que lorsqu'ils se sont produits. Il s'agit là d'un changement profond. Le développement de nos possibilités comportementales oriente et façonne la qualité de nos interactions ainsi que le sens de notre évolution. Nous ne pouvons changer et faire évoluer les comportements qui nous gênent chez les autres, qu'en modifiant notre regard sur eux. Ceci suppose qu'en tant qu'adultes, nous devenons responsables de l'étroitesse de notre construction de la réalité et des choix de comportement qui en découlent. En contrepartie une fantastique opportunité s'offre à nous : nous pouvons agir, plus que nous ne le croyons, sur nous-mêmes et ainsi sur nos relations avec les autres.

☆

Les « gros comportements », ceux que nous pouvons aisément contrôler, ne sont que des habits, voiles ou armures.

15

DÉJOUER LES PIÈGES DE LA COMMUNICATION

LA DOUBLE CONTRAINTE : MENACES ET DÉFIS

La double contrainte est une chausse-trappe quand elle place la personne qui la subit dans une situation où, quoi qu'elle fasse, elle est vouée à l'échec. L'histoire célèbre du diable qui cherche à démontrer à Dieu qu'il n'est pas omnipotent en est une bonne illustration. Le diable demande à Dieu : « Je voudrais que tu crées un rocher si lourd que même toi, Dieu, Tu serais incapable de le soulever. » En effet, si Dieu est capable de créer un tel rocher et s'il le soulève, il n'est alors pas omnipotent, puisqu'il n'a pas été capable de le créer assez énorme pour qu'il ne puisse le soulever. Mais s'il ne peut pas le soulever, alors il ne dispose pas de la puissance absolue puisqu'il n'a pas eu la force de le faire. Dans les deux cas, Dieu est mis en échec par le diable. La théorie de la double contrainte ou « double lien » mise en lumière par Gregory Bateson vers 1956 a provoqué un bouleversement des conceptions et pratiques thérapeutiques ; elle fut à l'origine du mouvement des thérapies familiales. Pour la première fois était présentée une explication de la maladie mentale liée à des phénomènes interactionnels. Gregory Bateson a montré comment la répétition des doubles contraintes dans l'enfance pouvait contribuer à la genèse de la schizophrénie. Toutefois, il pondéra par la suite cette découverte en établissant que la double contrainte est nécessaire mais pas suffisante pour générer la schizophrénie. Peu à peu Bateson et les théoriciens de Palo Alto, notamment Paul Watzlawick, montrèrent que les doubles contraintes se produisent en fait au cours de larges séquences temporelles et qu'elles sont inadéquates pour expliquer quasiment tout phénomène interactionnel.

La double contrainte est en fait un phénomène banal dans la communication humaine : nous en produisons inconsciemment et nous les subissons tout aussi inconsciemment. Dans *La Nouvelle Communication*, Bateson corrige son parti pris de départ et souligne que la double contrainte a induit beaucoup de personnes en erreur : « Celles-ci, écrit-il, ont tenté de compter les doubles contraintes, ce qui revient à peu près à vouloir compter les chauves-souris dans un test de Rorschach[7]. Il n'y en a pas. Il n'y a que les doubles contraintes dont vous êtes prisonnier – vous les faites vous-même. » De nombreux thérapeutes envisagent cependant le traitement des difficultés psychologiques, tant individuelles que conjugales ou familiales, sous l'angle de cette pathologie de la communication car il est essentiel, pour s'en libérer, d'apprendre à les repérer et à y faire face. Nombre d'ordres et de conseils sont énoncés sous la forme d'une double contrainte : ainsi un journaliste-formateur recommande à un participant d'une séance de « média-training », « d'être avant tout naturel » ou « d'oublier qu'il parle devant une caméra ». Quelle solution reste-t-il à ce participant pour sortir de cette double contrainte sinon de la mettre à jour en répondant par exemple : « Comment puis-je être naturel dès lors que vous me le demandez ? » ou « Comment oublier la caméra quand je dois précisément m'adresser à elle ? » D'une manière générale, nous pouvons émettre l'hypothèse d'être

7. Le fameux test de la tache d'encre inventé par Hermann Rorschach, psychiatre suisse, en 1921.

sous le joug d'une double contrainte lorsque nous ressentons une sorte de malaise et de blocage dans une interaction.

Il y a de nombreuses façons de créer une double contrainte. Elle peut, par exemple, être produite lorsque le langage du corps contredit le langage des mots : il y a une discordance, une incongruence dans la communication. On exprime par exemple le message verbal : « Je ne t'en veux pas », tout en ayant une attitude non verbale de reproche. On peut également affirmer quelque chose et l'infirmer en même temps : « Je ne t'en veux pas, je m'en souviendrai seulement. »

Certaines personnes ont fortement tendance à émettre des messages et à les disqualifier systématiquement dans un second temps. Par exemple, un individu fait un reproche à une tierce personne pour lui confier simultanément ou le lendemain : « N'en tenez surtout pas compte. » Une consigne peut, à elle seule, tenir lieu de double contrainte, si elle allie l'ordre et l'idée de ne pas se laisser commander. En voici quelques-unes, fort répandues dans la vie quotidienne : « Soyez spontané », « Prenez des initiatives », « Soyez détendu », « Faites comme si je n'étais pas là »...

Au sein d'un couple, il est fréquent que le partenaire le plus frustré exprime ses attentes en plaçant inconsciemment l'autre dans une double contrainte. Ainsi, une épouse souffrant du manque d'attention de son mari lui fait ce reproche : « D'ailleurs, tu ne m'as jamais offert de fleurs. » Le mari, qui effectivement n'y avait jamais pensé, prend acte et lui apporte le lendemain un splendide bouquet de roses rouges. Sa femme lui déclare alors : « Merci pour ces belles fleurs, mais j'aurais tellement apprécié que cela vienne spontanément de toi. » Si le mari avait identifié dès le départ la double contrainte subtile et inconsciente de sa femme, il aurait alors pu éviter son commentaire mitigé, proche du désagréable. Et il aurait choisi d'offrir à sa femme quelque chose d'autre, qui soit tout aussi symbolique et important pour elle. Car, en fait, c'était une initiative de sa part, une attention sous la forme d'une surprise qu'elle attendait. La double contrainte est aussi une belle occasion de faire ou de dire quelque chose d'essentiel, qui n'a jamais été révélé, ni produit, et qui peut satisfaire les deux interlocuteurs. Les personnes inventives, qui ont une bonne propension à recourir à l'humour ou à la métaphore face à des impasses, se sortent facilement de ces doubles contraintes pathogéniques.

Une double contrainte fréquemment citée est celle de la mère qui offre à son fils deux cravates, une rouge et une bleue. Le lendemain, le fils met, pour lui faire plaisir, la rouge, mais la mère lui rétorque : « Alors tu n'aimes pas la bleue ? », le coinçant sans le vouloir dans une double contrainte. En effet s'il met la cravate bleue, sa mère lui fera la même remarque et s'il porte les deux cravates en même temps, alors il passera pour un fou. Face à cela, Franck Farrelly, inventeur de la thérapie provocatrice, déclare que la double contrainte recèle en fait de belles occasions : « Il y a toujours un moyen d'exploiter une double contrainte, dit-il, si on répond au niveau le plus profond mais non exprimé de la demande. » Ainsi, propose Franck Farrelly, le fils aurait pu répondre à sa mère : « Maman, je ne partage pas complètement ton goût. En fait je n'aime ni la bleue, ni la rouge mais cela n'est pas essentiel... Ce qui est essentiel, maman, c'est que tu saches que c'est toi que j'aime avant tout. » Voilà, sans aucun doute, le message qu'attendait sa mère sans pour autant oser le provoquer... Les doubles contraintes sont généralement émises sans mauvaise intention. Lorsque nous nous y heurtons, il est judicieux, pour y répondre de manière satisfaisante, de chercher ou même d'inventer l'intention positive de leur auteur et, si nous n'y parvenons pas, de lui demander de nous la révéler. Nous pouvons encore déceler spontanément son attente non exprimée et y répondre tout de suite directement, sans tomber dans le panneau.

LA MÉTACOMMUNICATION, UNE SOLUTION ET UN PIÈGE

Non seulement les individus communiquent entre eux mais encore ils communiquent sur leur communication : ce faisant, ils métacommuniquent ; ils le font lorsqu'ils qualifient leurs messages, verbaux comme non verbaux. La métacommunication est un commentaire sur la communication qui sert à définir plus précisément le sens d'un message : il peut porter sur le contenu exprimé, sur l'émotion ressentie comme sur la nature de la relation. Ce commentaire peut être consciemment apporté mais il peut tout aussi bien être effectué inconsciemment. Après avoir fait la preuve de son utilité en mathématiques, le préfixe « méta » est donc aussi entré dans la pratique des spécialistes de la communication (métarègle, métaposition, métalangage, métasystème, « méta » signifiant « qui se place à un niveau supérieur »).

La métacommunication peut s'avérer une solution lorsqu'elle est précédée de la prise de recul nécessaire pour envisager la situation interactionnelle. Une métacommunication peut être explicite et verbale tout comme implicite et non verbale. Par exemple, en exprimant un reproche à notre interlocuteur, nous pouvons métacommuniquer *verbalement* en déclarant simultanément : « En ce moment je suis en train de blaguer », ou *de manière non verbale* en faisant, par exemple, un clin d'œil.

Une métacommunication peut aussi être effectuée à propos du message reçu en demandant par exemple à notre interlocuteur, qui exprime un jugement péremptoire : « Êtes-vous sérieux en ce moment ? » En cas d'incertitude sur la signification d'un message verbal reçu, la métacommunication vise à clarifier le sens du message avant même de le juger. La métacommunication peut donc remplir une fonction de régulation dans la relation. Elle permet, par exemple, de sortir d'une double contrainte en demandant à notre interlocuteur : « Vaut-il mieux que je me fie à ce que tu me dis ou à l'intonation que tu prends pour me le dire ? »

La métacommunication peut aussi s'effectuer à l'intérieur de nous-même, sous forme de suppositions ou de commentaires défavorables, sans que nous en fassions toujours part à nos interlocuteurs, soit parce que nous nous l'interdisons, soit parce que le contexte paraît nous l'interdire. Le risque est alors de croire à ces suppositions susceptibles de figer notre relation avec l'autre. C'est lorsque la métacommunication ne peut être assurée confortablement dans une relation que des perturbations dans les échanges ont toutes chances de se produire. En fait, la métacommunication assure pleinement sa fonction de régulation à condition que la relation entre les interlocuteurs soit de bonne qualité et de confiance réciproque.

Les métacommunications peuvent être aussi des facteurs de perturbation. Elles sont piégeantes lorsqu'elles sont réactives, incontrôlées et lorsqu'elles génèrent des échanges à escalade : échanges dans lesquels les protagonistes ne communiquent plus au niveau du contenu mais exclusivement au niveau de leur relation, bâtie sur un rapport de force. Toute leur énergie est alors gaspillée en explications, justifications, attaques, assauts, invectives et commentaires réciproques sur leurs comportements mutuels. L'exemple classique est celui de la scène de ménage, où le contenu exclusivement « métacommunicatif » des échanges n'est plus qu'un prétexte au règlement de comptes : « Tu as vu comment tu me traites ! » « Et toi comment tu me réponds ! » Certains débats télévisés peuvent facilement dériver vers ces métacommunications, sources d'escalade et d'enlisement des propos. Si le journaliste ne recentre pas la discussion sur son objet initial et s'il n'introduit pas de nouvelles règles d'échanges entre ses invités, le débat reste sans contenu. (Quoique, pour l'effet spectacle, ce jeu métacommunicatif puisse être délibérément recherché par le journaliste…)

Même effectuée par un tiers, journaliste, médiateur, thérapeute ou autre, la métacommunication n'est pas toujours la meilleure solution pour gérer les conflits. Il s'avère souvent plus judicieux de demander naïvement aux protagonistes quels sont leurs objectifs ou leurs intentions positives dans la poursuite de leurs jeux métacommunicatifs. Cette fausse ingénuité a pour but de gripper les rouages de leur cercle vicieux et d'arrêter la machine pour changer de niveau logique et passer à un niveau d'ordre supérieur où le conflit pourra se résoudre.

16

LES VERTUS DE LA COMMUNICATION INDIRECTE

LE LANGAGE DES DEUX CERVEAUX

Nous disposons de deux façons différentes et complémentaires d'accueillir et de traiter l'information : d'une part le traitement linéaire, analytique et séquentiel qui correspond schématiquement aux compétences du cerveau gauche, d'autre part le traitement spatial, global et synthétique qui, lui, relève des compétences du cerveau droit. Si l'un s'intéresse aux relations entre les éléments, l'autre se focalise sur les éléments en eux-mêmes. Notre représentation du monde se construit essentiellement au travers du langage analogique, conventionnellement associé au fonctionnement de l'hémisphère droit. Or, l'accès au changement se situe précisément à l'endroit de cette représentation du monde, qui est le lieu de prédilection pour opérer efficacement un processus de changement. Qui n'a constaté, en effet, comme il est peu productif de raisonner, expliquer et argumenter pour provoquer un changement durable chez autrui ? Le cerveau droit, sous-estimé et sous-exploité dans notre culture, a réellement besoin d'être réhabilité et davantage stimulé, notamment dans les domaines du management, de la pédagogie et de la thérapie où le développement de la personne est largement sollicité.

Toutefois, il ne s'agit pas d'opposer hémisphère droit et hémisphère gauche, qui se complètent et *forment un tout indissociable*, mais de favoriser, par des effets de communication, leur interdépendance fructueuse et leur coopération pour qu'ils conjuguent mieux leurs compétences respectives.

Milton Erickson réalisait précisément toute sa performance en s'adressant, de manière privilégiée, au cerveau droit de ses patients, notamment par l'emploi de métaphores et de structures linguistiques parfaitement assimilables par ceux-ci. Et, si le cerveau gauche de ses patients restait encore trop en éveil et en état de réactivité, il usait alors d'expressions pseudologiques, volontairement très complexes, afin de le saturer de manière telle qu'il finisse par « décrocher » pour laisser enfin le cerveau droit prendre la relève. Par cette technique qui vise à générer des confusions dans le cerveau gauche, Erickson parvenait à stimuler la créativité et les ressources de changement de ses patients. A l'instar de Milton Erickson, les praticiens de l'École de Palo Alto aident leurs patients à changer en « bloquant » notamment le cerveau gauche pour ouvrir la réceptivité du cerveau droit en s'adressant directement à lui. Les techniques, que nous verrons plus loin, de la double contrainte thérapeutique, de l'alternative illusoire ou de la prescription du symptôme établissent cette communication paradoxale qui interpelle tout particulièrement le cerveau droit, qui, lui, l'assimile très bien. La métaphore de l'opposition entre les deux cerveaux a particulièrement retenu l'attention de Paul Watzlawick. Un de ses ouvrages, *Le Langage du changement,* décrit et analyse comment Milton Erickson opérait pour parler le langage du cerveau droit et ainsi bloquer le cerveau gauche, qui généralement limite les possibilités de changement des individus.

Le langage privilégié de l'hémisphère gauche est celui de l'explication rationnelle, de la démonstration, de la description dans ses moindres détails : il relève de la communication directe. Le langage de l'hémisphère droit sert plutôt à synthétiser, à imaginer, à effectuer des associations et des constructions nouvelles de la réalité. C'est ainsi que Watzlawick a nommé « langage du changement » tout langage qui s'adresse de manière privilégiée au cerveau droit. Mais à cette distinction de compétences entre les deux hémisphères, s'ajoute une autre distinction : l'hémisphère gauche serait le lieu du conscient et l'hémisphère droit celui de l'inconscient. Pour Erickson en particulier, le fait de s'adresser de manière privilégiée à l'inconscient du patient permet de mobiliser ce « thérapeute », ce « spécialiste du changement » qui résiderait en chacun de nous. La même démarche oriente la pédagogie de mes séminaires où je vise essentiellement à interpeller chez les participants « l'expert en résolution de problèmes » que sont leurs hémisphères droits toujours prêts à s'investir pour que le changement s'accomplisse aisément. Par ailleurs, le fait de s'adresser tour à tour à la logique de l'inconscient et à celle du conscient favorise aussi la mémorisation…

Selon Erickson les blocages sont liés au fait qu'il n'y a plus de fonctionnement « démocratique » entre ces deux instances : cerveau droit et cerveau gauche ; autrement dit, conscient et inconscient ne savent plus partager le pouvoir ni respecter leurs territoires de compétences respectives. C'est, dit-il de manière métaphorique, le conscient qui a pris à un moment donné les pleins pouvoirs et ne sait plus lâcher prise. Il y a comme une panne dans la régulation démocratique de leur fonctionnement : elle se manifeste par le fait que l'individu, privé de l'énergie et de la créativité du cerveau droit, se retrouve coincé par l'excès d'orthodoxie qu'engendre la rigidité de la rationalité du cerveau gauche. La logique du cerveau droit s'accommode fort bien de la démarche paradoxale peu admissible pour le cerveau gauche. Moins confiné dans des règles acquises intangibles, l'inconscient est en effet plus flexible et c'est ce qui le rend plus apte à générer des changements. Ainsi est-il particulièrement judicieux d'apprendre à s'adresser directement à l'inconscient par une communication d'autant plus efficace qu'elle est indirecte.

Mais, là encore, la distinction conscient-inconscient n'est qu'une métaphore utile. Le conscient et l'inconscient ne se dissocient pas, ils s'influencent mutuellement et s'interpénètrent : ainsi le cerveau droit détient cette aptitude à l'action globale et au changement, mais le cerveau gauche, lui, est fabuleusement compétent pour le découpage des actions à accomplir par étapes, pour changer. Cette métaphore constitue un outil particulièrement fécond en thérapie comme en pédagogie : si le conscient régit pour l'essentiel nos raisonnements, l'inconscient régit pour l'essentiel nos comportements et nos actions : ainsi notre démarche vise à mettre en pratique cette célèbre formule de Heinz Von Foerster, reprise fréquemment par Watzlawick : « Si tu veux connaître, si tu veux changer, apprends à *agir.* »

LA COMMUNICATION HYPNOTIQUE, SELON MILTON ERICKSON

Notre vision de l'hypnose est encore prisonnière des expériences d'hypnose thérapeutique du passé (le baquet de Messmer) et des hypnotiseurs de foire et de spectacle. Selon l'effet recherché et l'état d'esprit qu'on y met, les techniques d'induction hypnotique sont très diverses et je remercie, ici, tout particulièrement Jean Godin, président de l'Institut Milton Erickson d'avoir promu l'approche ericksonienne en France, tout en l'ayant enrichi. L'hypnose ericksonienne repose sur une base très différente de celle qui a prévalu dans le passé. Erickson a en effet découvert et pratiqué une nouvelle manière de provoquer l'état hypnotique qui n'a plus rien à voir avec la relation hypnotique classique : celle où l'hypnotiseur autoritaire « assomme » son patient de suggestions pour l'assujettir. L'hypnose ericksonienne ne relève pas non plus d'une sorte d'état de sommeil induit. L'individu qui l'expérimente n'est ni dépossédé de son libre arbitre, ni assujetti à l'opérateur ; il bénéficie au contraire de son propre espace de liberté dont il a besoin, tout en restant pleinement associé à l'expérience qu'il fait. Il dispose simplement d'un état de conscience différent qui lui procure le confort nécessaire pour mieux accéder à ses ressources inconscientes, utiles à la résolution des difficultés qui le bloquent.

Il est possible en effet d'induire un état de transe ou état hypnotique, à partir d'un échange apparemment banal mais parfaitement harmonieux. La frontière entre communication de haute influence et communication hypnotique est très floue. Certains théoriciens de la communication, notamment Grinder et Bandler, les fondateurs de la PNL qui ont modélisé Erickson, affirment même qu'elle n'existe pas. En fait, l'état hypnotique est un état naturel, que nous expérimentons plusieurs fois par jour sans le savoir ; à ce titre, il est probable qu'il contribue précisément à notre équilibre mental. Selon Ernest Rossi[8], disciple éminent d'Erickson, nous expérimentons cet état hypnotique au moins toutes les 90 minutes. Ce phénomène naturel peut poser problème dans certains contextes délicats où une grande vigilance est indispensable comme le contrôle aérien, le pilotage des avions hyper-informatisés, le contrôle des écrans des centrales nucléaires, la conduite automobile, etc. Toutes les activités qui polarisent précisément le cerveau gauche sont inductrices d'état hypnotique. Nous expérimentons l'état hypnotique dans de nombreuses circonstances : dans les transports, dans la pratique de certains exercices physiques (parfois appelés d'ailleurs « méditation par le mouvement ») comme le jogging, lorsque nous nous laissons aller à rêver ou à méditer, lorsque nous faisons le « vide » dans notre esprit pour nous concentrer pleinement sur une activité, ou encore lorsque nous écoutons, fascinés, l'exposé d'un conférencier. Ce phénomène de l'hypnose qui fait partie intégrante de toute communication humaine, intrapersonnelle ou interpersonnelle, n'a donc rien de magique : tout aussi suspecte dans le public que familière à chacun, l'hypnose se révèle très utile pour générer

8. E. Rossi, *Vingt minutes de répit*, Les Éditions de l'Homme, Paris, 1992.

un changement libérateur ou simplement se procurer un état de confort.

Selon Milton Erickson, un problème apparaît quand l'inconscient ne peut plus faire son travail, du fait d'une prise de pouvoir tyrannique ou d'une interprétation limitante du conscient, liées à l'excès de rationalisation du cerveau gauche. L'hypnose ericksonienne repose sur cette structure bicamérale du cerveau. Elle a pour but de reprendre contact avec les ressources de l'inconscient, de sortir des limitations du conscient en faisant appel à d'autres mécanismes de pensée que ceux, inefficaces et redondants, du cerveau gauche. Pour Erickson, maître incontesté de l'hypnose thérapeutique, l'essentiel de notre vie est régi par nos processus inconscients. C'est pourquoi l'état hypnotique s'avère précisément l'état dans lequel l'apprentissage et l'ouverture au changement se font le plus facilement car il favorise l'accès à ces ressources inconscientes qui siégeraient dans le cerveau droit.

La communication hypnotique s'adresse donc de manière privilégiée à l'inconscient, au cerveau droit et consiste « à lui parler paradoxalement de manière vague de généralités précises ». L'inconscient « entend bien » cette communication indirecte particulière car il excelle à travailler dans le global et à produire des chaînes d'associations de pensées propices à la résolution de problèmes. La dimension thérapeutique de la communication hypnotique repose sur des techniques très spécifiques, hautement respectueuses de l'écologie de la personne. A cet égard, elle implique de la part de celui qui la pratique une réelle flexibilité car à la différence de l'hypnose classique, il n'y a pas d'intervention standardisée : l'hypnose ericksonienne est avant tout une communication sur mesure. Elle exige une bonne acuité sensorielle de la part du thérapeute car celui-ci va puiser toute son inspiration dans l'écoute et dans l'observation attentives de son client : c'est à cette condition que le thérapeute peut suivre son patient pas à pas et accompagner celui-ci à son rythme dans sa recherche inconsciente de solutions. Du point de vue interactionnel, l'hypnose ericksonienne est par essence une relation d'harmonie dans laquelle chacun est à la fois « guide de l'autre tout en étant guidé par l'autre ».

L'hypnose ericksonienne, de surcroît, fournit au patient l'occasion et le contexte interactionnel lui permettant de découvrir l'auto-hypnose et d'en tirer profit. Il va apprendre en effet à se dissocier de ses préoccupations et à mettre entre parenthèses les limitations de son esprit critique, ou esprit conscient, pour « mettre en culture » inconsciemment ses ressources dans un état de confort et de sérénité qu'il va savoir produire lui-même. L'hypnose ericksonienne s'apparente étonnamment à la méditation Zen dans son principe de base : « Quand l'esprit qui raisonne ne s'accroche plus et ne s'agrippe plus, alors on peut s'éveiller à la sagesse et au savoir. »[9] Cet état de dissociation, à la base du phénomène hypnotique, est créé par le fait que le cerveau conscient va se concentrer sur des perceptions sensorielles (visuelles, auditives ou kinesthésiques), qui vont le détourner de sa tendance à raisonner, déjouer l'automatisme de ses conditionnements mentaux limitants et activer l'émergence de nouvelles associations d'idées plus propices à la résolution de problèmes.

LE LANGAGE MÉTAPHORIQUE

La métaphore est un moyen linguistique de concevoir et d'exprimer une chose dans les termes imagés d'une autre afin d'ouvrir l'esprit vers des chemins nouveaux. L'art de la métaphore résulte de la capacité de percevoir des ressemblances et d'établir des liens entre des idées et des situations au départ parfaitement différentes, voire même antinomiques. Cette façon de mettre les choses en perspective permet souvent de mieux les appréhender. La solution d'un problème peut spontanément émerger, simplement en le recadrant à l'aide d'une métaphore. Face à une personne qui

9. *L'Autre Rive : Textes fondamentaux du Zen*, commentés par Maître Taisen Deshimaru, Albin Michel, Paris, 1988.

se plaint d'être bloquée dans un problème, une redéfinition métaphorique du type suivant peut créer l'étincelle :

> – *C'est un peu comme si vous étiez sur un gigantesque carrefour où vous tournez en rond depuis longtemps, ne sachant pas quelle route prendre ; peut-être même ne voyez-vous pas ces différentes voies… En montant sur une échelle placée à son centre vous pourriez peut-être mieux les distinguer et voir leurs perspectives… C'est plus facile de choisir la bonne direction quand la destination a été entrevue…*

La métaphore est un outil précieux de changement car elle suggère des pistes de résolution au cerveau droit tout en court-circuitant avec élégance les limitations apprises du cerveau gauche. De plus, elle offre un moyen de compréhension globale et de redéfinition de la réalité : c'est pourquoi, selon l'expression de Jean Godin, elle recèle la fabuleuse propriété de stimuler des chaînes d'associations créatives et de déjouer les résistances. Toutefois une métaphore n'est performante que si elle est construite en fonction du cadre de référence de l'interlocuteur concerné. Ainsi, il m'arrive de dire à des interlocuteurs hésitants en thérapie :

> – *Comme vous le savez, la vie est un énorme laboratoire d'expériences… La reproduction de certaines d'entre elles n'est pas forcément nécessaire ; en revanche il y a toutes sortes d'expériences utiles à apprendre, toutes ces expériences agréables que vous avez connues ; parfois on croit les avoir oubliées mais elles sont bien en vous, prêtes à revenir sous des formes diverses : un mot, un son, une image, je ne sais pas, elles peuvent revenir comme ça… Ici et maintenant, nous sommes dans un laboratoire d'essai : nous pouvons en toute sécurité nous amuser à expérimenter de nouveaux savoir-faire et de nouvelles façons de réfléchir ; revivre ces expériences les plus agréables que vous avez dans votre*

mémoire... mais aussi réexpérimenter ces apprentissages qui restent à votre disposition... Ainsi vous pourrez les réexploiter et les reproduire...

Les métaphores s'avèrent plus efficaces que les conseils directs pour générer un changement, notamment chez des personnes spontanément résistantes. Nous trouvons généralement la possibilité de nous identifier à une partie de la métaphore et établissons facilement, consciemment ou inconsciemment, des liens utiles entre le message métaphorique et la solution à trouver. Le langage métaphorique est, par excellence, le langage du contact et de la relation. Il « touche » d'autant mieux l'autre que celui-ci se sent compris et reconnu dans son expérience et sa sensibilité.

Les histoires et les anecdotes sont des sources inépuisables de métaphores thérapeutiques dès lors qu'elles comportent un conseil indirect lié à la situation problématique évoquée. Elles peuvent s'introduire de la manière suivante :

– *Le problème que vous posez me rappelle cette histoire où...*

ou

–*... cette personne qui...*

ou encore

–*... cette situation dans laquelle...*

Les métaphores remplacent, avec plus d'élégance et plus de productivité, les conseils que nous sommes tentés de donner et qui, eux, sont rarement suivis d'effet. Les anecdotes séduisent parce qu'elles ne sont pas menaçantes, dans la mesure où celui qui les écoute opère une dissociation. Du fait qu'elles relèvent de la communication indirecte, elles respectent l'autonomie de l'interlocuteur car elles lui laissent l'espace de liberté nécessaire pour établir un lien utile avec lui-même et dégager un sens bénéfique quant à son problème.

La force de la métaphore est étonnante. La simple évocation d'une phrase tirée d'une histoire métaphorique peut modifier complètement l'appréhension d'un problème. Les métaphores constituent des guides précieux pour l'action future à mettre en œuvre : suggérer que

> –… *le ciel est lumineux derrière les nuages…*

ou que

> –… *la création d'une nouvelle solution ressemble à une renaissance…*

peut suffire à inciter la personne à envisager son problème différemment, avec surtout plus d'optimisme et de confort. Ainsi, Élodie, une petite fille de six ans que je recevais pour un problème d'énurésie, manifesta à la deuxième séance toute sa joie pour ses premiers progrès mais, à la troisième séance, elle revint toute déçue car elle avait refait une fois pipi au lit. Je lui racontai alors, longuement et avec moult détails, comment elle avait fait pour apprendre à se tenir debout et à marcher, en mettant l'accent sur toutes ces chutes et rechutes qui lui avaient justement permis de faire si bien des progrès : à chaque fois qu'elle tombait, elle apprenait en même temps à devenir plus agile, plus compétente, de telle sorte qu'un jour la marche ne lui avait plus posé de problème. Elle démontra par la suite, et beaucoup plus vite que prévu, comment l'intégration de cette métaphore avait produit sur elle les effets escomptés.

La métaphore est à la fois pédagogique et thérapeutique, elle permet de décloisonner la pensée mais aussi de déjouer subtilement le mécanisme des résistances au changement. A une personne inquiète, hésitante, très centrée sur elle-même et limitée par des ruminations du passé, nous pourrions par exemple suggérer :

> – *Quand on regarde devant soi, on repère mieux son cap ; en fait c'est ce qui permet d'avancer avec assurance.*

ou

> – *Pour conduire sa voiture, il est préférable de regarder plus souvent devant soi que dans le rétroviseur si l'on veut assurer sa protection et arriver à bon port.*

Ces messages indirects ont plus d'impact que des conseils injonctifs tels que :

> – *Pensez plus au futur au lieu de ressasser le passé*

ou

> – *Ayez davantage confiance.*

De même, à une personne qui s'est investie une dizaine d'années en analyse et qui perçoit tout sous l'angle négatif, on peut dire :

– Les théories deviennent parfois des édifices dans lesquels on se laisse enfermer, car tout y est bouclé.

Les métaphores contiennent cette énergie inestimable dont nous avons tous besoin pour nous motiver et nous ressourcer. Dire à quelqu'un :

– Faites un peu mijoter cette idée dans votre tête, elle devrait être encore meilleure

est beaucoup plus approprié qu'énoncer ce jugement critique :

– Votre idée n'est vraiment pas élaborée.

Nos expressions verbales ont un effet considérable sur les autres ; elles peuvent tout aussi bien faire surgir leur force que leur fragilité, leur motivation que leurs résistances.

Toutefois, les métaphores ne sont pas que des ornements rhétoriques ; les mots que nous employons au quotidien sont aussi des métaphores conventionnelles du réel qui structurent ce que nous percevons et la manière dont nous interagissons. Notre langage, à ce titre, est extrêmement « parlant ». Écoutons par exemple ce récit d'une discussion difficile et prenons en considération les métaphores employées :

– Il m'a sorti des arguments indéfendables ; j'ai démoli son argumentation ; je me suis battu jusqu'au bout. Il a fini par capituler car j'ai déjoué sa stratégie. Je l'ai attaqué là où il était démuni d'arguments. En fait, il a mal ciblé sa tactique…

N'est-ce pas là le récit d'une bataille ? Les mots choisis sont tous des métaphores guerrières. Mais imaginons maintenant le récit d'une autre personne pour laquelle la négociation est perçue comme une situation de coopération pour aboutir à un accord : les mots choisis seront nécessairement différents ; ils pourraient être des métaphores de la danse, de la construction ou de l'orchestration et nous entendrions un tout autre récit, comme par exemple :

> *– J'ai utilisé toutes ses objections pour orienter mon argumentation, j'ai tiré profit de ses arguments en adaptant les miens, et je lui ai emboîté le pas pour donner plus d'énergie aux matériaux que j'apportais. J'ai suivi le rythme de son raisonnement, j'ai exploré son point de vue, il a tenu compte du mien. En fait, nous avons su nous mettre sur la même longueur d'onde…*

Les métaphores que nous choisissons pour gérer et relater certaines situations orientent nos comportements comme elles les reflètent dans nos récits : elles conditionnent beaucoup les démarches que nous accomplissons, nos échecs et nos succès. C'est la raison pour laquelle il est intéressant d'explorer les métaphores que nous choisirions si nous devions décrire notre vie, les activités qui sont les nôtres, afin de prendre conscience de l'état d'esprit dans lequel nous les abordons.

LES EFFETS DU TRUISME

Le truisme est une forme masquée d'argumentation irréfutable : c'est l'énoncé d'une évidence incontestable. Le recours au truisme est fort utile lorsqu'on cherche à faire passer un conseil de manière indirecte. Toute son efficacité repose sur le fait que le truisme ne peut agresser l'interlocuteur dans sa logique, ni le menacer dans sa démarche. Par exemple, dire à quelqu'un, avant qu'il entre :

– Il y a une marche devant la porte

au lieu de dire

– Attention à la marche

place nécessairement l'interlocuteur dans un état d'esprit d'acceptation et dans une situation où il lui devient pratiquement impossible d'argumenter sur sa capacité de « faire attention ». Le truisme met l'autre dans une séquence d'acceptation et évite son opposition. Dans la mesure où le truisme ne peut faire l'objet d'un désaccord, l'interlocuteur ne peut pas le remettre en question.

Néanmoins, si l'on veut produire un effet positif dans le sens du changement, le choix du truisme doit toujours ménager l'autre et valoriser de manière indirecte son expérience personnelle. Ainsi, face à une personne qui a peur de passer à l'acte et de ne pas être à la hauteur, on pourrait dire :

– D'une manière générale, les choses sont difficiles avant de devenir faciles et évidentes

ou

– Seul le premier pas marque une avancée

ou

– C'est en forgeant que l'on devient forgeron.

Le truisme, parce qu'il relève de la communication indirecte, est beaucoup plus efficace qu'un conseil ou une injonction qui peuvent toujours être discutés parce qu'ils sont discutables. (!) Au même titre que la métaphore, le truisme sert à suggérer un conseil sans l'adresser directement à la personne concernée. Comme pour la métaphore, la force de son impact réside dans le fait qu'il incite l'autre à chercher et à découvrir « quelque chose » sans lui ôter l'initiative ni orienter son choix. Lorsqu'un truisme est accompagné d'une belle synchronisation, l'interlocuteur le rattachera spontanément à son problème et de lui-même réorganisera sa construction de la réalité.

17

ÊTRE UN TACTICIEN AUSSI RUSÉ QUE RESPECTUEUX

« CRUAUTÉ BIENVEILLANTE », TENDRESSE DE L'HUMOUR ET PROVOCATION

« Il y a des choses qui sont tellement sérieuses qu'il faut en rire » disait Niels Bohr, physicien et prix Nobel (1922). Les attitudes de compassion ou de bienveillance charitable, conventionnellement adoptées dans la relation d'aide traditionnelle, ne sont pas nécessairement thérapeutiques. La bienveillance comme la compassion peuvent masquer une certaine pitié, une certaine domination de l'autre ; aussi sont-elles susceptibles d'être interprétées par le patient comme une dévalorisation de sa personne : ceci peut renforcer l'image qu'il a de lui-même et nuire à l'émergence et à la mobilisation de ses ressources pour résoudre le problème. D'autre part ces attitudes traditionnelles de bienveillance peuvent révéler aussi la marque d'une identification et d'une projection. (On projette la propre peine sur l'autre ou on le charge de la peine que l'on a pour lui en plus de celle qu'il ressent lui-même. On peut également induire en lui un sentiment de peine qu'il n'aurait pas eu, etc.) Il y a en effet une « bonté » qui assombrit la vie. La « bonté » peut aussi se substituer à un manque d'engagement.

L'humour en revanche, utilisé dans un rapport d'estime et de respect pour l'autre, se révèle une attitude fort efficace en thérapie du fait qu'il conduit le patient à effectuer inconsciemment la distanciation nécessaire pour appréhender son problème.

L'exploitation de l'humour en thérapie revient à Franck Farrelly[10], qui a découvert ses vertus thérapeutiques. Ce thérapeute, qui s'inscrit dans la mouvance des thérapies brèves, se distingue tout particulièrement par la place de prédilection qu'il a donnée à l'humour et à la provocation dans son travail. Un hommage peut lui être aussi rendu pour avoir si élégamment exploité ce qu'il nomme la « cruauté bienveillante ».

Un jour, je reçois une femme fonctionnaire, la cinquantaine. Amélie, tel était son prénom, m'exposa ainsi son problème :

> *– Je suis inintéressante, on ne s'intéresse pas à moi quand je parle, et j'en souffre.*

Avant de lui répondre, je prends mon temps, j'adopte une attitude de grande réflexion, me gratte la tête avec un air très sérieux, comme si elle m'avait posé une colle ; je la regarde aussi de temps en temps ; elle attend impatiemment ma réponse ; je fais semblant de l'avoir à la bouche et d'hésiter à la dire, je me replonge alors dans mes réflexions… pour finalement lui déclarer, avec un air entendu et beaucoup d'humour tendre (alors que je ne la connais que depuis quelques minutes) :

> *– Depuis que j'exerce, je crois que je n'ai en effet encore jamais été confrontée à une personne aussi inintéressante* (tout en esquissant un léger sourire complice).

10. F. Farrelly, *La Thérapie provocatrice*, Actualisation, Montréal, 1989.

Elle me rétorque, complètement interloquée :

– Eh bien, je peux vous dire qu'on ne m'a encore jamais dit une chose pareille dans mes thérapies. C'est incroyable. Ah, je ne m'y attendais pas !

Je feins alors d'avoir commis une grave erreur (avec une position très basse de confusion) puis je lui réponds :

– Avouez tout de même qu'il était temps qu'on vous dise la vérité… Je n'allais pas vous rassurer en vous disant une fois de plus : « Mais non vous êtes intéressante. Ce problème, il est seulement dans votre tête. C'est un problème de manque de confiance. » Cela fait des années qu'on vous rassure et qu'on vous dit cela et… ça ne sert à rien. Parce que… Parce que… Je ne sais pas… Je pense que vous devez être surtout une sacrée bourrique. Voilà.

Beaucoup plus détendue, Amélie éclate de rire :

– Je pensais que cette séance se serait passée autrement.
– Ah, oui, vous voulez dire comme d'habitude. Ah… (Je feins d'être désolée)… *Et vous êtes déçue ?*
– Ah non, ça m'intéresse plutôt… Cela change.
– Que « ça » change, il est temps. Avouez ! Cela fait du bien de se moquer de soi, en tout cas, moi, j'ai remarqué que ça faisait beaucoup de bien. J'ai remarqué aussi qu'on changeait plus vite en se moquant de soi qu'en pleurant sur soi… Et vous ?

Amélie répond simplement par un délicieux sourire de complicité.

– Au fait, revenons au problème. Qui aimeriez-vous « aguicher », étonner ? De qui aimeriez-vous retenir l'attention ? Voyons cela. Réfléchissez !

J'ai employé le verbe « aguicher » pour la provoquer à nouveau et construire son désir de changement. Mon but était également de ne pas prononcer dans cette séance les mots « intéresser », « intéressante » qui auraient réactivé ses limitations : il ne s'agissait plus pour Amélie d'intéresser les autres mais de les aguicher, de les étonner, de retenir leur attention, etc. Elle avait buté trop longtemps sur ce verbe « intéresser » comme sur l'adjectif « intéressante ».

L'apport de Franck Farrelly m'a été très précieux en thérapie comme en formation. Il m'a appris à provoquer le rire et le « *sous-rire* » et m'a aidé ainsi à libérer des possibilités que je n'osais pas exploiter. La force motrice du rire, de l'humour et de la provocation pourrait être davantage utilisée dans le monde du travail comme dans celui de la vie quotidienne. L'humour détient cette vertu particulière d'ouvrir d'autres perspectives au regard que nous posons sur les choses et les situations ; il nous place en effet dans une position de dissociation et de choix ou « métaposition » qui apporte précisément ce recul nécessaire au sens critique et favorise par là des réactions plus appropriées. Proche de la provocation, l'humour vise à déclencher l'étonnement : la personne ainsi « provoquée » marque un temps d'arrêt pour appréhender différemment la situation et « se » regarder autrement elle-même. Il apporte donc cette distance psychologique nécessaire pour se dissocier d'une situation difficile afin de mieux la contrôler et d'y répondre de manière plus adéquate.

Le rire, pour certains patients, est un formidable déclencheur de motivation ; le plaisir qu'il sous-tend, la gaieté qu'il fait naître, les aident en effet à retrouver l'accès à leurs ressources et à mobiliser celles-ci. Parce que l'humour génère le rire et le sourire, il facilite cet état libérateur qui succède au lâcher-prise ; comme le rire, l'humour détend. De plus, lorsqu'une personne qui souffre apprend à rire d'elle-même, elle apprend simultanément à exploiter le fait de perdre la face, aptitude fort propice au développement personnel. Le fait de se moquer avec bienveillance peut être très efficace pour « contre-conditionner » l'apitoiement excessif sur soi-même. Lorsqu'une équipe ou une personne apprennent à rire d'elles-mêmes, elles développent simultanément leur maturité ; elles deviennent moins portées aux justifications et aux rationalisations, généralement contre-productives pour déboucher sur un changement.

Il y a bien sûr une restriction majeure à l'usage de l'humour : si l'on peut « ridiculiser » certains *comportements* et certaines interprétations, *la personne*, elle, *doit toujours être totalement respectée.* L'humour, pour être thérapeutique, ne doit jamais porter atteinte à la valeur de la personne. Il n'est approprié que pour tourner en dérision les comportements humains limitants et nuisibles.

Enfin, l'humour exerce une influence profonde sur notre perception de la réalité car il constitue un métarecadrage de la réalité que nous percevons comme problématique. Pour convaincre une personne ou un groupe de renoncer à des points de vue nuisibles et enfermants, il est souvent plus efficace de déclencher un rire ou un sourire que d'argumenter, de façon logique, sur la non-pertinence de leurs points de vue. Pour modifier le point de vue d'un interlocuteur, ne perdons pas vainement notre énergie à le combattre, nous risquons au contraire qu'il le renforce un peu plus. Il est beaucoup plus productif d'adopter volontairement la solution paradoxale, proche de l'humour, en renforçant son point de vue, c'est-à-dire, en fait, en le ridiculisant avec tendresse et bienveillance. Nous inciterons plutôt notre interlocuteur à pondérer son attitude au lieu de la défendre.

L'humour et la provocation sont ainsi de grands économisateurs de temps et d'énergie.

Prenons le cas d'un cadre, Pascal, excédé de ne pas être suivi par son collaborateur dans les lignes directrices qu'il lui donne :

– (Avec de la colère dans la voix.) *Je ne peux absolument pas compter sur mon adjoint. C'est une personne incroyablement influençable, une véritable girouette, il n'écoute que le dernier qui parle.*

– *Et j'imagine que... malheureusement... vous n'êtes jamais celui qui lui parle... en dernier ? Est-ce bien cela ?* (En grossissant aussi la voix.)
– *Là n'est pas le problème, je veux dire que cette personne est extrêmement influençable... C'est cela mon vrai problème.*
– (Long silence accompagné d'une attitude non verbale de grande concentration quelque peu ironique.) *Oui... je vois... C'est une personne très très influençable, mais... dommage... sur qui « néanmoins » vous n'exercez aucune influence... bizarre...*
– (Avec une attitude « entendue » et tout en réfléchissant.) *Oui... en quelque sorte... Mais je ne vois pas encore très bien où vous voulez en venir...*
– *Hum hum... C'est cela qui m'inquiète... Au fait, avez-vous, au moins été une fois la dernière personne dont il ait pris l'avis ?*
– *Non... Ça n'est jamais arrivé... C'est d'ailleurs logique ; lorsqu'il a un problème, il me consulte bien évidemment en premier. C'est ce qu'il doit faire...*
– *Hum hum...* (Avec un non verbal faussement dubitatif.)
– *Je ne suis pas la dernière roue du carrosse ; je suis son supérieur hiérarchique direct : il doit me consulter et m'aviser en premier. C'est évident... Vous ne pensez pas... ?*
– *Euh... Cela reste complexe... Difficile de vous répondre tout de suite : je ne sais pas encore* (sourire visible comme s'il y avait réelle complicité). *Qu'est-ce qui est le plus important pour vous : qu'il suive vos conseils et directives ou qu'il vous consulte en premier ?*
– (Silence appuyé d'un sourire tout à la fois exprimé et masqué.) *Le plus important, c'est que mes conseils et mes directives soient suivis d'effet...* (Long silence que je laisse s'exprimer.) *Voulez-vous dire que je devrais lui demander de me consulter à la fois en premier et en dernier ?*
– *Cela pourrait être en effet une solution. Moi c'est ce que je ferais ; je lui dirais sans méchanceté mais avec humour : « Monsieur Martin, finalement, je préférerais que vous me consultiez deux fois. Ce sera plus efficace pour nous : une fois*

en premier, et vous réfléchirez de votre côté, puis une dernière fois avant de mettre les choses en œuvre. » Qu'en pensez-vous ? Mais est-ce possible... Quels sont précisément les contextes où cette solution serait particulièrement appropriée, à votre avis ?

Après cette étape, gentiment provocatrice, j'ai exploré les stratégies de communication de Pascal tout en lui suggérant d'autres manières d'interagir avec son collaborateur. L'humour avait servi à recadrer l'énoncé du problème pour le replacer dans un cadre plus opérationnel : son contexte interactionnel. Pascal, ayant changé d'attitude, pouvait envisager plus facilement d'autres solutions qu'il n'avait pu mettre en œuvre, vu sa perception initiale du problème. Nous lui avons indirectement signifié l'inadéquation de l'énoncé du problème et c'est de lui-même, peu à peu, qu'il en est venu à appréhender différemment la situation et à percevoir qu'en fait la question n'était pas de chercher à corriger les comportements de son collaborateur mais de rechercher des solutions stratégiques qui lui permettent de mieux exercer son influence et d'asseoir son autorité..

MAÏEUTIQUE, L'IRONIE SOCRATIQUE

L'ironie socratique n'a rien à voir avec la moquerie ; elle est un modèle d'interrogation. Si vous reprenez le style des entretiens cités dans ce livre, vous vous apercevrez que presque tous s'appuient sur le schéma du dialogue socratique. Celui-ci constitue une source précieuse d'inspiration ; il est une pédagogie du savoir créateur.

Le but de Socrate, dit-on, était d'éveiller et « d'accoucher les âmes du savoir préformé qu'elles portent en elles ». Pour Socrate en effet, la souffrance était liée au fait que l'homme se trompe dans sa perception de la réalité. L'ironie socratique consiste, par des questions adroites, à mettre en évidence à la fois les ressources de la personne mais aussi ses conceptions erronées qui lui portent préjudice. Cette méthode socratique s'harmonise parfaitement avec l'approche ericksonienne qui consiste, elle aussi, à accepter et à utiliser systématiquement les réponses des patients, quelles qu'elles soient, pour les accompagner plus vite vers le changement souhaité. Le modèle du dialogue socratique est structuré de la manière suivante :

> *– Ah bien, c'est ce que vous pensez… Prenons cette idée comme point de départ et voyons où elle nous mène. S'il en est comme vous venez de le dire, il s'ensuit que...*
> *– Certes, dit l'autre, évidemment...*
> *– Et s'il en est comme vous le dites, alors s'il s'ensuit que… ?*
> *– Oui, certainement.*
> *– Mais attention, nous avons pourtant dit… Est-ce qu'il ne s'ensuivrait pas… Et si nous envisagions… Faisons comme si...*
> *– Oui, c'est clair.*
> *– Et, de cela, il s'ensuit que…*

La pédagogie de Socrate s'articulait en fait sur le mode du recadrage : tout en suivant attentivement le fil conducteur de son élève, tout en accouchant le cadre de référence sur lequel il s'appuyait, il réorientait imperceptiblement son disciple dans une autre direction si celle-ci s'avérait plus efficace pour lui et moins erronée.

LA DOUBLE CONTRAINTE LIBÉRATRICE

La double contrainte est particulièrement intéressante à exploiter en thérapie, pour sortir le patient de son impasse et provoquer le changement souhaité en le plaçant dans un contexte où il ne peut qu'être gagnant. Elle s'effectue le plus souvent par la « prescription du symptôme » : on prescrit au patient de faire ce qu'il fait déjà. Erickson comme les thérapeutes de l'École de Palo Alto en ont fait largement usage. En exploitant de manière privilégiée les symptômes de leurs patients, ils leur rendaient encore plus ennuyeux le fait de les conserver que de les abandonner. Prenons, par exemple, une personne qui s'oppose systématiquement : il sera très approprié de lui prescrire de résister à ce qu'on lui demande de faire en lui disant par exemple :

– D'ailleurs, vous allez me dire « non ».

Cela risque de provoquer une totale confusion. Que lui reste-t-il en effet comme choix ? Soit elle n'obéit pas à cet ordre et le but recherché est atteint, soit elle s'y soumet mais le but est également atteint. Cette stratégie est paradoxale dans la mesure où le fait de demander au patient de résister revient à ce qu'il obéisse. Elle s'appuie sur une contradiction à la fois subtile et invraisemblable qui consiste à placer le patient dans une alternative illusoire. Erickson a merveilleusement montré combien la double contrainte thérapeutique se révèle puissante et fertile pour libérer le patient de sa souffrance : en effet, que celui-ci y obéisse ou qu'il n'y obéisse pas, il pourra se libérer de son symptôme.

La double contrainte thérapeutique s'apparente à la technique du Kôan dans le Zen dont nous avons déjà parlé, dans la mesure où le kôan est un thème, une proposition ou une question qu'on donne à résoudre à l'élève et dont la solution doit le conduire, sous l'effet de la confusion mentale recherchée par son maître, à accéder à un niveau supérieur de sagesse pour se libérer. La communication hypnotique selon Erickson est fondée sur le même principe.

L'ALTERNATIVE ILLUSOIRE

L'illustration la plus répandue de l'alternative illusoire est celle du « Pile-tu-gagnes, face-je-perds » ou du « Pile-je-gagne, face-tu-perds ». Dans le premier cas l'interlocuteur gagnera à tous les coups, dans le second il perdra à tous les coups, mais, dans les deux cas, on s'en remet au sort ! La publicité, le marketing téléphonique, comme la propagande politique exploitent énormément cette tactique consistant à donner l'illusion d'un choix. Évoquons à ce sujet la célèbre affiche des nazis en 1938 : « Le national-socialisme ou le chaos bolchévique », slogan que des mains anonymes avaient lucidement traduit par : « Patates ou pommes de terre »...

On l'utilise en thérapie lorsque l'on veut amener un interlocuteur à choisir entre deux solutions qu'il aurait sans hésitation rejetées si elles avaient été proposées séparément, à deux moments différents. L'illusion de l'alternative réside dans le fait qu'il n'y a pas de différence entre les deux propositions car toutes deux contribueront à atteindre l'objectif de changement souhaité ; de plus, la personne est placée de telle sorte qu'elle ne peut refuser l'une qu'à condition d'accepter l'autre. L'alternative illusoire repose sur l'exploitation utile du « tertium non datur » (« il n'est pas donné de troisième élément ») à la base de la logique aristotélicienne : elle oblige la personne à osciller entre deux solutions dont la prétendue différence n'est qu'une illusion, tout en imposant un choix entre les deux, mais un choix illusoire. Ainsi, quel que soit son choix, la personne adoptera le comportement adéquat pour elle. L'alternative illusoire est aussi particulièrement opérante pour induire un état hypnotique :

> *– Vous pouvez choisir maintenant de vous concentrer sur les bruits qui vous entourent ou sur les sensations de votre jambe droite.*

Dans les deux cas la personne polarise son esprit conscient, ce qui concourt à l'état hypnotique visé. Cette technique est largement utilisée dans la communication hypnotique : en disant, par exemple :

– *Je ne sais pas si vos paupières vont s'alourdir ou se fermer*

nous focalisons l'attention de notre interlocuteur sur les sensations de ses paupières, ce qui le conduit à changer d'état de conscience.

L'alternative illusoire est aussi très efficace dans l'éducation des enfants, pour provoquer leur obéissance salutaire, particulièrement lorsqu'ils abordent la phase rebelle des systématiques « non », des « je ne sais pas » stratégiques ou encore des « je ne veux pas ». Elle permet d'affirmer subtilement son autorité, sans fatigue car sans rapport de force. Pour reprendre un exemple d'Erickson, on peut demander à un enfant qui rechigne à aller se coucher :

– *Que choisis-tu ? Te coucher un quart d'heure après huit heures ou un quart d'heure avant huit heures ?*

Je l'utilise souvent dans mes séminaires, lorsque je demande aux participants s'ils préfèrent passer aux exercices avant ou après la pause ou encore s'ils préfèrent s'entraîner en grand groupe ou en sous-groupes ! Comme le souligne Paul Watzlawick : « Ce n'est pas l'affaiblissement – par ailleurs effectif – de nos facultés critiques qui rend possible l'illusion, mais bien cette illusion de l'alternative qui bloque les facultés critiques et analytiques de l'hémisphère gauche. »

De la même manière, face à des clients en thérapie qui s'enlisent dans des monologues toxiques pour eux, je prends fréquemment le parti de les interrompre pour leur demander s'ils préfèrent, dans notre entretien, que je leur pose des questions ou que je leur réponde : c'est une manière implicite de reprendre en main l'intervention tout en stoppant les conditionnements issus de la thérapie classique. De même, si l'animateur d'une réunion veut stopper une discorde improductive, il peut placer les interlocuteurs dans cette alternative illusoire en leur demandant :

– Est-ce qu'on interrompt la réunion maintenant ou est-ce qu'on met en pratique une autre méthode de négociation ?

LA MISE EN ATTENTE

La tactique de la « mise en attente » consiste à mettre l'interlocuteur dans l'expectative de quelque chose de plus à intégrer... Elle vise à le préparer à recevoir l'information avant de la lui révéler. Erickson utilisait fréquemment cette technique en l'articulant de la façon suivante :

– Il y a quelque chose que vous savez, mais sans savoir que vous le savez... Quand vous saurez ce que vous savez ne pas savoir, alors vous aurez peut-être la clé de l'issue qui... vous manque...

Ma fille, débutante dans l'enseignement, me raconta qu'elle mit à profit cette technique et avec succès : un jour où elle n'arrivait plus à obtenir l'attention de sa classe, elle annonça à ses élèves âgés de quatre ans environ :

– Je crois que je ne vais pas vous raconter ce que j'avais l'intention de vous apprendre aujourd'hui. Je préfère vous en parler une autre fois, car je sais que vous ne réussirez pas à faire silence

et c'est trop dommage de vous priver de ce qui pourrait être intéressant pour vous.

Et simultanément elle adopta un comportement non verbal de tristesse qu'elle prolongea quelques instants... La classe commençait à se calmer lorsqu'un petit élève lui dit :

– Maîtresse, mais combien de temps tu vas bouder ?

Ne s'attendant pas à cette réaction, elle se retint de rire, tout en jubilant intérieurement, et répondit sur le même registre que l'élève :

– Je ne sais pas...

Aussitôt le silence dans la classe se fit total : les enfants étonnés étaient bien mis en attente, c'est-à-dire mis en condition pour entendre ces choses intéressantes...

LA DISSOCIATION OU MÉTAPOSITION

De même que le poisson ignore qu'il vit dans l'eau tant qu'il n'en est pas sorti, notre regard est généralement plus perspicace lorsqu'il appréhende les problèmes des autres. Lorsqu'une personne expose son problème, elle est le plus souvent associée à celui-ci, ce qui lui ôte tout recul pour l'appréhender dans toutes ses dimensions. Celui qui l'écoute attentivement est généralement dissocié du problème, il n'est pas en contact avec la *dimension émotionnelle* du problème et donc il n'est pas régi par elle. En se plaçant en métaposition, il favorise l'écoute et l'observation de son interlocuteur. La dissociation est aussi l'une des techniques de base de la thérapie brève pour mettre le patient en dehors de son expérience et le dissocier de ses émotions limitantes. Le but est de modifier son expérience subjective du problème pour qu'il puisse l'envisager avec un nouveau regard et sous un angle élargi. Cette technique, qui vise à faire passer l'interlocuteur du rôle d'acteur-victime à celui de spectateur-critique, va lui permettre de décrire de manière plus lucide son problème sans pour autant le revivre. Bien des techniques permettent l'établissement de cette dissociation, mais la pratique de l'hypnose eriksonienne est au cœur de ce processus.

Une technique simple (facilement transposable dans la vie courante) pour dissocier un patient de son problème consiste à lui proposer d'être le scénariste de sa situation problématique : ainsi je lui indique un écran imaginaire sur un des murs de la pièce où nous sommes ; puis je lui demande de projeter le problème sur l'écran et de décrire précisément tout ce qui se passe sur cet écran. Nous devenons ensemble les spectateurs du film que nous prendrons soin de commenter dans ses moindres détails. Dans une deuxième étape, si c'est nécessaire, je placerai sur un autre écran imaginaire le scénario de la situation, mais cette fois, résolue. D'une manière générale, cette intervention est très dynamisante, d'autant plus qu'elle est ludique et généralement fortement teintée d'humour ; elle est aussi vécue d'autant plus « confortablement » que la créativité du patient a été largement stimulée.

L'ART DE LA CONFUSION

Sans nul doute, Milton Erickson fait figure de modèle d'excellence dans l'exercice de l'art de la confusion. La pratique de la confusion est notamment appropriée pour les personnes dont le cerveau gauche est particulièrement développé : celles-ci ont en effet une forte propension à intellectualiser et à rationaliser les choses dans leurs moindres détails. La tactique de la confusion va consister à les abreuver d'un galimatias d'explications pseudo-logiques extrêmement complexes et particulièrement indigestes, ou à faire allusion à des faits absolument sans importance et sans lien en termes suffisamment compliqués, ampoulés et déroutants, pour que l'interlocuteur soit en état de confusion réelle. C'est une manière de préparer le terrain : elle a pour but d'obliger l'interlocuteur à réorganiser son expérience d'une manière différente de ses habitudes. Poser par exemple cette question tout aussi complexe qu'imbécile :

– Etes-vous sûr de ne pas être sûr de ce que vous dites ?

embrouille le patient, le surprend et le fait sortir des sentiers battus. L'objectif de la confusion mentale est de saturer l'activité du cerveau gauche par une mise au défi de ses compétences ou encore de le « choquer » en le provoquant : par exemple en déformant volontairement des maximes ou des aphorismes bien connus ; par exemple : « Il n'y a que le deuxième pas qui compte » ou « L'occasion fait le laron », etc. Cette technique de la confusion, qui permet de prévenir ou de contourner les résistances au changement, se révèle également très efficace lorsque nous sommes en présence d'interlocuteurs qui écoutent peu ou qui anticipent et déduisent d'avance ce qui pourrait leur être répondu.

A l'inverse, on peut aussi générer de la confusion mentale en énonçant quelque chose d'extrêmement banal et superficiel ; par exemple le fait de dire :

– Le chiffre 25 précède le 26 qui lui-même succède au 25… Nous sommes bien le 25 aujourd'hui.

va conduire notre interlocuteur à penser : « Mais pourquoi m'énonce-t-elle cela ? Ça doit avoir du sens, être beaucoup plus important que cela en a l'air. » Ainsi crée-t-on chez lui un état d'interrogation qui va brouiller les pistes de ses explications improductives et générer également un état d'attente propice pour provoquer du changement. La personne en état de confusion cherche en effet à se raccrocher à quelque chose de clarifiant et de compréhensible et c'est alors qu'on peut aborder les données concrètes du problème.

La confusion, telle que l'a pratiquée Erickson – et telle que la pratique Farrelly – tient une place privilégiée dans la communication hypnotique. Les tactiques pour produire la confusion sont nombreuses : jouer sur une incohérence entre les deux langages, verbal et non verbal, énoncer une série de truismes tels que :

> *– Vous êtes ici dans ce fauteuil à ma gauche et je suis assis dans cet autre fauteuil à votre droite.*
> *– Votre bras droit peut être plus ou moins lourd... des sensations se produisent dans notre corps en permanence. Une partie de vous y est attentive sans que vous en ayez conscience, tout à fait, maintenant... Cela peut être intéressant d'explorer ces différentes sensations et d'en faire l'expérience, maintenant ou alors bientôt.*

LA DÉMARCHE DU « COMME SI »

L'élément « thérapeutique » de cette démarche réside dans la situation qu'elle crée. La tactique du « comme si » ne s'oppose pas à la réalité ; son but est de la féconder en encourageant simplement la personne à se fabriquer mentalement une réalité différente, « juste pour voir », mais cette représentation mentale induit à son tour des modifications sur les plans intellectuel, émotionnel et physiologique. Cette pratique est naturelle chez l'humain ; les enfants l'emploient couramment et de manière lucide dans leurs apprentissages ludiques. Les adultes aussi agissent sur le mode du « comme si » beaucoup plus qu'ils ne le croient mais ils le pratiquent, paradoxalement, de manière moins consciente et souvent moins pragmatique que les enfants. Combien de fois agissons-nous sur la base de suppositions fictives, limitantes, admises sans preuves ! Le risque que nous courons alors est de voir vérifier aussi les suppositions (nos « comme si ») qui bloquent nos possibilités d'action. Le fait de supposer, par exemple, que notre interlocuteur est de mauvaise foi nous conduit, à notre insu, à nous comporter comme s'il l'était réellement et c'est ce qui précisément entravera et détériorera notre relation avec lui.

Les formateurs en négociation commerciale donnent fréquemment à leurs participants des conseils sur le mode de « comme si » constructifs : « Comportez-vous, disent-ils, comme si votre interlocuteur vous était *a priori* favorable ! » De même, lorsque des parents nous consultent parce qu'ils ne parviennent plus à exercer leur autorité, il nous arrive de leur montrer comment parler à leurs enfants « comme s'ils s'adressaient à des adultes responsables ». De même, lorsqu'un de mes interlocuteurs se perd dans un récit interminable de pseudo-explications, je lui coupe parfois la parole et lui déclare :

> *– Faites comme si ce problème était résolu et dites-moi ce qui se passerait de différent pour vous.*

La technique du « comme si » figure, à cet égard, dans la panoplie des bons outils de motivation, car elle amène irrésistiblement l'interlocuteur à imaginer et à déjà vivre les satisfactions que lui apportera la résolution de son problème. Face à une personne qui a une image dévalorisante d'elle-même, la question :

> *– Faites comme si vous aviez déjà complètement changé…*
> *Qu'obtenez-vous comme nouvelles satisfactions dans votre vie ?*

est particulièrement féconde pour l'amener à découvrir et à projeter le futur qu'elle désire. De même, à quelqu'un d'empêtré dans une situation relationnelle difficile, on peut suggérer :

> *– Faites comme si vous étiez X, cette personne à qui vous reconnaissez de vrais talents de communication ; comment, alors, vous comporteriez-vous ?*

ou encore, face à une mère tyrannisée par sa fille :

> *– Comportez-vous comme si votre fille avait surtout besoin d'être rassurée.*

En suivant ce conseil, elle aura de fortes chances de constater que sa fille se comporte de manière plus conciliante avec elle, son changement d'attitude ayant modifié la nature de leur relation.

FAIRE ENVISAGER LE PIRE

Le fait de demander à une personne d'envisager le pire vise moins à le faire parler de ses craintes effectives qu'à lui permettre d'imaginer les conséquences les plus désastreuses, les plus irrationnelles et les plus improbables auxquelles son problème pourrait éventuellement le faire aboutir, s'il ne changeait pas sa manière de faire. Par exemple dans une situation de couple détériorée, l'épouse peut répondre :

> *– Je pense que, si ce problème persiste, nous devrons mon mari et moi nous séparer.*

Ce à quoi le coach ou le thérapeute peut répondre :

> *– Non, je vous demandais d'être irrationnelle…*

En fait, il a habilement obtenu la réponse-clé, c'est-à-dire la mise au jour des conséquences que son interlocutrice redoute. Car cette épouse, qui anticipe ce dénouement, multiplie en effet les risques de l'induire et d'y aboutir par ses propres comportements.

Nous utilisons également la « tactique du pire » pour bien mettre en lumière ces deux définitions du gagnant et du perdant : *un gagnant est celui qui sait ce qu'il fera s'il perd, tandis qu'un perdant est celui qui sait ce qu'il fera s'il gagne*... A la différence du perdant, le gagnant anticipe l'échec, ainsi peut-il préparer ses solutions de rechange ; alors que le perdant, qui n'ose anticiper l'échec, ne peut prévoir aucune solution de rechange, et c'est la raison pour laquelle il envisage la situation avec un maximum d'appréhension : l'échec est tellement redouté, la situation devient tellement stressante qu'il se place dans un état d'esprit qui limitera l'accès à ses ressources.

LE QUESTIONNEMENT CIRCULAIRE

Le questionnement circulaire est une tactique particulièrement bien adaptée à la gestion des conflits. Nous l'approfondirons au chapitre 22 sur les conflits. Plutôt que de demander à chacun de décrire son problème, nous leur demandons à chacun de présenter le point de vue de l'autre sur la situation conflictuelle :

> *– Monsieur, si votre femme n'était pas avec nous, comment décririez-vous le problème, selon son point de vue ?*

et nous demandons à l'épouse de se taire pendant l'exposé de son mari ; nous poserons ensuite la même question à l'épouse avec la même consigne qu'au mari. Pendant les présentations respectives, nous mettons systématiquement en lumière les points d'accord, manifestés par celui qui écoute tandis que nous notons les points de désaccord sans les aborder dans cette première phase.

Cette tactique est efficace à plusieurs titres : elle oblige pour une fois les deux interlocuteurs à s'écouter mutuellement, très attentivement ; elle leur permet aussi d'élargir simultanément leurs angles de vue respectifs ; enfin elle les place alternativement dans une attitude de réelle empathie, car chacun doit se mettre à la place de l'autre. Cette méthode impose à chacun de se dissocier de son propre point de vue pour s'associer à celui de l'autre, au moins momentanément, pour pouvoir en faire la description. Le fait que chacun des protagonistes sente son point de vue compris, même s'il n'est pas partagé par le partenaire, est une étape indispensable à accomplir pour créer un désir mutuel de modifier certains comportements.

Mais cette technique reste encore valable lorsque nous l'utilisons en présence d'un seul interlocuteur ; par exemple face à un enfant qui a des problèmes avec ses parents on demandera :

> – *Mets-toi à la place de ton père, fais comme s'il était seul avec moi ici ; imagine ce qu'il me dirait.*

On rejoint ici la tactique du « comme si ».

PRESCRIRE LE SYMPTÔME, ENCOURAGER LA RÉSISTANCE

C'est une tactique dont nous avons déjà parlé au cours de cet ouvrage. Selon Paul Watzlawick, le fait de prescrire le symptôme représente aussi un moyen de « contourner ou de bloquer la censure logique et analytique de l'hémisphère gauche » pour s'adresser directement à l'hémisphère droit. Cette technique fortement utilisée par les praticiens de l'École de Palo Alto a parfaitement montré à quel point il est plus efficace de prescrire un symptôme que de le combattre, ce qui a déjà été mille fois tenté, sans succès, par la personne concernée. La prescription du symptôme, je le rappelle, vise à empêcher le comportement qui perpétue le problème. Elle peut s'exprimer sous différentes formes : celle d'une double contrainte libératrice, celle d'un recadrage, ou celle d'une alternative illusoire. Soulignons toutefois que la performance de la prescription du symptôme dépend essentiellement de la qualité de la relation thérapeutique et de la manière dont elle est communiquée : elle impose au prescripteur d'utiliser scrupuleusement le langage de son interlocuteur comme sa représentation de la réalité. Par exemple, à une personne qui a du mal à s'endormir parce qu'elle s'oblige précisément à dormir, on pourra prescrire de lutter contre le sommeil, en s'obligeant à garder les yeux ouverts dès qu'elle sentira ses paupières s'alourdir, ou à poursuivre sa lecture même si elle éprouve toutes les manifestations du sommeil.

La prescription du symptôme est utilisable dans d'innombrables circonstances de la vie quotidienne : un jour, je me promenais dans la forêt avec Christophe, un petit garçon de cinq ans ; nous discutâmes très agréablement jusqu'au moment où il a trébuché et s'est égratigné le genou. Il s'est alors mis à pleurer très fort car il avait mal. Je lui ai dit :

> *– C'est normal que tu pleures car tu as très mal, ça m'est déjà arrivé à moi aussi et je sais que tu vas pleurer pendant au moins dix minutes encore.*

Au bout d'un court instant, Christophe cessa de pleurer et me déclara d'un air enjoué et narquois :

> *– Tu sais, je n'ai plus mal !*

Je lui répondis comme si j'étais furieuse d'être démentie :

> *– Non, ce n'est pas possible, tu mens ; je sais très bien que c'est obligatoire de pleurer au moins dix minutes.* (Represcription indirecte du symptôme.)

De toute sa hauteur, Christophe rétorqua alors sur un ton de défi :

– *Eh bien toi, c'est pas pareil que moi !*

Pour finir, je lui avouai qu'il devait être sans aucun doute beaucoup moins douillet que moi…

LE SABOTAGE BIENVEILLANT, EMPRUNTER LE SYMPTÔME DE L'AUTRE

Lorsqu'une personne ne parvient pas à obtenir un changement de comportement chez une autre, la tactique du sabotage bienveillant peut être une solution fort efficace. Prenons l'exemple de Christine qui voulait obtenir de sa fille, Martine, qu'elle soit plus ordonnée. Je lui suggérai d'inverser la nature complémentaire de la relation avec sa fille où elle prenait bien sûr systématiquement la position haute. Cette position dans laquelle elle s'était figée était parfaitement inefficace pour obtenir ce qu'elle souhaitait. Elle avait, au contraire, tout intérêt à adopter la position basse pour ainsi mieux influencer sa fille et maîtriser la situation. Cette tactique de la position basse, vous vous en souvenez, revient à déplacer le symptôme, et ici, à prescrire le symptôme de la fille à la mère. Christine allait emprunter le comportement de Martine : elle allait mettre du désordre, plus, encore mieux que sa fille ! Laisser traîner des objets un peu partout voire les ranger dans des endroits incongrus (et notamment dans la chambre de sa fille), se tromper dans ses lessives (mettre de préférence à la machine le linge propre et laisser les affaires sales s'empiler sur le fauteuil de la chambre de Martine), etc. Ces comportements de sabotage devaient être poursuivis jusqu'à ce que sa fille intervienne pour se plaindre et lui fasse enfin la leçon, à savoir adopter les comportements de sa mère. Mais lorsque

Martine « râlerait », la mère devrait prendre la position basse : s'excuser de ses erreurs et surtout se justifier (comme sa fille le faisait) ; rétorquer, par exemple, qu'elle avait de plus en plus de mal à distinguer le linge propre du linge sale, ou bien qu'elle n'avait pas eu le temps de faire attention et même lui « avouer » que le désordre, finalement, ne lui était plus aussi gênant qu'auparavant. Et, si Martine amplifiait ses critiques, elle devrait s'excuser encore plus platement en disant qu'elle ne l'avait pas fait exprès ou qu'elle avait été distraite... tout en affirmant qu'elle allait « essayer de faire de son mieux » sans évidemment jamais y parvenir...

Cette tactique d'emprunt du symptôme de l'autre se révèle tout aussi pédagogique que thérapeutique : elle responsabilise indirectement mais sûrement l'auteur du comportement nuisible. Dans notre exemple, la tactique de Christine visait à amplifier le problème du désordre de telle sorte qu'il gêne réellement sa fille. Martine ne pouvant plus compter sur l'aide de sa mère, n'avait plus qu'une solution : prendre en charge elle-même l'ordre de sa chambre et la gestion de ses propres vêtements.

Nous recommandons souvent cette tactique aux personnes qui vivent avec des dépressifs et qui, en voulant les aider, aboutissent malheureusement à l'inverse de ce qu'elles espéraient obtenir. Elles essaient de les soutenir, de leur répéter que la vie n'est pas aussi noire qu'ils le pensent ; elles leur disent de réagir au lieu de se laisser aller, de sortir, plutôt que de s'enfermer... Or, tout cela enfonce le déprimé dans sa position basse, ce qui précisément constitue le problème du dépressif. La méthode de la préemption du symptôme, visant à emprunter les symptômes de l'autre, peut être très judicieuse et fructueuse. Prendre les comportements d'un proche dépressif : se plaindre comme lui d'un manque de motivation et de désir, exprimer un certain découragement à ne pouvoir prendre en charge ce qu'on devrait assumer, soupirer d'une lassitude permanente et surtout refuser et s'irriter de ses conseils, etc., en résumé, prendre une position encore plus basse que lui, aboutit généralement à un sursaut de sa part. Lassé de nos « jérémiades », agacé par nos discours et attitudes, il finit par réagir, s'insurge et nous inflige précisément nos leçons et conseils de naguère. Mais, dans ce nouveau cadre, le déprimé prend la position haute, celle dont il avait précisément besoin pour sortir de sa passivité. Tout se passe alors chez lui au niveau inconscient, c'est-à-dire au niveau le plus approprié pour provoquer un changement.

METTRE EN COURT-CIRCUIT

Il s'agit là d'un court-circuit particulier car il sert à éviter l'incendie : le but est de briser les schémas répétitifs qui enferment nos interlocuteurs dans des situations bloquantes ou dans des escalades relationnelles périlleuses. Face à deux personnes engagées dans un « jeu sans fin », une manière de court-circuiter leurs interactions consiste à attirer leur attention sur un niveau unique d'activité dans le but d'interrompre des modèles répétitifs de comportements nuisibles ou de déjouer le rouage stérile de leurs jeux relationnels. Face à un conflit entre amis on pourrait par exemple dire à l'un des deux :

> – *C'est curieux comme à l'instant tes lèvres ont diminué d'épaisseur*

ou leur demander

> – *Avez-vous entendu ce bruit bizarre ?*

De même, lorsque des personnes, au cours d'une réunion, se noient dans des discussion hors sujet, le fait de leur demander :

> – *Avez-vous vu l'heure qu'il est ?*

ou

– A quelle heure la réunion doit-elle se terminer ?

marquera un arrêt dans le processus. Une autre tactique rapportée du Japon consiste, lorsqu'un désaccord mène à une impasse, à stopper la réunion sur le constat du désaccord et à demander à chacun de réfléchir posément, de son côté, à une autre solution susceptible d'aboutir à un accord. Le premier qui aura trouvé est alors chargé de convoquer les autres à une nouvelle réunion pour en débattre. L'intérêt supplémentaire de cette méthode réside dans le fait qu'elle permet de passer de la « compétition dialecticienne pour le combat » à une « mise en compétition pour l'accord ». La ruse de ce recadrage de contexte est particulièrement appropriée pour les situations de management conflictuelles.

LA TACTIQUE DE LA PRÉEMPTION

La tactique de la préemption vise à anticiper les objections et les critiques que pourrait nous opposer notre interlocuteur ; elle permet aussi d'exploiter les résistances que risquent de nous opposer certains patients rebelles pour passer à l'acte. Ainsi peut-on leur dire :

– J'ai bien une idée simple de solution mais je pense qu'elle ne vous conviendra pas ; vous allez la trouver stupide et sans intérêt et vous n'aurez aucune envie de la retenir pour vous en servir.

Puis on fait silence, aussi longtemps que l'autre ne réagit pas. L'interlocuteur, pris au gentil piège, s'empresse généralement de chercher à connaître l'idée ; mais bien évidemment, on se fera vraiment prier avant de la lui révéler. On stimule ainsi sa curiosité tout en hypothéquant sa résistance et son objection éventuelle. Parce qu'on lui a dit auparavant qu'il trouverait cette proposition stupide et sans intérêt, on désamorce le comportement redouté et, paradoxalement, on l'incite à juger la proposition beaucoup moins stupide que prévu... Cette technique est d'autant plus efficace qu'elle est conjuguée avec celle de la « mise en attente » et qu'elle s'emploie avec finesse et délicatesse.

La tactique de la préemption est bien connue des négociateurs chevronnés, qui devancent leurs interlocuteurs en exprimant précisément eux-mêmes les objections qu'ils redoutent plutôt que de les leur laisser formuler : ils se trouvent ainsi dans une position plus favorable pour amener leurs vis-à-vis à les pondérer puisqu'ils n'ont plus besoin de se défendre pour les contourner ou les éliminer.

Sixième partie

L'APPLICATION DANS LA RÉSOLUTION DE PROBLÈME

18

EXAMINER, CLARIFIER OU REDÉFINIR L'ÉNONCÉ DU PROBLÈME

Cette partie se propose de répertorier les différentes étapes de la conduite du changement : aider l'interlocuteur à clarifier son problème de telle sorte qu'il soit possible à résoudre ; explorer avec lui les solutions tentées qui ont participé à maintenir le problème ; construire son désir de changer en projetant le futur souhaité ; exploiter ses ressources et la fonction utile de ses résistances. Toutefois, selon la nature du problème, le profil de la personne concernée, un conseil direct, un simple recadrage ou une tactique indirecte d'intervention peuvent s'avérer suffisants pour obtenir le changement souhaité.

Les difficultés rencontrées pour provoquer le changement peuvent résulter de problèmes qui ont été mal posés au départ par vos interlocuteurs ; elles peuvent provenir encore du fait que vous ne savez comment mobiliser vos interlocuteurs démotivés ou très résistants qui ne savent pas concrètement comment formuler ce qu'ils désirent. Il s'agira alors de construire avec eux ce désir en les aidant à clarifier un objectif de changement réaliste, il faudra ensuite rassembler leurs ressources et les moyens à mettre en œuvre, déterminer les apprentissages qu'ils auront à acquérir, tout en mobilisant les ressources précieuses incluses dans leurs résistances, en vue du changement souhaité.

Problème posé →	**Examen de l'énoncé** **Clarification et redéfinition**	→ *Problème à résoudre*

La manière dont votre interlocuteur pose son problème vous indique simultanément les limitations qu'il s'est créées et comment elles l'empêchent de le résoudre. Nous masquons souvent nos objectifs et nos désirs de changement en exprimant à la place des plaintes vagues et des problèmes mal cernés. Dans cette première phase de clarification, vous cherchez à recueillir les données factuelles de son problème de façon à repérer les opérations mentales, les suppositions, interprétations et déductions qui ont contribué à son édification. L'énoncé du problème est capital : s'il est mal posé, il peut rendre le problème insoluble.

Mais votre interlocuteur peut aussi inconsciemment s'être approprié un problème qui ne le concerne pas : il s'agira alors de vérifier si ce problème n'en cache pas un autre et de lui apprendre à délimiter, de manière plus lucide, son territoire de responsabilité.

Voyons les différents cas de figure les plus fréquemment rencontrés.

L'ÉNONCÉ DU PROBLÈME EST VAGUE

Le premier obstacle à la résolution d'un problème réside dans son énoncé. Lorsque votre interlocuteur énonce de manière abstraite et vague son problème, il en grossit tellement l'étendue qu'il en perd de vue les limites. Nous sommes très souvent confrontés dans notre vie professionnelle à ce genre de difficultés, que dénotent bien les affirmations suivantes : « La réanimation, il n'y en a que pour eux ! » ; « Il y a un problème de motivation dans mon département » ; « Dans notre service, les gens sont irresponsables... » comme en thérapie : « Je suis angoissé en permanence » ; « Je suis déprimé » ; « Je vis mal »... Ce sont précisément ces énoncés vagues et globaux qui, rendant les problèmes insolubles, amènent les organisations à faire appel à des consultants extérieurs et les individus à entreprendre une thérapie.

L'efficacité de la conduite du changement reposera sur le soin pris à redéfinir le problème de manière claire et précise pour le rendre susceptible d'être résolu, soluble, et ainsi le résoudre et le dissoudre.

Tout d'abord, il s'agit d'aider votre interlocuteur à contextualiser son problème, en lui demandant de décrire concrètement les situations où le problème se manifeste. Ces précisions faciliteront la clarification de l'objectif et la recherche des moyens concrets et « minimum » d'action. Pour lui faciliter cette clarification, les questions doivent contenir des mots sensoriels afin d'amener votre interlocuteur à utiliser le mode descriptif pour exposer sa situation problématique. Car le but visé est de le dégager du mode explicatif (les causes et les explications), dans lequel il s'est précisément enfermé et qui limite ses possibilités d'action. En privilégiant le « quoi » du problème, le « qu'est-ce qui se passe concrètement dans cette situation difficile », vous multipliez vos chances de recueillir simultanément le « comment votre interlocuteur a construit son problème ». Cette méthode vise à court-circuiter les explications, les justifications et rationalisations, toujours légitimées, pour arriver plus vite à une nouvelle perception du problème qui favorisera une attitude différente face à celui-ci.

Tout champ problématique trop vaste doit être circonscrit et divisé en parcelles. Plus la parcelle choisie pour agir sera petite, plus rapides et visibles seront les résultats. Bien des échecs sont liés au fait que *le problème, au départ, a été insuffisamment circonscrit et fragmenté*. La conduite du changement nécessite d'être très attentif aux énoncés des problèmes et de prendre le temps de les redéfinir afin d'éclairer différemment ces réalités limitantes, construites de manière inadéquate. Certains énoncés, laissés en l'état, ne trouveront jamais de solutions comme certaines constructions de la réalité ne peuvent qu'enfermer les individus dans des impasses.

Prenons le cas d'un chef de service d'un grand centre hospitalier, Claude, qui se plaint « du manque de solidarité de son équipe ». En tout premier lieu, je lui demande de me décrire concrètement comment se manifesterait pour lui la « solidarité » afin de recueillir les critères comportementaux qu'il attribue à la notion de solidarité. Pour obtenir ces précieuses informations, un soin particulier doit être porté à la structuration des questions. Nous avons déjà vu à ce propos quel outil précieux de traitement de l'information est la boussole du langage :

– Dans quels contextes prioritaires les membres de votre équipe ne sont-ils pas solidaires ?
– Imaginez que ce problème soit résolu, qu'est-ce qui vous indiquera qu'ils sont devenus solidaires ?
– Qu'est-ce qu'il y aura de changé lorsque les membres de votre équipe seront plus solidaires ? Comment cela se manifestera-t-il dans leurs comportements ?
– Quels sont les objectifs qui pourront alors être atteints ?

Tant que mon interlocuteur et moi-même n'avons pas cerné concrètement le problème, mes conseils et mes suggestions de solutions ont peu de chance d'être pertinents ou efficaces. Le recueil de ces critères est indispensable car il orientera la direction à prendre pour résoudre son problème.

Pendant cette phase de clarification, il arrive fréquemment que la personne se prodigue à elle-même, souvent « à son insu », les conseils qui peuvent s'avérer être les vraies solutions. Aussi devons-nous rester aux aguets, prêts à les entendre pour les lui « renvoyer » immédiatement et lui montrer ainsi qu'elle dispose en elle-même des solutions et des ressources pour résoudre son problème. La maïeutique facilite ces émergences qui se produisent beaucoup plus souvent qu'on ne le croit !

LE CADRE DE L'ÉNONCÉ EST TROP RESTRICTIF

A l'inverse, un problème peut être énoncé à la fois de manière vague et trop restrictive : l'exemple le plus typique est celui de quelqu'un se plaignant du comportement d'une personne ou d'un service qu'il voudrait faire changer. Prenons l'exemple de ce responsable, Pierre, très insatisfait de sa secrétaire, qui expose ainsi son mécontentement :

> *– Je voudrais que ma secrétaire soit plus à mon écoute car cela me cause de gros problèmes.*
> *– C'est-à-dire, concrètement, comment vous y prenez-vous pour qu'elle vous écoute et pour retenir son attention ? Prenez une situation précise où vous rencontrez ce problème.*

Cette première question vise, implicitement, à élargir l'énoncé du problème en incluant Pierre dans le contexte interactionnel de manière qu'il puisse agir différemment pour le modifier. De son souhait de départ, formulé de manière illusoire[1] (car il ne concernait que sa secrétaire et ne l'incluait pas), nous passons à la définition d'un objectif réaliste, circonscrit dans des contextes précis où, partie prenante, Pierre pourra influencer le changement visé. En l'impliquant dans sa relation avec sa secrétaire et en le focalisant sur ce qu'il attend concrètement d'elle, nous évitons le long récit de ses commentaires et jugements sur celle-ci qui, justement, lui ont jusqu'à présent fait perdre de vue les changements qu'il pourrait générer. Car le problème est bien là : Pierre ne peut

1. Voir au chapitre 3 : *L'emprise des utopies et les illusions du contrôle.*

faire changer sa secrétaire qu'en modifiant lui-même sa manière de la regarder et donc d'interagir avec elle. Nous ne pouvons, en effet, dissocier la mauvaise écoute de sa secrétaire des contextes interactionnels dans lesquels celle-ci se manifeste. Nous écoutons d'autant mieux « l'autre » que nous nous sentons reconnus par celui-ci.

Dans cet exemple, nous avons donc eu à élargir le cadre de l'énoncé du problème car nous avions besoin d'une vision globale de la situation pour agir avec pertinence localement et atteindre le résultat souhaité. C'est en portant ensuite notre attention sur une situation relationnelle précise où le problème se manifeste que le premier pas vers le changement peut être envisagé. Mais celui-ci devra toujours être choisi de telle façon qu'il soit facile et possible à accomplir.

En résumé, la complexité des problèmes humains implique d'avoir une vision interactionnelle du problème pour pouvoir ensuite agir localement de manière pertinente car chaque point de résolution du problème interagit sur l'ensemble de la situation problématique. Le point de départ de l'intervention systémique, dont nous avons décrit au chapitre 9 les principes fondamentaux, est de voir globalement puis d'agir localement et non l'inverse.

LE NIVEAU LOGIQUE EST INADÉQUAT

Les erreurs de niveau logique sont fréquentes et consistent le plus souvent en une confusion de niveau : une personne peut, en effet, avoir confondu le niveau des moyens à mettre en œuvre avec celui des objectifs à atteindre. Elle peut aussi avoir fait un amalgame entre le comportement d'un individu et ses intentions ou encore ne pas avoir différencié l'observation d'un fait et son interprétation... Elle peut aussi avoir attribué à des moyens le statut de valeurs. La redéfinition du problème consistera alors à effectuer un recadrage de niveau logique, autrement dit à redistribuer les éléments du problème dans un ordre plus pertinent.

Illustrons ces propos par le cas de cette mère de famille, Sylvie, qui se plaint d'être :

– l'esclave de l'entretien de la maison...

mais déplore aussi :

– la mauvaise ambiance qui y règne.

En premier lieu, je lui demande ce qui est le plus important

pour elle :

– Est-ce l'entretien de la maison ou l'ambiance familiale ?

afin qu'elle hiérarchise ces deux aspirations. Sylvie me répond qu'elle considère :

– l'entretien de la maison comme la condition de l'harmonie familiale

mais déclare toutefois qu'elle prend conscience que :

– ce qui l'atteint le plus est l'ambiance insupportable qui règne dans son foyer.

Cette première interrogation qui vise à dénouer le lien de cause à effet qu'elle avait établi entre l'entretien de la maison et l'harmonie du foyer permet de recadrer l'énoncé de son problème. Ainsi je lui suggère...

– Si le ménage est le moyen le plus adéquat d'obtenir de la propreté, il ne contribue peut-être pas nécessairement à une bonne ambiance dans les foyers.

Le problème ainsi recadré replace le ménage au niveau d'un moyen au service de la propreté et non plus au service de l'harmonie familiale. Comme Sylvie met en priorité son désir d'harmonie familiale, la première phase de mon intervention se concentre sur cet aspect du problème. Nous explorons ensemble les situations de conflits familiaux et recherchons les moyens à mettre en œuvre pour obtenir une ambiance plus harmonieuse. Il est possible d'ailleurs que la résolution de ce premier point permette de résoudre son esclavage domestique : si les relations dans la famille sont meilleures, il lui sera plus facile d'obtenir la contribution des uns et des autres pour entretenir la maison qu'ils partagent.

L'INTERPRÉTATION REND LE PROBLÈME INSOLUBLE

S'il est souvent nécessaire de recadrer l'énoncé du problème en le replaçant dans un contexte plus opérationnel (recadrage de contexte ou de niveau logique), le problème posé peut être également lié à une interprétation non opérationnelle de la situation. Il s'agira alors de changer la signification attribuée à la situation, à l'aide du recadrage de sens. De même que les mauvais énoncés rendent insolubles les problèmes, de même les représentations inadéquates de la réalité vont les construire.

Lorsqu'une personne se trouve bloquée dans une situation, c'est souvent son interprétation de la situation, sa réalité de deuxième ordre, qui lui porte préjudice. Après avoir recueilli les données factuelles de la situation (réalité de premier ordre), je lui propose d'autres interprétations afin de l'amener à envisager de nouvelles possibilités de solutions qu'elle ne pouvait envisager dans sa « vision première du problème ». Les situations bloquées résident très souvent dans la signification que nous leur attribuons. Ainsi, *ce sont moins les situations qui nous bloquent que l'interprétation que nous en faisons*. La démarche consiste donc à traiter les suppositions et les interprétations à l'origine de la construction du problème[2].

Mais notre intervention peut consister aussi à recadrer d'emblée les interprétations limitantes à l'origine du problème sans avoir besoin d'en extraire les données factuelles.

Lors de l'un de mes séminaires, un participant, Jacques, attendait un coup de téléphone d'un de ses collaborateurs pour être informé des résultats d'une négociation importante. A la pause, il me fit part de sa préoccupation :

> *– J'ai un collaborateur qui est un individualiste forcené. Il sait très bien que j'attends avec inquiétude les résultats de cette négociation mais, comme d'habitude, il ne transmet pas les informations que je suis en droit d'attendre.*

Je lui proposai cette autre interprétation :

> *– Et s'il n'osait pas vous déranger ? Bien des personnes timides ou réservées agiraient de la même façon que votre collaborateur... Il est parfois difficile de distinguer un individualiste d'un timide.*

Ce recadrage évoqua immédiatement chez Jacques des situations antérieures qui l'amenèrent à envisager son collaborateur comme, peut-être, une personne timide qui, pour cette raison n'osait pas le déranger pendant le séminaire. Je lui suggérai donc de prendre les devants. Après son entretien téléphonique, Jacques me rapporta que son collaborateur lui avait, en effet, fait part de ses hésitations à l'appeler, par souci de discrétion. Jacques et son adjoint avaient pris l'habitude de se méfier l'un de l'autre, se basant, de part et d'autre, sur des suppositions et des interprétations erronées. Quelque temps après cette expérience, Jacques me confia qu'ils avaient noué de nouvelles relations de confiance et

2. Voir au chapitre 9 : *Des descriptions, des buts et moins d'explications.*

de complicité fort satisfaisantes. Il faut toutefois souligner que la redéfinition du problème proposée à Jacques était compatible avec sa façon d'être : lui-même, plutôt réservé et discret, pouvait donc facilement intégrer la nouvelle hypothèse d'interprétation que je lui soumettais. Le recadrage s'effectue, cependant, le plus souvent en deux étapes :

- La première étape d'un recadrage consiste à mettre en lumière les relations limitantes de cause à effet imaginées par la personne.
- La seconde propose une nouvelle interprétation par de nouveaux liens de cause à effet plus bénéfiques.

Dans l'exemple précédent, Jacques se privait en effet de toute solution en interprétant le comportement de son collaborateur comme un symptôme d'individualisme ; il se coupait l'herbe sous le pied car que pouvait-il faire contre cela ? Son interprétation du problème le rendait insoluble. Un recadrage ne vise pas la *vérité* d'un point de vue mais son *efficacité*[3].

DES PRÉSUPPOSÉS LIMITANTS SONT MASQUÉS DANS L'ÉNONCÉ

Il arrive aussi qu'en cours de thérapie ou de formation, les interprétations ou les suppositions à l'origine du problème ne soient pas livrées d'emblée. On me déclare :

> – *Je m'entends très mal avec mon patron.*

ou encore :

> – *Je ne sais pas négocier.*

3. Voir la première partie : *Le changement, une reconstruction de la réalité*, et le chapitre 25 : *Un même souci de l'efficacité et du respect des systèmes humains.*

La première question visera alors à mettre en lumière l'interprétation limitante à l'origine du problème :

– *Qu'est-ce que vous pensez de votre patron ?*
– *Qu'est-ce pour vous qu'une situation de négociation ?*

Les réponses permettront d'effectuer les recadrages nécessaires à la résolution de ces problèmes. Nous insistons encore sur le fait qu'un recadrage n'est pas l'énoncé d'une vérité mais vise simplement à ouvrir un champ plus vaste de possibilités. Les problèmes que nous nous posons résident la plupart du temps dans la signification limitante que nous attribuons aux comportements et aux situations : *le fait de savoir « qu'un problème n'est pas donné mais construit » par l'esprit libère bien des ressources.*

LE PROBLÈME RÉSULTE D'UNE PRÉDICTION LIMITANTE

Un problème peut être construit simplement par des prédictions limitantes. Celles-ci sont souvent liées à des expériences d'échec dans le passé qui ont forgé nos croyances limitantes. Nous avons souvent tendance à confondre ce qui s'est passé hier avec ce qui se passe aujourd'hui ou se passera demain et, ainsi, à faire des amalgames entre des situations nécessairement différentes. Toutes ces déductions ou inductions arbitraires peuvent générer des situations qui ne se seraient sans doute pas produites si l'on n'avait pas projeté mentalement leur existence future.

Parce que les croyances régissent nos comportements, elles ont un effet puissant sur les résultats que nous obtenons. Ce sont précisément les croyances limitantes qui construisent, consciemment ou à notre insu, ces prédictions catastrophiques que nous redoutons mais qui se réalisent. Ainsi face à des anticipations d'échec, il est pertinent de mettre à jour les croyances sur lesquelles elles reposent mais aussi les expériences qui les ont bâties. Pour favoriser et concrétiser un changement profond, il sera nécessaire de recadrer ces croyances : en premier lieu nous conduirons notre interlocuteur à décrire les expériences passées ou empruntées qui sont à l'origine de sa prédiction d'échec. Plusieurs possibilités vont alors se dégager selon les contextes : soit nous mettrons en lumière, par le biais d'un recadrage, les ressources que la personne a engrangées inconsciemment dans ces mêmes expériences, et qui précisément aujourd'hui sont des moyens dont elle a besoin pour résoudre son problème ; soit nous mettrons en évidence que le lien établi entre hier et aujourd'hui est parfaitement inapproprié car les données ont été confondues, et il faudra prendre soin de les identifier et même les lister.

Une croyance est dite *limitante* dès lors qu'elle génère des prédictions d'échec ou qu'elle freine les possibilités de la personne en l'empêchant d'utiliser de façon constructive les données de la situation présente. Les croyances limitantes brouillent les pistes des succès futurs parce qu'elles bloquent l'individu dans l'accès à ses ressources. Même si les croyances sont toujours légitimes et respectables, puisqu'elles se sont bâties à partir d'un vécu, elles sont susceptibles d'être transformées par cette technique du recadrage si elles portent préjudice à notre développement.

Illustrons ces propos avec l'exemple de Patrick ; il ne peut se libérer de sa nouvelle recrue, qui ne lui donne plus satisfaction :

> *– J'ai engagé un chef d'équipe qui a fait, dès le départ, des erreurs impardonnables. En fait, je n'ai plus aucune confiance en lui.*
> *– Vous pensez donc qu'il continuera à faire des erreurs… et qu'il est incapable d'en tirer aucun enseignement ?* (Mise à jour de la prédiction.)
> *– Oui, je le pense.* (La réponse est faite. Mais le problème est que nous induisons généralement chez les autres les comportements et les résultats que nous en attendons.)

– C'est possible qu'il n'en tire aucun enseignement... Certaines personnes, toutefois, tirent parfaitement profit de leurs erreurs, mais sans nécessairement l'afficher, si bien que nous n'en avons pas toujours conscience. Avez-vous remarqué que vous avez pu améliorer des choses parce que vous avez pu en reparler en toute confiance avec d'autres ? Sans pour autant vous sentir coupable ni avoir besoin de vous justifier... Mais il est sûr qu'il vaut mieux être en présence d'un interlocuteur constructif, pédagogue et compréhensif.

– Voulez-vous dire que je ne suis ni compréhensif, ni pédagogue, ni constructif ?

– Non ce n'est pas cela que je pense ; je me demande simplement si vous avez envie de l'être avec votre jeune recrue.

– C'est une question ?

– Oui et c'est la vraie question.

– Je vous répondrai que je pense que ce n'est pas la peine que je fasse tous ces efforts.

– Qu'est-ce qui vous indique que cela n'en vaut vraiment pas la peine ?

– Eh bien, il a l'art de noyer le poisson et de se justifier lorsque je lui reparle de ce problème : ce n'est pas ainsi qu'on peut progresser...

– Certes. (Un bon silence.) *On peut noyer le poisson non pas parce qu'on ne veut pas progresser, mais tout simplement parce qu'on redoute le jugement de l'autre et qu'on ne se sent pas suffisamment en confiance.*

– Je n'ai effectivement aucune confiance en cette personne.

– Mais si j'ai bien compris vous ne pouvez pas la renvoyer. La période probatoire est passée.

– C'est bien mon problème.

– Seriez-vous intéressé de savoir comment on peut critiquer une erreur sans pour autant porter atteinte à la personne concernée, ni la bloquer, mais au contraire en lui redonnant confiance, parce qu'on a pris le temps d'explorer aussi les ressources cachées

derrière ses défauts ? En fait, c'est un problème de management assez classique.
– Je ne vois pas très bien comment je pourrais m'y prendre autrement !
– Quelles sont les solutions que vous avez tentées ? Racontez comment vous vous y êtes pris la dernière fois que vous lui avez parlé.

Après avoir ainsi identifié la croyance prédictive de Patrick et ses solutions déjà tentées à propos de son collaborateur, nous avons exploré comment aborder autrement ce jeune embauché pour qu'il reprenne confiance et tire profit de ses erreurs. Le changement est aussi une affaire d'apprentissage[4].

---

4. Voir au chapitre 1 : *Vouloir changer ne suffit pas* et le chapitre 2 : *Tout changement résulte d'un apprentissage ou l'implique*.

19

EXPLORER LES « SOLUTIONS » DÉJÀ TENTÉES

Le problème, c'est la solution tentée.

Paul Watzlawick

L'une des originalités de l'École de Palo Alto est d'avoir montré combien les problèmes sont précisément perpétués par les efforts qu'engagent les personnes concernées ou leur entourage. Un problème peut être créé non seulement par une manière inadéquate d'envisager et d'affronter une situation, mais aussi par la mise en œuvre de solutions inappropriées. En prêtant attention aux solutions déjà tentées, on constate que ce sont très souvent elles qui ont créé, maintenu et même exacerbé le problème. Un problème apparaît quand une difficulté n'a pas été spontanément surmontée : si les réactions face à la situation avaient été d'emblée efficaces, le problème ne se serait pas posé. Mais voilà, malgré l'échec d'une solution, souvent au lieu de la remettre en cause, nous avons tendance à nous obstiner à la réitérer, pensant qu'avec un peu plus de volonté et de persévérance, nous viendrons à bout de notre problème. Voici quelques questions permettant de mettre au jour les solutions tentées :

– *Quels sont les conseils que vous avez reçus et suivis pour résoudre ce problème ?*
– *Qu'avez-vous fait jusqu'à présent pour tenter de résoudre ce problème ?*
– *Quelles sont les solutions dont vous êtes sûr qu'elles seront inefficaces ?* (Cette question est particulièrement appropriée face à des personnes extrêmement susceptibles qui n'aiment pas rendre compte de leurs échecs.)

L'examen des tentatives de solutions est un préalable nécessaire avant d'engager toute stratégie de changement. Pendant le récit des solutions déjà tentées sans succès, je m'abstiens généralement de tous commentaires, verbaux ou non verbaux, pour ne pas perturber mon interlocuteur et le laisser soigneusement passer en revue toutes les solutions déjà mises en œuvre. Car, pendant qu'il les expose, il détecte simultanément lui-même ce qui ne peut absolument pas marcher : ainsi, consciemment ou inconsciemment, il effectue ses propres recadrages. A partir de l'examen des solutions tentées, il s'agira de trouver de nouvelles solutions qui viseront, en premier lieu, à stopper ces comportements qui entretiennent le problème.

Jean, chef de service, se plaint du manque de coopération de Robert, chef d'un service voisin.

– *Robert court-circuite en permanence l'information.*
– *C'est-à-dire... concrètement, comment cela se passe-t-il ?*

Jean me livre alors un certain nombre d'exemples.

– *Et qu'est-ce que vous en concluez ?* (Interprétation du problème.)
– *J'en conclus qu'il cherche à m'isoler, qu'il veut m'écarter des décisions ou, peut-être, me gêner dans l'exercice de mes responsabilités pour me mettre en échec.*

– *Et comment, jusqu'à présent, avez-vous réagi face à cela ?* (Exploration des solutions tentées.)
– *Eh bien, moi aussi je m'en méfie. J'évite soigneusement de l'impliquer et je ne lui facilite pas ses décisions.*
– *Et, à votre avis, comment peut-il interpréter votre attitude ? A sa place, je me méfierais de vous.* (Léger sourire de contentement de Jean.)
– *Oh mais c'est bien mon but et j'espère bien qu'il se méfie !*
– *Donc votre objectif est atteint, puisque c'est ce que vous recherchez ? Je ne comprends pas ; alors où est le problème ?*
– *Non, il y a un problème, tout cela est très gênant pour mon service qui a besoin d'une collaboration soutenue avec le sien.*
– *Au fait, qui a le plus besoin de cette collaboration ?*
– *Moi, j'en ai vraiment besoin car ces relations de méfiance ont des conséquences très néfastes. Pour lui aussi d'ailleurs, mais je pense qu'il n'en a pas vraiment conscience.*
– *Vous voulez dire que tout le monde gagnerait à établir des relations de confiance. On oublie souvent que la méfiance cache généralement la peur de l'autre et… quand on joue à se faire peur mutuellement la collaboration devient impossible. On préfère s'éviter, faire de la rétention d'information ou encore délivrer des informations incomplètes ou plus ou moins erronées. Une chose au moins est sûre : quand on a peur, on apprécie d'être sécurisé.*
– *C'est évident…* (Long silence que je prends bien garde de rompre.)
– *Au fait, quels risques prendriez-vous en lui parlant de vos difficultés mutuelles à collaborer ? Qu'est-ce qui se passerait si vous redéfinissiez clairement et ensemble vos objectifs communs ?… Vous pourriez, par la même occasion, clarifier les limites de vos territoires respectifs. Cela facilite généralement les collaborations…*
– *Oui, mais alors tout cela va prendre du temps.*
– *Certes ; vous pensez que ce sera du temps perdu ?*
– *Non, on peut pas en perdre plus qu'actuellement.*

Un certain nombre de points du problème ont été traité dans cet échange : les comportements de Robert ont été réinterprétés comme le symptôme de sa peur de Jean ; Jean, sécurisé et valorisé par cette nouvelle interprétation, est alors plus enclin à faire le premier pas pour rassurer Robert et établir une confiance mutuelle susceptible de favoriser une coopération plus fructueuse entre leurs deux services.

Dans cet entretien, nous n'avons pas cherché à savoir *pourquoi* Robert court-circuitait Jean dans ses fonctions mais plutôt à voir avec lui *comment* établir de meilleures relations de collaboration avec Robert, ce qui était le but qu'il voulait atteindre. Les solutions précédemment tentées par Jean étaient inadéquates du fait même qu'elles découlaient d'un raisonnement linéaire : selon lui, c'était Robert qui avait commencé et qui était coupable et c'était lui qui devait donc « corriger son comportement », solutions qui ne pouvaient que renforcer le cercle vicieux du problème. L'énoncé du problème de Jean étant faux sur un plan épistémologique, les actions qui en découlaient avaient peu de chances d'êtres valables. Face à un problème relationnel, se poser la question de savoir qui a raison ou tort, nous l'avons vu, est hors de propos ; c'est l'objectif de la relation qui doit être clarifié en premier lieu : l'intervention systémique[5] consiste à dégager l'objectif souhaité pour orienter ensuite la recherche de solutions permettant de l'atteindre avec un minimum de moyens et dans un minimum de temps.

Nous avons aussi tendance à reproduire ce qui a été efficace dans un contexte passé. Indifférents ou peu sensibles aux nouvelles données, nous pensons que les solutions d'hier produiront les mêmes effets aujourd'hui ou demain. Des données strictement similaires ne se reproduisent jamais complètement dans les systèmes vivants où l'évolution est inéluctable : ainsi est-il logique d'admettre que nos réponses s'y adaptent et évoluent au même rythme. Cette difficulté à ajuster nos réponses, à actualiser nos

5. Voir le chapitre 9 : *La démarche systémique, une clé pour la conduite du changement.*

réactions et nos solutions est patente dans les problèmes de relations parents-enfants. Les enfants évoluent beaucoup plus vite que leurs parents qui ne perçoivent pas toujours l'étendue du chemin parcouru par leurs enfants lorsque ceux-ci sont devenus des adolescents. Que se passe-t-il face à ce décalage ? Les parents se sentent démunis, inefficaces, moins écoutés et moins respectés. Quant aux adolescents, ils se sentent, eux, parfaitement incompris. Deux perceptions de la réalité se font face. L'éducation de nos enfants nous impose un réapprentissage permanent ; ce sont nos enfants qui paradoxalement nous obligent à grandir et à évoluer. Nous serons pour eux des guides d'autant plus respectés que nous ajusterons nos interventions à leur évolution. Comment, en effet, faire évoluer nos enfants sans nous-mêmes évoluer un peu ? De même, en entreprise, comment les responsables peuvent-ils provoquer les changements qu'ils souhaitent sans changer eux-mêmes leurs modes de fonctionnement ? Et que dire de ceux qui, hommes politiques ou autres, tentent de faire évoluer la société…

20

PROJETER LE FUTUR SOUHAITÉ : DU DÉSIR À L'OBJECTIF DE CHANGEMENT

CONSTRUIRE LE DÉSIR DE CHANGEMENT

> ***Exploiter les frustrations du présent*** → *Accoucher les désirs, clarifier les aspirations.*
> *Faire projeter le futur souhaité « comme s'il était réalisé »*

Il est souvent préférable d'exploiter les insatisfactions présentes que de convaincre de la nécessité de changer.

Comme le désir résulte souvent d'une frustration, d'une attente insatisfaite, nous pouvons choisir délibérément de grossir la frustration de notre interlocuteur lorsque sa motivation à changer s'avère vraiment insuffisante. Face à une personne résistante et passive aux prises avec un problème ancien, nous pouvons dire :

– En fait, il n'y a pas urgence à changer, puisqu'il vous a été possible de vivre jusqu'à présent avec ce problème.

Cette remarque délibérément provocante déclenche généralement des sursauts de désapprobation et la révolte escomptée. Ces réactions sont fort précieuses pour commencer à donner des fondations saines au désir de changer. Nous prenons donc le temps d'identifier toutes les frustrations vécues par notre interlocuteur, en recueillant simultanément sa description d'un futur plus satisfaisant.

Le désir est véritablement essentiel. C'est lui qui pousse l'être humain vers son développement et qui donne sens à son action. L'évolution est freinée quand on cesse de désirer. L'expérience montre qu'il est utile de prendre le temps de faire imaginer le futur pour semer, dans les esprits, les graines du changement ; cette étape exerce une force d'attraction considérable.

Toutefois désirer changer ne suffit pas pour changer. Il faut aller plus loin pour provoquer la motivation d'agir autrement : pour cela il est essentiel de mettre au jour, en les anticipant, les conséquences utiles et bénéfiques de ce futur changement une fois accompli, mais aussi de vérifier si ce changement ne risque pas de porter préjudice à la personne et à son environnement. Il s'agit là de tester l'« écologie » de l'objectif de changement en demandant à la personne quelles conséquences négatives pour elle ou pour son environnement pourrait entraîner le fait qu'elle change. La réponse à cette question, généralement négative, va renforcer encore son désir de changer : car elle la focalise sur les résultats possibles et la conduit à bâtir, plus concrètement encore, ce futur qui serait satisfaisant pour elle et les siens. Dès lors que les désirs accouchés sont conformes à l'écologie du système concerné, la conduite du changement s'anime d'un tout autre état d'esprit : la coopération de la personne est engagée pour accéder au changement souhaité.

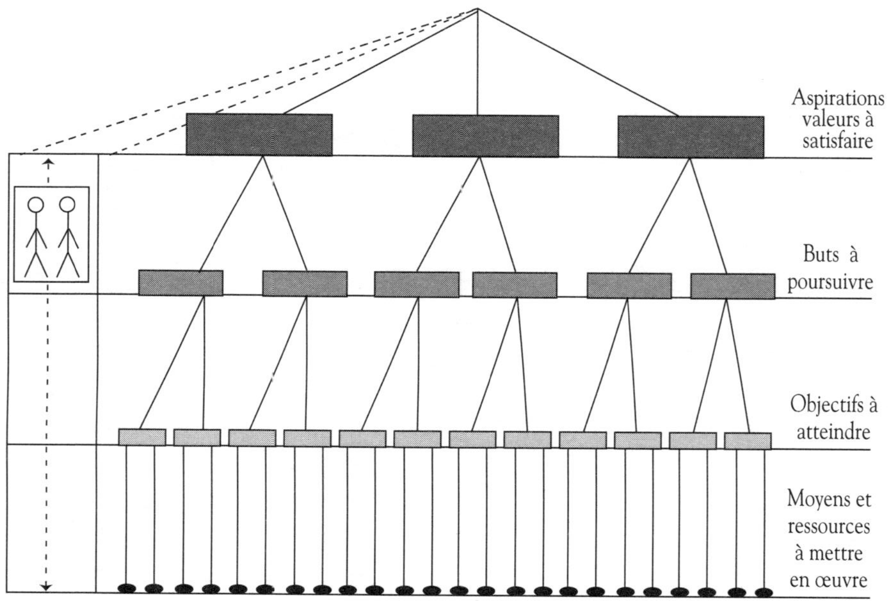

Dynamique d'un projet de changement

Les aspirations sont les valeurs que la (ou les) personne(s) veu(len)t satisfaire ; ce niveau est abstrait, mais fortement mobilisateur. Les buts correspondent à l'obtention de plusieurs objectifs. Les objectifs, eux, sont précis, concrets, réalistes et à plus ou moins court terme. Les moyens sont les ressources à mettre en œuvre. Ces quatre niveaux doivent respecter l'écologie du système concerné par le changement. L'ascenseur correspond au nécessaire travail de mise en correspondance des différents niveaux, qui crée la dynamique de changement.

CLARIFIER LES OBJECTIFS

*Aspirations → **Questions clarificatrices** → Définition des objectifs*

Comment en effet choisir l'itinéraire le plus rapide quand la destination n'est pas précise ? La clarification des objectifs revêt une importance capitale : non seulement elle permet d'interagir dans une « relation de coopération bien cadrée », mais aussi d'envisager clairement les étapes à accomplir pour opérer le changement dans la direction souhaitée. Plus nous procédons par étapes modestes et concrètes, plus aisément celles-ci sont franchies. En effet, quand nos objectifs sont suffisamment précis, nos comportements ont alors une forte propension à s'orienter spontanément dans la direction visée. Le propre de celui qui tourne en rond est précisément le fait qu'il n'a pas en tête d'objectifs suffisamment clairs. De ce fait, ses comportements, non canalisés, sont davantage régis par ses réactions émotionnelles du moment. Le fait de poursuivre un objectif clair régule nos comportements. En prenant soin de définir nos objectifs, nous évitons les écueils bien connus de la manipulation et de l'auto-manipulation, qu'ils soient conscients ou inconscients. Dans la conduite du changement, en entreprise comme en thérapie, chacun doit savoir où il va et où est l'enjeu. Cette étape primordiale de la définition d'objectifs permet en outre d'identifier les « symptômes d'utopie » et les « illusions du contrôle »[6] qui auraient pu rester dans l'ombre. Si mon interlocuteur formule des objectifs vagues et démesurés, je l'incite à les découper pour les spécifier. Ainsi il pourra agir sur de petites parcelles opératoires, à l'intérieur desquelles le changement pourra s'accomplir aisément suivant des étapes réalistes à franchir (ou sous-objectifs) qui le mèneront progressivement vers

6. Voir au chapitre 3 : *L'emprise des utopies et les illusions du contrôle.*

son aspiration de départ. Chaque « petit » objectif atteint sera pour lui une étape franchie et c'est ce qui dynamisera et renforcera son désir d'évolution. Plus les étapes seront courtes et mieux la personne mesurera son aptitude à changer. Répertorier nos plus petits progrès nous aide à retrouver et à consolider notre confiance en nous-mêmes et en nos capacités.

Prenons un exemple type, celui de Jean-Paul qui :

– aspire à être mieux dans sa peau...

et explorons les questions clarificatrices que nous pourrions lui poser pour l'aider à passer de ce désir vague à la définition d'objectifs précis et concrets à atteindre. Nous pourrions lui demander par exemple :

– Quand vous serez mieux dans votre peau, qu'est-ce qui aura changé concrètement dans le déroulement de vos journées ?
– Dans quelles situations concrètes voulez-vous être mieux dans votre peau ? Pour obtenir quels résultats plus satisfaisants ?
– Qu'obtiendrez-vous précisément de plus et de mieux quand vous serez mieux dans votre peau ?
– Que ferez-vous de nouveau que vous ne faites déjà... ?

Pour identifier ensuite les solutions qu'il a déjà tentées pour résoudre son problème, nous pourrions lui demander :

– Dites-moi quels sont les moments où vous êtes le plus mal dans votre peau ? Dans ces moments-là, comment faites-vous pour parvenir à être mal dans votre peau ?
– A quoi pensez-vous dans ces moments précis où vous « êtes mal » ? Qu'est-ce que vous vous dites dans votre tête sur vous-

même ? Sur les autres, sur la vie, sur la situation que vous vivez ? Etc.

Ces questions surprennent évidemment la personne, car elle est loin de penser que c'est ce qu'elle fait qui la met mal à l'aise ou que c'est sa construction de la réalité qui lui est préjudiciable.

DÉFINIR UN OBJECTIF OPÉRATIONNEL, SELON LES CRITÈRES REQUIS

John Grinder et Richard Bandler, les fondateurs de la PNL, ont particulièrement réfléchi à la rigueur du questionnement, notamment lors de la définition d'objectifs. Selon eux, pour être opérationnel, un objectif de changement doit remplir les conditions suivantes :

- Il doit être spécifique, concret, mesurable, c'est-à-dire établi sur des critères factuels pour que l'on puisse évaluer son atteinte dans les faits.
- Il doit être formulé positivement et inséré dans un contexte précis.
- Il doit être réaliste, c'est-à-dire possible à atteindre.
- Il doit être de la responsabilité de la personne qui veut l'atteindre.
- Il doit être « écologique », c'est-à-dire respecter à la fois son équilibre interne et relationnel et préserver les avantages que procure la situation problématique.

Tout tourne autour de la question-clé :

Qu'est-ce que vous voulez obtenir ou améliorer ?

Imaginons différentes hypothèses de réponses :

– Je ne veux plus être stressé quand j'arrive le soir à la maison.

L'objectif est bien contextualisé, mais il est formulé de manière négative et vague. Ainsi, sans en prendre conscience, cette personne réactive et ancre dans ses paroles le comportement préjudiciable qu'elle voudrait précisément éliminer. L'expression « négative » d'un objectif, comme les « je ne veux plus, je ne veux pas », constitue un obstacle majeur à sa réalisation. Les formulations négatives sont en effet difficilement assimilables pour le cerveau et le système nerveux – nous avons vu cela au chapitre 1 – qui, contrairement au langage, n'intègrent pas les négations : dans le monde de l'expérience, la négation ne peut exister. Comment, en effet, satisfaire un non-désir ? Alors pourquoi encombrer notre cerveau de ces poids inutiles ?

Une autre erreur consiste à formuler l'objectif de façon floue, abstraite et globalisante comme :

– Je veux me sentir bien quand je rentre à la maison.

Nous conduirons alors cette personne à nous décrire cela plus concrètement :

– Comment vous comportez-vous quand vous vous sentez bien ?

afin de recueillir les critères comportementaux, mesurables, permettant d'évaluer l'atteinte de son objectif. Pour l'aider dans sa recherche, nous pourrions lui demander :

– Retrouvez dans votre mémoire une situation où vous vous sentiez bien.

pour qu'elle dispose de comportements qu'il lui serait utile de transférer quand elle rentre chez elle. Cette technique fait référence à ce que la PNL appelle l'« ancrage de ressources » : elle va lui permettre de revivre pour les revitaliser les ressources qu'elle a en elle.

Cependant la plainte comme l'objectif peuvent demeurer toujours très vagues. Ainsi lorsque nous nous heurtons à des réponses systématiquement floues, nous recourons à la « question miracle », c'est-à-dire à la technique du « comme si » :

– Supposez qu'un beau soir, vous arriviez débarrassé de votre problème de stress... En quoi votre arrivée et votre soirée se passeront-elles différemment ?

Cette question vise à libérer l'espace de rêve, de liberté et de créativité que notre interlocuteur ne sait plus s'octroyer ; ainsi ne sait-il plus se fabriquer mentalement l'image de son bien-être ; une fois réveillé par cette question, la clarification de ses objectifs sera grandement facilitée. Il reste cependant à savoir :

Qu'est-ce que cela vous apportera de plus ?

Identifier les bénéfices et les avantages escomptés développe simultanément notre motivation à atteindre l'objectif visé. Avoir une idée claire des avantages tirés de l'atteinte d'un objectif de changement accroît fortement le désir de changer. Cette question a une fonction d'aimant : elle rend l'objectif attractif ; elle mobilise et attire notre énergie vers le but final souhaité.

À quoi saurez-vous que votre objectif est réellement atteint ? Sur quels faits concrets pourrez-vous le vérifier ?

Ces questions vont clarifier les critères d'évaluation puis servir à déterminer lequel est prioritaire. Il s'agit de détecter quels sont les faits concrets, les informations sensorielles qui indiqueront à la personne qu'elle est sur la bonne voie. Nous envisagerons à la fois une évaluation partielle, par étapes :

– *A quoi saurez-vous que vous êtes sur la bonne voie ?*

puis pour l'évaluation finale :

– *Qu'est-ce qui vous indiquera que votre objectif final est atteint ?*

Si je reprends l'exemple, cité plus haut, du patron qui voulait que sa secrétaire soit plus à l'écoute, je lui ai formulé ainsi ma question :

– *Imaginez que votre secrétaire soit plus à l'écoute ; qu'est-ce que vous aimeriez observer de nouveau et en premier lieu chez elle pour évaluer qu'elle est plus à l'écoute ?*

Tout ce que nous évaluons comme étant positif ou négatif est fonction de la satisfaction ou de l'insatisfaction de nos critères. Cette question visait donc à cerner les critères comportementaux que ce patron attendait de sa secrétaire pour explorer les solutions adaptées pour y parvenir.

Y a-t-il un inconvénient à atteindre votre objectif ?

Il s'agit d'explorer les conséquences du changement qui pourraient être négatives non seulement pour la personne concernée, mais aussi pour son entourage. Cette question est fondamentale pour vérifier l'écologie d'un objectif : les réponses apportées à cette question peuvent éventuellement conduire à remettre en cause l'objectif de départ et à en définir un autre, plus approprié. Le respect de l'écologie des systèmes est une des caractéristiques majeures de l'intervention systémique. Les systèmes humains résistent au changement si leur écologie n'a pas été prise en compte : c'est alors qu'ils développent des résistances et toutes les réponses homéostatiques possibles pour revenir à leur équilibre antérieur.

Y a-t-il des obstacles à la réalisation de cet objectif ?

Il est essentiel de demander à nos interlocuteurs quels obstacles pourraient entraver l'atteinte de leur objectif afin de les impliquer dans la poursuite de ce dernier. Face à certaines personnes qui ont tendance à éviter de voir les obstacles, même s'ils sont réels, ou à justifier systématiquement leurs échecs, je n'hésite guère à dramatiser en leur faisant envisager les plus petits obstacles mais aussi les « pires » qu'ils pourraient rencontrer. Cette question sert aussi à vérifier si l'objectif défini relève bien de la responsabilité de la personne qui le poursuit et à la placer en position de gagnante : anticiper les obstacles permet de prévoir des solutions de rechange à mettre en œuvre. Cette précaution renforce la confiance en soi-même, car la personne préparée se sent alors plus armée pour le succès.

De quelles ressources avez-vous besoin ? Quels sont les moyens à mettre en œuvre ?

Nous passons alors en revue non seulement les ressources personnelles que notre interlocuteur possède déjà, mais aussi les ressources relationnelles, matérielles et techniques disponibles dans son environnement (personnes, choses, acquisition de savoir-faire, recherche d'information…) ou celles qu'il a besoin d'acquérir. Nous sommes là au stade de la logistique et de la programmation.

Quelles sont les étapes à parcourir ?

Selon la nature de l'objectif, il s'agira d'identifier soigneusement les différentes tâches à mener à bien et d'en organiser la séquence. Lorsque nous avons affaire à des personnes qui ont du mal à percevoir les étapes d'un processus, nous consignons avec elles ces étapes par écrit, dans leurs moindres détails.

Enfin, par quoi commencer maintenant ? Quand s'y mettre ?

Ce premier objectif doit être choisi en fonction de la personne et du contexte mais avec la quasi-certitude qu'il pourra être atteint, le but étant que la personne ait déjà accompli à la séance suivante un premier pas positif vers le changement.

Poursuivons l'étude du problème de Jean, concernant ses difficultés de collaboration avec un autre service, notamment avec son responsable, dénommé Robert, pour expérimenter un certain nombre de ces questions. L'énoncé du problème ayant été redéfini, je conduirai Jean à clarifier ce qu'il attend réellement de Robert :

> *– Quand ce problème sera résolu avec Robert, qu'est-ce qui aura changé pour vous ? Qu'est-ce qui vous indiquera que Robert est plus coopérant ?*

L'emploi du futur est préférable à celui du conditionnel : il est plus motivant de dire : « Quand vous irez mieux, à quels indices le saurez-vous ? » plutôt que : « Si vous alliez mieux, à quels indices le sauriez-vous ? »

– Nous nous réunirons, Robert et moi, deux fois par semaine pour mettre franchement au point notre travail commun. Robert reconnaîtra mes domaines de compétences, respectera mon champ de responsabilités car nous aurons réussi à nous mettre d'accord sur ces deux points ; il me transmettra directement les informations dont j'ai besoin et sollicitera ma présence lorsque des décisions à prendre l'exigeront.

En demandant à Jean de préciser leurs domaines respectifs de compétences et de responsabilités et quelles seront les informations spécifiques à échanger, celui-ci pourra mieux réfléchir aux moyens qu'il devra mettre en œuvre pour satisfaire ses critères. Nous poursuivrons ensuite notre dialogue.

– En quoi le fait de demander à Robert toutes ces informations pourrait-il vous porter atteinte ? Savez-vous ce qu'attend Robert de vous ?
– Je ne vois pas en quoi ce serait gênant, pour lui ni pour moi. Je pense au contraire que c'est une manière de lui prouver mon désir de coopérer et de lui témoigner une certaine confiance. Quant à ce que Robert attend de moi, j'avoue qu'il ne me l'a jamais dit clairement, c'est donc une bonne occasion !
– Quels risques pourriez-vous courir en le lui demandant ? (Jean ayant répondu très vite, j'insiste pour qu'il prenne le temps de réfléchir plus posément.)
– Aucun. Cela nous permettra de cesser de jouer au chat et à la souris. Finalement cela nous porte autant préjudice à l'un qu'à

l'autre. Nos mauvaises relations perturbent le travail de nos équipes respectives.

Cette méthode de définition d'objectif a le mérite d'éliminer toute attente floue et irréaliste, bien souvent à l'origine de notre insatisfaction. De plus, le thérapeute ou le consultant ne court pas le risque de se fourvoyer dans la conduite de ses interventions car il se dote d'une direction de travail claire et d'un tableau de bord précis pour évaluer les étapes accomplies[7]. La clarification des objectifs « donne sens » à la thérapie, tout comme elle est la condition en entreprise d'une conduite de changement mobilisatrice. L'expression « donner sens » est riche de ses trois significations : elle donne sens parce qu'elle fait appel à nos repères « sensoriels » ; elle donne sens du fait même qu'elle oriente la « direction » du travail à mener ; elle donne sens enfin, en ce qu'elle nous permet de nous investir dans une démarche « qui fait sens » pour nous.

☆

Tout problème cache un objectif à clarifier.
L'objectif, une fois mis en lumière, nous permet de mieux réorienter notre énergie pour l'atteindre.
Parlez aux autres, comme à vous-même, en termes d'objectifs à atteindre plutôt que de problèmes à résoudre est plus ressourçant.

7. Voir le chapitre 25 : *Un même souci de l'efficacité et du respect des systèmes humains.*

21

EXPLOITER LES RESSOURCES, TIRER PROFIT DES RÉSISTANCES

DÉTECTER ET MOBILISER LES RESSOURCES

Objectif défini → **Mobilisation des ressources** → *Objectif à réaliser*

On appelle « ressources » tous moyens, psychologiques, émotionnels, relationnels, matériels ou techniques permettant d'atteindre l'objectif souhaité. Milton Erickson, toujours à l'affût des ressources de ses patients, conseillait systématiquement à ses élèves de s'attendre à recueillir à un moment ou à un autre, dans ce que leurs clients leur livreraient, les ressources et les apprentissages utiles à la résolution de leurs problèmes. Il conduisait ses thérapies selon cette hypothèse de base : *lorsqu'une personne fait part d'un problème, elle dispose généralement des ressources pour le résoudre, mais elle ne sait pas y accéder seule* et c'est au thérapeute de la conduire à en retrouver l'accès. C'est à celui qui écoute, thérapeute, coach, consultant, ami, parent, responsable ou manager, de privilégier cette attitude de vigilance positive pour mettre en valeur et mobiliser les ressources de la personne concernée plutôt que de souligner ses limitations et de se focaliser sur elles.

Les difficultés de changement sont souvent liées au fait que les personnes pensent qu'elles ne sont pas capables de faire autrement ou encore que ce sont les autres qui, par leurs rigidités, entravent leur succès. L'idée qu'elles pourraient faire autrement, voire même apprendre à faire autrement, leur est étrangère : leur construction de la réalité limite leurs possibilités. Face à un client qui me déclare avoir « tout essayé » pour résoudre son problème, je montrerai qu'il a ainsi fait preuve de ténacité et de détermination ; car ces qualités constituent ses ressources personnelles à exploiter pour déclencher le changement souhaité. A l'inverse, si une personne fait preuve d'une grande passivité pour résoudre son problème, je soulignerai sa force de résignation et sa capacité d'endurer des situations insatisfaisantes, ressources que nous exploiterons pour construire son désir de changer.

Avant de formuler des prescriptions à des personnes, il faut prendre soin de les choisir en fonction des ressources auxquelles elles ont facilement accès, afin de les placer dans un contexte où elles ne peuvent que réussir.

Selon Erickson, la meilleure manière de se donner des handicaps est de penser que l'autre « ne peut pas » ou « ne veut pas » changer. Selon lui, l'hypothèse la plus judicieuse est de penser que l'autre simplement « ne sait pas comment changer » ou mieux encore « ne sait pas qu'il sait changer ». Et le rôle majeur du thérapeute consiste à le lui apprendre en lui demandant d'accomplir « une tâche qui lui confirmera qu'il sait déjà le faire ». Cet état d'esprit ericksonien constitue un « métarecadrage » sur la conduite du changement. Toute évolution d'un individu passe nécessairement par l'apprentissage, qu'il soit d'ordre cognitif ou comportemental. Cette démarche, à la base de la thérapie brève, est tout aussi valable dans la conduite du changement en entreprise. Dès l'instant où les ressources ont été détectées et révélées, elles deviennent mobilisables. Le repérage systématique des ressources favorise une écoute constructive de part et d'autre et crée, en outre, un climat de confort et de confiance indispensable à la conduite du changement.

L'aptitude à accompagner et à entraîner nos interlocuteurs dans un processus de changement résulte pour une large part de notre capacité de mettre en lumière les ressources cachées derrière les handicaps ou les résistances qui seuls sont visibles par eux. Chacun de nous peut apprendre à être ce détecteur et ce révélateur de ressources.

☆

Les ressources humaines sont fragiles et périssables ; elles peuvent se dégrader.
Elles sont gaspillées lorsqu'elles ne sont pas reconnues et exploitées : elles ont cette particularité de ne s'épuiser que si l'on ne s'en sert pas !
L'individu a fortement tendance à n'utiliser que les ressources qui lui sont reconnues ; cet « effet Pygmalion » peut être d'une grande puissance : il serait donc dommage de le sous-estimer.
Dans bien des contextes de la vie quotidienne, nous pourrions être les uns pour les autres des mobilisateurs de ressources humaines.

Selon l'hypothèse de Milton Erickson, l'être humain possède les ressources de son évolution ; l'objectif que je vise dans mes interventions en tant que thérapeute ou consultante, consiste à lui apprendre à y accéder pour les exploiter. De même qu'un responsable ou un entraîneur puisera toute son efficacité dans le fait qu'il s'attache non seulement à exploiter les ressources des membres de l'équipe qu'il manage, mais aussi à extraire de leurs inhibitions et de leurs défauts leurs ressources « cachées », parce qu'il saura dégager leurs fonctions utiles.

Tout individu porte en lui des ressources et des inhibitions, aussi je ne partage pas cette conception du développement personnel, largement répandue, qui cherche en priorité à combattre les inhibitions : c'est prendre le risque de les renforcer et de mutiler les ressources qu'elles contiennent. Ces inhibitions cachent en fait un désir d'évolution avec tout un potentiel de ressources adéquates en gestation. Ce sont justement ces ressources latentes dont nous avons éminemment besoin ; mais nous ne pouvons y accéder seul, du fait que nous n'avons précisément pas conscience de leur existence. Erickson excellait dans l'art d'utiliser les inhibitions de ses patients pour produire le changement souhaité. Un jour, une femme, particulièrement pudique, vint à sa consultation privée : elle n'avait jamais pu se déshabiller au grand jour devant son mari car elle redoutait ses avances tout en y étant sensible. Ainsi, dès qu'elle se couchait près de lui, elle ne pouvait s'empêcher de parler pour éviter tout rapprochement. Erickson utilisa cette inhibition pour produire le changement qu'elle souhaitait : il prit d'abord en compte l'attitude de cette femme ; il lui conseilla non seulement de continuer à se déshabiller dans l'obscurité mais encore de le faire dans une autre pièce que cette chambre. Toutefois, il lui suggéra d'entrer dans cette chambre en faisant quelques pas de danse : c'était très facile pour elle puisque son mari ne pourrait la voir et, ne s'exhibant pas, elle pouvait ainsi danser avec plaisir et sans inhibition. Cette solution, typiquement ericksonienne, surprit et amusa cette personne. A la séance suivante, elle raconta à Erickson sa nouvelle expérience : elle s'était couchée près de son mari dans un tout autre état d'esprit, plutôt gaie, rieuse, détendue et surtout parfaitement à l'aise puisqu'elle se laissa agréablement apprivoiser ensuite : elle ne pouvait en effet être à la fois détendue et crispée ! Les résistances au changement sont d'autant plus fortes que les ressources incluses dans les inhibitions des individus n'ont été ni reconnues ni exploitées dans la mise en œuvre du changement.

Cette manière de provoquer le changement reste valable en entreprise. Les ruses d'Erickson pour « manœuvrer » le changement s'opposent à la façon dont sont menés les audits d'entreprise, comme préliminaires à des conduites de changement. Ces audits mettent le plus souvent en exergue les dysfonctionnements, les points faibles, les handicaps, les inhibitions, les blocages de l'entreprise, sans dégager suffisamment les ressources latentes que ceux-ci renferment également. Menés de cette manière, ces audits peuvent conduire au contraire à décourager et à démotiver le personnel. Pour avoir envie de changer et s'en sentir capable, il faut savoir qu'on en a les ressources. Ces audits devraient au contraire, à l'instar de la thérapie brève, s'attacher à dégager les ressources matérielles et techniques, latentes et disponibles, mais aussi les ressources humaines dont dispose l'entreprise afin de bien mettre en évidence les potentialités humaines qui sont généralement plus importantes qu'on ne le croit. Dans la majorité des cas, nous redoutons le changement et nous lui « résistons » parce que nous craignons de ne pas avoir les ressources nécessaires pour l'accomplir, donc de ne pas être à la hauteur pour l'assumer et le vivre de manière positive.

☆

Si vous recherchez les limites chez l'autre, vous les trouverez et vous vous limiterez vous-même.
Si vous recherchez ses ressources, vous les trouverez également et vous vous en donnerez en retour.
Cette recherche hélas nous est souvent moins familière !

ANCRER LES RESSOURCES

Situation présente limitante → ***Situation où siège la ressource*** *→ Transfert et ancrage de cette ressource dans la situation limitante*

Lorsque nous explorons le passé, proche ou lointain, de nos interlocuteurs, c'est pour leur permettre d'accéder à des ressources utiles « engrammées » dans leur inconscient et les transférer dans la situation qui leur pose problème[8]. Le passé est donc exploité dans une optique constructive et utilitaire : nous cherchons à y puiser les enseignements, les apprentissages et les ressources nécessaires pour générer le changement envisagé. L'ancrage de ressources est un recours précieux que vous provoquez d'ailleurs spontanément : le fait, par exemple, d'évoquer auprès d'une équipe ou d'une personne ses expériences passées réussies permet de réassocier celles-ci à ses ressources et d'activer sa confiance dans la possibilité d'évoluer. Recourir au passé, dans cet esprit, est particulièrement fécond auprès de personnes qui ont tendance à le noircir ou à s'y référer négativement, convaincues de vivre le présent dans les mêmes termes et envisageant leur futur de manière angoissée. Cette méthode les conduira à recadrer leurs souvenirs limitant leurs possibilités de changement. Et l'approche ericksonienne tire toute son efficacité de ce postulat fécond : les difficultés, les traumatismes et les échecs subis ont simultanément construit les ressources de notre développement car nous sommes bien toujours vivants !

☆

Faites évoquer par vos interlocuteurs des situations dans lesquelles ils ont utilisé avec profit les ressources et les compétences dont ils ont actuellement besoin, afin qu'ils retrouvent confiance en eux.

LE RESPECT DE L'ÉCOLOGIE

Un point essentiel dans l'approche systémique de la conduite du changement est l'attention à porter à l'écologie des systèmes humains. Tout système humain, individu, couple, famille, entreprise,

8. Voir, pour la technique de l'ancrage, l'ouvrage d'Alain Cayrol et Josiane de Saint Paul : *Derrière la magie – La Programmation Neuro-Linguistique*, pages 101 à 113.

est auto-organisé et homéostatique ; c'est une totalité composée de systèmes et de sous-systèmes étroitement imbriqués, en constante interaction avec un environnement socio-économico-culturel qui, en retour, génère, lui aussi, sa propre écologie. Tout système vivant, sensible par définition, requiert donc dans la conduite d'un changement le respect de son écologie, si l'on veut éviter l'émergence de résistances. Un système humain est un écosystème : au même titre que l'environnement naturel, il nécessite d'être respecté et protégé conformément aux règles de son écologie. Au cœur de la notion d'écologie humaine est inscrit le principe d'utilité, de fonction utile des dysfonctionnements, d'intention positive des comportements humains qui doivent être préservés pour que le changement souhaité puisse s'opérer sans être entravé par des résistances. Qui plus est : les défauts et dysfonctionnements humains s'annulent d'autant mieux qu'ils sont exploités dans des contextes où ils deviennent des atouts. Ainsi, nous envisageons tout défaut comme une caractéristique humaine mal utilisée. Cette attitude condamne sans appel la pensée binaire et manichéenne qui non seulement étouffe la créativité, mais bloque les possibilités d'évolution. En éliminant sans précaution un dysfonctionnement au sein d'un système, on peut en créer d'autres, parfois plus lourds de conséquences. Dès l'instant où nous intervenons pour conduire un changement, nous savons qu'en touchant à un des éléments du système, nous touchons à son équilibre global.

Les résistances souvent maladroitement créées par celui qui conduit le changement sont les manifestations d'une atteinte à l'écologie du système. Les résistances au changement, souvent mises en lumière par les coachs, les thérapeutes, consultants ou dirigeants, peuvent être aussi des indicateurs de leur propre rigidité. Accuser les autres d'être résistants, c'est bien souvent les charger d'une responsabilité qui n'incombe qu'à nous-mêmes. Identifier la logique éco-logique d'un système, individu, famille, service ou entreprise, évite de le prendre à rebrousse-poil et d'activer ses résistances. Lorsque nous faisons part des résistances qui nous font face, il s'agit bien souvent de données mal intégrées et mal interprétées ou d'une atteinte effective à l'écologie du système dans lequel nous opérons.

L'approche systémique vise moins à traiter les éléments du système que leurs interactions. *L'unité de lieu d'observation et d'intervention est donc le champ interactionnel où se jouent l'équilibre et le devenir du système concerné.* Ainsi l'observation et la prise en compte des modes interactionnels deviennent plus décisives que l'explication, toujours hypothétique, des facteurs historiques, personnels ou sociaux des symptômes et dysfonctionnements. Le fait de préserver les « fonctions utiles » d'un symptôme ou d'un dysfonctionnement permet de réduire et d'éviter l'émergence des résistances au changement. Un dysfonctionnement doit être envisagé comme une réponse d'adaptation, cohérente par rapport aux règles et à l'organisation du système dans lequel il se manifeste. Paradoxalement, il est impératif de respecter la cohérence et l'équilibre d'un système pour que celui-ci se transforme plus rapidement et facilement et cela sans effets pervers.

> ☆
>
> Exploiter la fonction utile de nos défauts nous permet de devenir un peu plus nous-même.

Le fait d'utiliser la fonction utile de nos défauts, autrement dit les ressources de nos inhibitions, est une manière efficace et créative de nous auto-manager. Car plus on évolue dans le sens de son écologie et plus on devient soi-même. Tout défaut contient potentiellement sa qualité comme tout point fort contient également son point faible, comme le nuisible intègre l'utile, comme l'utile intègre le nuisible. Mes interlocuteurs en formation sont généralement étonnés lorsque je leur demande de s'amuser à rechercher les fonctions utiles des dysfonctionnements que nous abordons ou lorsque je les mets moi-même en lumière : « Si votre collaborateur est un fainéant, demandez-lui de trouver la bonne méthode pour économiser du temps et de l'énergie, il devrait aussi avoir cette qualité, explorez cela. »

Ces recadrages de données – ou reconstructions de la réalité – modifient nos manières routinières et stéréotypées de penser et libèrent notre créativité de même que le désir et le plaisir de résoudre nos problèmes.

L'exemple des personnes handicapées qui exploitent au maximum ce qui leur reste d'autonomie est une illustration du principe : « Utilise ce que tu es maintenant. » Certaines réalisent même des performances qu'elles n'auraient peut-être jamais accomplies ou cherché à accomplir si elles avaient été valides, en pleine possession de toutes leurs ressources. Milton Erickson, daltonien, atteint à plusieurs reprises de poliomyélite, avait réussi à surmonter ses handicaps pour les transformer à son profit. Comme il le disait lui-même, ses paralysies lui procuraient « un avantage terrifiant » sur les autres. Ce sont elles qui lui permirent de développer ses dons d'observation hors du commun.

LA PRESCRIPTION DU SYMPTÔME ET DES RÉSISTANCES

La logique classique voudrait qu'on combatte les symptômes, les comportements dysfonctionnels et les résistances pour ainsi les éliminer. La logique paradoxale prend le contre-pied de cette démarche. Elle s'appuie sur le fait que plus une personne craint l'apparition de son symptôme, plus elle cherche à l'éliminer et plus ce combat ou cette anxiété anticipatoire produit ce symptôme redouté. La solution paradoxale consiste au contraire à prescrire le symptôme que le patient voudrait précisément évacuer. Le fait de demander à celui qui a peur de rougir, de se contraindre consciemment à rougir, bloque généralement l'apparition du symptôme.

Erickson reçut un jour un jeune homme, Alexander, qui lui dit :

> *– J'en ai assez, voilà quinze ans que je cherche à ne plus me ronger les ongles. Je veux m'arrêter mais je n'y arrive pas.*

Ce à quoi Erickson répondit :

> *– Mais vous avez vécu quinze ans de frustrations. Voilà quinze ans que vous vous privez du plaisir fabuleux de ronger de très gros morceaux d'ongle... Vous allez continuer à vous ronger les ongles mais vous allez le faire mieux : laissez d'abord se préparer une belle longueur... vous aurez beaucoup plus de plaisir à le faire dans ces conditions !*

Marcelle, célibataire, me soumit un jour le problème suivant : dès qu'elle rentrait chez elle le soir, elle éprouvait systématiquement une immense tristesse. Je lui répondis que pour bien comprendre le problème, j'avais besoin qu'elle me fournisse des informations très précises sur tout ce qui se passait en elle, dès qu'elle franchissait le seuil de sa porte. Je lui ai demandé pour la séance suivante de noter soigneusement le moment précis où sa tristesse se déclencherait, ainsi que tout ce qui se passait alors pour elle, dans les moindres détails : à quoi elle pensait et tout ce qu'elle faisait. Je lui prescrivis, au cas où elle ne sentirait pas de tristesse, de la provoquer alors d'elle-même. Cette manière bizarre de procéder la surprit. Elle esquissait même un léger sourire pendant ces recommandations. Je lui demandai alors si elle se moquait de mes conseils ou si elle se moquait d'autre chose (peut-être d'elle-même...) ! Le fait de demander à quelqu'un de produire le comportement compulsif dont il voudrait se libérer, tout en ajoutant quelque chose de nouveau, change totalement sa situation. Le comportement problématique spontané devient alors un comportement thérapeutique ordonné par le thérapeute seulement dans ce contexte. Ce comportement est obligatoirement contrôlé par le patient puisqu'il doit consciemment le produire et c'est là que réside la dimension thérapeutique de la prescription du symptôme. Un symptôme comportemental compulsif, exécuté sous contrainte, libère souvent le patient en produisant le changement souhaité, soit l'abandon du symptôme.

Les deux ouvrages de vulgarisation de Paul Watzlawick, *Faites vous-même votre malheur* et *Comment réussir à échouer*, constituent précisément des prescriptions du symptôme. Vivre dans le malheur et réussir à échouer sont en effet à la portée du premier venu et le lecteur apprend qu'il peut encore améliorer ses performances dans ce domaine *en expérimentant consciemment toutes les recettes éprouvées, décrites dans le livre* ! Je conseille souvent à mes interlocuteurs ces deux ouvrages car leur lecture exerce généralement des effets pédagogiques fort satisfaisants. S'ils me disent s'être retrouvés parmi les différents comportements exposés garantissant l'échec et la souffrance, je les invite alors à les réexpérimenter encore « mieux », en y ajoutant tout leur talent. Parfois encore, je demande à mes clients de décrire point par point, sur deux ou trois pages, comme on le ferait pour une recette de cuisine très sophistiquée, tout ce qu'il faut faire pour repousser son conjoint, se sentir isolé, etc., selon le problème à traiter.

La prescription paradoxale relève de la pédagogie par l'échec. Et celle-ci est très astucieuse car elle conduit l'individu à ne plus pouvoir être spontané dans ses attitudes négatives d'échec mais à les expérimenter consciemment et donc à devoir les contrôler ou encore à s'en moquer à tel point qu'il ne peut poursuivre ces absurdités.

Un jour, je reçus Alice qui avait derrière elle de nombreuses années de thérapie et qui souffrait, disait-elle :

– *d'une compulsion d'échec…*

Le vocabulaire qu'elle employait indiquait combien elle était « initiée ». Mais j'adoptai une attitude qui laissait penser que je ne voyais pas ce qu'elle voulait dire. Après avoir pris le temps de lister et de clarifier avec elle ses multiples situations d'échec, je lui fis cette prescription :

– Avant de vous lever, je vous demande de réfléchir pour décider, chaque matin, quels échecs vous allez réussir dans la journée.

Mais je lui proposai toutefois de l'aider pour la familiariser avec la rigueur de la démarche ! Ainsi nous avons balayé ensemble la journée qui allait suivre notre entretien en listant tout ce qu'elle aurait à faire dans les moindres détails. Je lui suggérai, dans chaque situation, à quel échec elle pourrait parvenir très facilement ; cet exercice fut particulièrement ludique. Toutefois, nous avons pris la précaution de distinguer trois types d'échec :

- l'« échec grave » qui pouvait réellement la mettre en danger ;
- l'« échec neutre » qui lui ne lui donnerait en fait ni satisfaction ni insatisfaction ;

et enfin ce qu'on pouvait appeler

- l'« échec habituel », celui qui, précisément, entamait sa propre image d'elle-même et qui était l'objet de la thérapie.

Ses échecs habituels, une fois décrits par elle, guidèrent nos prescriptions paradoxales.

Un autre exemple de directive paradoxale, donnée par Erickson, est l'histoire d'une de ses patientes qui se plaignait de sa solitude et qui *donc* avait tendance à se confiner chez elle car, disait-elle, elle ne savait pas établir de bons contacts avec les autres : quand elle était avec d'autres personnes, elle se sentait généralement très mal à l'aise.

Erickson lui aménagea alors un contexte très approprié qui lui permettrait de produire le changement souhaité : il lui suggéra d'aller dans une bibliothèque publique, lieu idéal pour cette personne, puisqu'elle n'aurait surtout pas à parler avec les autres ; elle avait simplement pour mission d'aller y « perdre son temps » comme elle disait le faire, de toute façon, en restant seule chez elle. Elle suivit donc ses conseils. Une fois arrivée à la bibliothèque, elle commença à s'intéresser à des articles de spéléologie, jusqu'au moment où une personne, qui était près d'elle, vint lui demander si explorer des grottes l'intéresserait. Elle se surprit à dire « oui » et, de fil en aiguille, adhéra à un club de spéléologie. Elle fit ainsi le premier pas décisif vers cette vie sociale qu'elle n'avait jusqu'à présent jamais su mener.

L'apprentissage par la prescription du symptôme ou par l'échec est à la fois élégant, créatif et efficace : il génère et stimule merveilleusement bien les ressources de chacun d'entre nous.

Mais, en fait, il n'y a pas de solution paradoxale dans l'absolu : une solution n'apparaît paradoxale qu'en fonction des prémisses qui dirigent la construction de la réalité de celui à qui elle s'applique. Et c'est précisément la raison pour laquelle l'individu concerné, « empêtré » dans son problème, ne peut pas l'envisager. Selon sa propre construction de la réalité, selon les croyances et les règles qui le gouvernent, de telles solutions ne peuvent « à première vue » qu'être dépourvues de sens et même « encore pire ». Car ces solutions « de bon sens » qu'il a maintes fois réessayées sans succès reviennent à lui faire prendre un peu plus conscience de l'inéluctabilité de son comportement et à lui rendre encore plus difficile la possibilité d'y renoncer.

C'est le fait de vouloir *délibérément* être heureux qui mène les individus le plus souvent à la dépression, comme le fait de s'efforcer de dormir qui nous maintient un peu plus éveillés. Les théoriciens de l'École de Palo Alto en concluent que c'est le fait de *vouloir accomplir volontairement des changements qui échappent à notre contrôle*, à notre volonté, qui leur ôte tout caractère opérationnel. C'est une des raisons pour lesquelles l'insomniaque vit une réelle épreuve lorsqu'il tente de parvenir, par la force de sa volonté, au phénomène spontané qu'est le sommeil. Il s'enferme en effet dans un paradoxe du type « sois spontané » qui va justement condamner tous ses efforts à l'échec. Il est donc plus logique de prescrire le symptôme à la personne insomniaque en lui demandant au contraire de lutter contre l'endormissement et non d'appliquer les bons conseils généreusement prodigués dans certains magazines et dont elle a déjà fait l'expérience malheureuse.

Qui n'a vérifié à quel point les conseils donnés pour abandonner des comportements sont rarement suivis d'effets ? La personne qui vient solliciter un conseil exprime souvent, inconsciemment, une attente paradoxale : certes, elle voudrait que cela change, mais sans changer ; elle vous demande comment faire mieux qu'elle ne fait, mais elle aimerait toutefois que vous lui assuriez qu'elle fait bien quand même. Si jamais vous tombiez dans le piège inconscient qu'elle vous tend et que vous critiquiez sa démarche, elle risque de se sentir atteinte ; d'ailleurs elle ne vous écoute déjà plus vraiment, mobilisée qu'elle est à vous expliquer qu'elle ne peut faire autrement. Et elle a raison, en fait. L'échec de l'entretien est alors garanti : vous avez perdu votre temps ; quant à elle, elle est toujours aux prises avec son problème ; mieux encore, vous courez le risque supplémentaire d'endommager vos relations. L'avantage de la solution paradoxale est de déjouer élégamment les résistances de la personne : elle change alors sans se sentir contrainte de le faire. Une résistance prescrite et imposée cesse d'être une résistance, elle devient une ressource générant le changement souhaité. Le symptôme doit toutefois être prescrit de manière appropriée et parfaitement adaptée à l'interlocuteur : si la théorie est simple, son application est en effet subtile. Elle exige du doigté et surtout un grand respect de la personne concernée.

RÉSISTANCES ET INHIBITIONS : DES MOTEURS CACHÉS À EXPLOITER

Résistance → **Utilisation de sa fonction utile** → *Ressource*

Résistance → **Prescription de la résistance** → *Objectif atteint*

Toute conduite du changement peut provoquer des résistances. Elles sont un phénomène naturel dans un processus de changement ; mais elles peuvent aussi résulter d'une erreur d'intervention. Dans le premier cas, il s'agira d'exploiter la fonction utile de ces résistances, dans le second de rectifier l'erreur commise.

Erickson appréhende, nous l'avons vu, les résistances comme des alliées potentielles du changement. Selon lui, elles recèlent toutes des ressources latentes à faire émerger et doivent donc être gérées comme un capital car elles font aussi partie du patrimoine précieux de tout système humain. Ainsi les résistances s'épargnent, s'investissent, s'utilisent, se développent, se réorientent, se déplacent et, au besoin, se créent délibérément si c'est utile. Par exemple, tout en formulant une prescription à l'un de mes clients au tempérament fuyant qui s'impliquait peu, mais aimait cependant les défis, je lui déclare :

> *– Je vous connais maintenant suffisamment. Je parie que vous n'oserez jamais faire ce que je vous demande ! J'en suis convaincue.*

Cette intervention doit bien évidemment être mise en œuvre dans un rapport d'estime avec l'autre : elle relève d'une pédagogie paradoxale du défi.

Ainsi à la longue liste des gaspillages en tout genre, nous ajoutons la lutte contre le gaspillage des ressources humaines dans lesquelles figurent en bonne place la gestion et l'utilisation des résistances.

Mais comment détecter ces résistances qui ne se manifestent pas toujours très explicitement ? En fait, elles s'expriment toujours, d'une façon ou d'une autre, de manière plus ou moins ténue, de façon verbale ou non verbale : l'énoncé d'une règle, d'un jugement, d'une supposition, d'une interprétation, une expérience passée évoquée, une objection, un seul petit « oui mais », un changement soudain de respiration, une légère onomatopée, une inflexion de voix, un changement de rythme verbal, peuvent être la manifestation de résistances. Il est important d'en tenir compte pour mieux les apprivoiser : en reconnaissant leur bien-fondé originel et en exploitant leurs fonctions utiles nous facilitons l'accomplissement du changement souhaité.

☆

Nous avons tendance dans notre vision occidentale à envisager les objections ou les oppositions comme des freins et des obstacles à combattre.
Cette vision dramatiquement partielle et limitante des résistances contribue largement à bloquer les processus de changement.
Ne cherchons plus à les éliminer, mais employons-nous à les détecter et à mobiliser les forces cachées qu'elles représentent.

Septième partie

L'APPLICATION DANS LA GESTION DES CONFLITS

22

LA RÉSOLUTION DES CONFLITS HUMAINS

LE CONFLIT, UN APPEL À UN NOUVEL ÉQUILIBRE

Les conflits sont à la base de l'évolution des systèmes vivants. C'est notre manière de les aborder qui les rend menaçants ou féconds, sources de blocage, de destruction ou d'évolution. Les rapports humains sont régis par cette dynamique vitale du conflit et de l'harmonie, de l'ordre et du désordre. Les conflits sont avant tout des appels à l'établissement d'un nouvel équilibre qui, lui-même, porte les germes d'autres déséquilibres et conflits à venir et ainsi de suite. Dans le monde des hommes, évolutif par essence, il ne peut donc y avoir de règles absolues qui construisent une fois pour toutes des rapports harmonieux : ceux-ci, faillibles et mouvants, nécessitent en permanence l'établissement de nouvelles règles en fonction des nouvelles données qui se font jour. L'ordre sans le désordre, comme le désordre sans ordre, annihile l'essence même de la vie.

La résolution des conflits, dans ce qu'elle nécessite de réflexion, de confrontation, de choix et de dépassement, nous invite à passer à un niveau logique d'ordre supérieur où pourra être dégagée leur fonction utile d'évolution. Il s'agit là encore d'un changement qui modifie le système lui-même, celui que Gregory Bateson appelle un changement de niveau 2[1].

Nombre de conflits humains rappellent ces maladies auto-immunes où les cellules d'un même organisme, ne sachant plus se reconnaître comme alliées, se font la guerre pour finir par s'autodétruire. Les conflits peuvent aussi être l'expression d'un potentiel d'énergie mal utilisé. Pour sortir du conflit, il s'agira de réorienter cette énergie de manière à la réinvestir et à la canaliser au service d'un changement qui satisfasse les parties en jeu.

Si les conflits résultent le plus souvent de rapports de force, ils sont liés aussi à l'insatisfaction, à la frustration, à la dévalorisation ou à l'ennui. Face à un travail insatisfaisant ou à des relations routinières non gratifiantes, le recours aux conflits peut apporter quelque excitation. Dans un premier temps, on peut trouver quelque soulagement, quelque plaisir dans la bagarre, ne serait-ce que dans la perspective de sa propre victoire qui mettra l'autre en échec. Mais ce genre de victoire reste temporaire du fait qu'elle génère l'idée de revanche chez le perdant. Il s'agit donc de savoir si l'on souhaite changer les choses ou punir l'autre en le faisant perdre. Nous confondons souvent « conflit » avec « combat » et envisageons le conflit comme un jeu à somme nulle où si l'un gagne, l'autre perd. C'est la raison pour laquelle certains conflits se perpétuent dans des jeux sans fin.

Notre vision dualiste du monde nous conditionne à croire qu'il est impossible de résoudre un conflit par un résultat positif avec *deux gagnants*. Ce qui explique ces manières bien connues de gérer les conflits, telles le bluff, la menace, le chantage, l'agression ou la désinformation entre les parties, qui ne sont rien d'autre qu'une réplique feutrée des stratégies guerrières. Certes elles ont permis les victoires d'hier mais aussi fécondé les problèmes d'aujourd'hui.

1. Voir au chapitre 1 : *Les deux types de changement.*

LES CONFLITS RÉSULTENT DES RIGIDITÉS HUMAINES

Tout système humain poursuivra et contrôlera d'autant mieux son évolution qu'il disposera d'une bonne souplesse. Si la plupart des conflits proviennent et résultent de la rigidité des hommes, ils les résolvent et les dépassent grâce à leur flexibilité, à leur capacité de prendre du recul pour reconstruire la réalité[2].

Les individus en conflit se comportent en effet en véritables robots, en « machines triviales » : leurs comportements deviennent tellement prévisibles et leurs options tellement restreintes qu'il devient possible de devancer leurs récits pour leur indiquer, de manière provocatrice, comment ils « ont dû fonctionner ». J'utilise souvent cette astuce pédagogique pour mettre en évidence le fait que les conflits sont entretenus par nos comportements répétitifs qui nous emprisonnent dans des cercles vicieux.

Nombre de conflits se perpétuent par le fait même que nous n'utilisons plus ce qui caractérise notre dimension humaine, à savoir l'autonomie où précisément réside notre créativité. Dès l'instant où nous sommes absorbés dans un conflit, nous avons tendance à limiter notre espace de liberté et à restreindre nos possibilités de réponses aux conditionnements les plus archaïques, attaquer ou se défendre. Si l'individu « est agi » par sa rigidité, il « agit » grâce à sa souplesse qui seule lui permet d'inventer de nouvelles stratégies : là résident notre responsabilité et notre espace d'autonomie...

COMMENT PERPÉTUER UN CONFLIT !

Si les conflits sont liés à la rigidité des individus, leur perpétuation résulte de la manière linéaire de les appréhender, qui veut qu'un conflit n'ait qu'*un seul* coupable et qu'*une seule* cause.

2. Voir la deuxième partie : *Le changement découle d'une nouvelle lecture de la réalité.*

Prenons le cas d'Odile, mère de famille, irritée de ne pouvoir compter sur son mari, Arthur, pour l'éducation de ses enfants, une fille de douze ans et un garçon de quatorze ans :

> *– Tout retombe sur moi : c'est moi seule qui m'occupe des problèmes des enfants. Mon mari ne tient pas son rôle de père ; tous nos conflits sont liés à cela.*

Lorsque je lui demande comment elle a essayé de résoudre ce problème, elle me répond :

> *– Je n'ai pas le choix, j'assume entièrement l'éducation de nos enfants.*

Mais sa solution qui consiste à corriger l'irresponsabilité du père dans ce domaine en prenant, elle, tout en charge, risque d'amplifier le problème. Car elle ne peut que multiplier ses reproches et désengager encore un peu plus l'implication du père et donc alimenter leur conflit et son propre problème.

En effet, recueillons maintenant le point de vue du père, Arthur. Lui me déclare :

> *– Ma femme me reproche de ne pas m'occuper des enfants, en fait c'est faux. Le problème est qu'elle ne me fait pas confiance : lorsque je m'en occupe, elle ne peut pas s'empêcher de critiquer et de discréditer mes méthodes devant eux. C'est insupportable. Aussi ai-je décidé de la laisser faire et de profiter de ses rares absences pour retrouver auprès de mes enfants cette complicité à laquelle je tiens tant.*

Mais cette solution nourrit encore le conflit car, bien évidemment, son épouse n'admet pas cette attitude de son mari qui la renforce encore dans son opinion. Si elle ne peut plus compter sur lui, ses enfants sont privés de l'autorité paternelle, alors il faut qu'elle l'assume seule ! Voilà un exemple classique de cercle vicieux dans lequel deux personnes, de bonne foi et de bonne volonté, peuvent s'engloutir en fonctionnant selon la logique linéaire du « c'est à cause de lui (ou d'elle) que j'agis ainsi ». Les solutions basées sur la causalité linéaire perpétuent les conflits. Il faut en premier lieu conduire Odile et son mari à réfléchir sur la finalité de leur union, en tant que parents mais aussi en tant que mari et femme, et leur poser ces questions :

– *Qu'est-ce que vos enfants attendent de vous ?*
– *Qu'est-ce que vous attendez, vous-mêmes, de vos rôles respectifs de père et de mère ?*

Après avoir recueilli leurs aspirations et le but commun qu'ils partagent, il sera alors possible d'envisager avec eux de nouvelles règles dans leur fonctionnement de parents, qui induiront des comportements plus satisfaisants de part et d'autre. Je m'abstiendrai bien évidemment de leur demander d'expliquer leurs conflits pour éviter un ultime déballage d'accusations réciproques. Je mettrai plutôt au jour les conséquences négatives de leurs comportements respectifs (pour eux comme pour leurs enfants) et surtout les avantages et les satisfactions dont ils se privent, ce faisant.

Le but de cette approche est d'élever le conflit à un niveau d'ordre supérieur, celui des buts et des aspirations. Et cela n'implique pas nécessairement la présence ni la confrontation des deux protagonistes. Le fait de recadrer la vision de l'un d'eux peut suffire à le conduire à se comporter différemment avec l'autre. Par exemple, j'aurais pu suggérer à Odile, de manière indirecte, qu'il y a de multiples manières de s'occuper des enfants et que chacune d'elles présente des avantages et des inconvénients, ou encore lui dire que lorsque l'on craint qu'une personne ne soit pas à la hauteur de sa tâche, celle-ci a tendance à s'en dégager. Elle évite ainsi les critiques mais alors on court deux risques : celui de la voir ne plus assumer ses responsabilités et celui d'avoir à tout prendre en charge à sa place. Et, si Odile partage mes commentaires, je lui conseillerai d'expérimenter la position basse (décrite au chapitre 10), notamment lorsqu'elle confie ses enfants à son mari. Elle pourrait lui dire par exemple :

– Je me demande si tes méthodes ne sont pas plus efficaces que les miennes pour les faire obéir. Leurs chambres sont actuellement dans un désordre épouvantable, pourrais-tu parvenir, toi, à ce qu'ils les rangent ?

En revanche, si c'est le père, Arthur, qui me consulte, je pourrais lui suggérer :

– Certaines mères de famille sont tellement soucieuses de l'éducation de leurs enfants qu'elles critiquent systématiquement leurs maris lorsqu'ils s'en occupent. Ces pères ont alors tendance à moins s'occuper de leurs enfants. Cela prive malheureusement les enfants de leurs pères sans compter que cela accroît encore l'inquiétude de leurs mères. Elles deviennent alors très agressives à l'égard de leurs maris car elles interprètent leur démission comme un signe d'irresponsabilité ou d'indifférence.

Si Arthur avait trouvé ce point de vue pertinent, je lui aurais conseillé d'adopter une nouvelle démarche : s'entretenir sereinement avec sa femme au sujet des enfants et valoriser leur souci commun de leur donner une bonne éducation, lui dire aussi qu'il avait compris que l'attitude qu'elle avait envers lui était le signe de son inquiétude à ce sujet. Enfin, pour la rassurer, ils pourraient envisager une nouvelle façon d'éduquer ensemble leurs enfants. Il pourrait aussi lui dire qu'il a besoin de sa confiance et de sa complicité pour assumer son rôle de père, même si ses méthodes diffèrent un peu des siennes.

Bien des rapports conflictuels peuvent être imputés à l'incapacité des protagonistes d'*interpréter utilement* leurs comportements respectifs. Toutes nos relations nous insèrent dans une boucle circulaire, une spirale, pour le meilleur ou le pire. Les comportements d'Arthur et d'Odile étaient cohérents par rapport à leurs visions respectives[3], mais c'est celles-ci qui entretenaient leur conflit. Le

3. Voir les chapitres 4 : *La réalité : une construction de l'esprit* et 6 : *Le recadrage, l'étape majeure du changement*.

fait d'amener l'un à envisager différemment le comportement de l'autre, soit un changement de niveau 2[4], peut générer chez celui-ci des réponses différentes pour résoudre le conflit.

☆

La meilleure manière de perpétuer un conflit consiste à se demander ou à chercher à savoir « qui a commencé » ou encore « qui est le coupable ».

LES CONFLITS LIÉS À UNE INTRUSION

Prenons un exemple. Il s'agit d'un conflit entre une mère, Betty, âgée de soixante ans et sa fille, Marine, trente-cinq ans, qui partagent la direction d'une même entreprise. Bien qu'elles s'aiment beaucoup et que leur complicité soit manifeste, elles se plaignent toutes deux d'entrer de plus en plus fréquemment en conflit. Je les ai reçues ensemble, j'avais déjà travaillé avec chacune d'entre elles sur d'autres sujets. Après m'avoir décrit quelques situations conflictuelles typiques, elles sont tombées d'accord sur le fait qu'elles avaient chacune tendance à empiéter sur le territoire de l'autre. Betty ne se prive pas de faire des observations et des commentaires à sa fille sur son couple et sur son rôle de mère, Quant à Marine, elle ne peut s'empêcher de prodiguer à sa mère maints conseils et remarques généralement désobligeants. Betty reproche à sa fille d'être souvent irrespectueuse ; Marine déplore que sa mère se comporte comme si elle avait encore quinze ans.

Lorsque je leur ai demandé de délimiter leurs territoires respectifs, sur le plan personnel comme sur le plan professionnel, elles ont toutes deux convenu qu'ils étaient très flous. Nous nous sommes alors attachées toutes les trois à clarifier par écrit

4. Voir au chapitre 1 : *Les deux types de changement.*

leurs domaines réservés respectifs. Puis je leur ai demandé quel changement elles souhaitaient pour que leur relation soit plus satisfaisante. D'un commun accord, elles désiraient rester proches et rétablir entre elles des relations de complicité professionnelle en ce qui concernait le management de l'entreprise mais aussi profiter ensemble des moments récréatifs comme le feraient deux bonnes copines. Au cours de cet entretien, j'ai abondamment exploité leur sens de l'humour[5] et leur créativité pour envisager les mesures à prendre si jamais l'une d'entre elles retombait dans le piège de l'intrusion. Je leur ai demandé de trouver ensemble un « mot-déclencheur » qui stopperait toute éventuelle invasion de l'une comme de l'autre : ainsi, dès que l'une franchirait le territoire de l'autre, « l'envahie » devrait prononcer « tendrement » le signal d'alarme[6] qu'elles venaient de négocier, soit le mot « radis ». Je leur ai toutefois prescrit de s'entraîner, quatre fois par jour, à empiéter sur le territoire de l'autre qui devait immédiatement déclencher le fameux « radis » ; si jamais « l'envahie » oubliait d'activer le signal, « l'envahisseuse » devait tout de suite rectifier son erreur en le déclenchant elle-même. Cette prescription paradoxale[7] avait pour but de leur apprendre à contrôler, à la fois, leur système d'intrusion et le signal d'alarme. Cette méthode qui vise à dédramatiser les comportements nuisibles en facilite aussi étonnamment l'abandon.

MISER SUR L'INTERDÉPENDANCE

Les dirigeants et les responsables ont, jusqu'à présent, davantage appris à commander qu'à organiser et à coordonner la coopération. Ils savent mieux administrer la dépendance et la soumission

5. Voir au chapitre 17 : *« Cruauté bienveillante », tendresse de l'humour et provocation.*
6. Voir, au chapitre 16, l'ancrage des ressources.
7. Voir au chapitre 17 : *Le sabotage bienveillant, emprunter le symptôme de l'autre.*

qu'animer l'expression créative ou favoriser l'enrichissement des différences. De même, bien des professeurs se heurtent à de grosses difficultés avec leurs élèves parce qu'ils « enseignent » plus qu'ils ne leur « apprennent à apprendre ». Sur un autre plan, les thérapeutes ont plus été formés à établir une relation d'aide avec leurs patients qu'une relation de coopération ou de négociation. Ils portent ainsi plus leur attention sur les problèmes des patients que sur la mobilisation de leurs « ressources », la stimulation de leur désir et de leur coopération pour parvenir au but qu'ils souhaitent. En entreprise, en thérapie, en famille, à l'école et à une échelle plus vaste, aux niveaux social et international, les rapports humains fondés sur l'interdépendance et la coopération sont plus productifs et plus satisfaisants que les rapports établis sur la subordination, soit la « domination-soumission ».

Ce sont moins les structures qui ont besoin d'être modernisées et réactualisées que les modes d'interactions qui les construisent et les alimentent. Bien que les organisations se dotent de plus en plus de structures transversales de coordination, les anciens comportements fondés sur la vision traditionnelle d'une organisation hiérarchique demeurent, même si chacun reconnaît qu'ils sont contre-productifs. De plus, ces structures de coordination ou d'interfaces ont trop souvent envisagées, et donc utilisées, comme des marches supplémentaires à franchir.

Le fait de mettre l'accent sur les distinctions de statuts, de fonctions, de positions sociales, de diplôme et de formation perpétue les cloisonnements intellectuels et techniques et érige des hiérarchies. Les distinctions maintiennent des rapports de subordination qui suscitent le plus souvent davantage de rejet que de respect. Ces rapports de subordination ne sont pas vraiment propices aux liens de coopération, d'interdépendance, bien que chacun sache que la bonne marche des entreprises modernes implique la solidarité et la responsabilité de chacun… Cette mise en exergue des différences aboutit plutôt à un mépris généralisé et à un gaspillage des ressources humaines, voire, une violence feutrée dans les rapports de travail. Les relations fondées sur des dyades complémentaires, fortement hiérarchisées, telles chef et subordonné, concepteur et exécutant, dirigeant et dirigé, enseignant et élève, thérapeute et malade, génèrent de l'obéissance passive, des résistances plus ou moins manifestes et surtout mutilent la créativité et la richesse de chacun. L'enjeu de ce genre de rapport devient moins la coopération pour participer à l'atteinte d'un objectif commun que la lutte pour le positionnement de chacun.

Les rapports de coopération impliquent d'apprendre à s'enrichir des diversités de l'autre, à exploiter ses différences pour en faire une valeur ajoutée. Cela ne revient pas à uniformiser mais au contraire à faciliter l'émergence de cette cocréation latente dans tout rapport humain. En fait, ce qui devrait caractériser et distinguer les membres d'une entreprise, ce sont les objectifs que chacun doit atteindre pour contribuer à sa finalité. Dans cet esprit, le management des hommes ne revient plus à diluer l'identité de chacun mais paradoxalement à la développer.

En conciliant notre « autonomie » avec notre « dépendance inéluctable », nous exploiterons mieux l'interdépendance qui nous relie les uns aux autres. Nous faisons partie de différents systèmes, couple, famille, entreprise, qui nous insèrent autant dans l'autonomie que dans la dépendance. Plus nous avons conscience de nos ressources et donc de notre capacité d'autonomie, mieux nous développons ce que nous sommes, précisément en maillant nos ressources avec celles de nos semblables. C'est parce que nous dépendons de l'autre que nous pouvons paradoxalement accroître notre autonomie et notre pouvoir d'influence. Nous prenons alors une part active dans la construction de liens d'interdépendance plutôt que de nous contenter de les subir.

Chaque individu est à la fois semblable et différent des autres ; si des caractéristiques historiques nous séparent les uns des autres, d'autres nous rapprochent. L'interdépendance implique la reconnaissance de l'autre : cela ne consiste pas à le juger ni à s'en distinguer, mais à exploiter la valeur utile de ses différences. Il ne s'agit donc pas d'abandonner notre identité au profit de celle de l'autre mais au contraire de la développer grâce à celui-ci.

> ☆
>
> L'interdépendance participe à notre évolution ; les rapports de dépendance nous figent et sont susceptibles de nous détruire à cause des conflits qu'ils peuvent engendrer.

CONFLIT ET MÉDIATION : LA NÉCESSITÉ D'UN TIERS

Des situations de blocage et de violence s'installent lorsque les individus deviennent incapables de les réenvisager pour modifier leurs règles de fonctionnement. Dans certains conflits, les acteurs sont tellement enfermés dans des schémas répétitifs que le recours à un médiateur devient en effet indispensable.

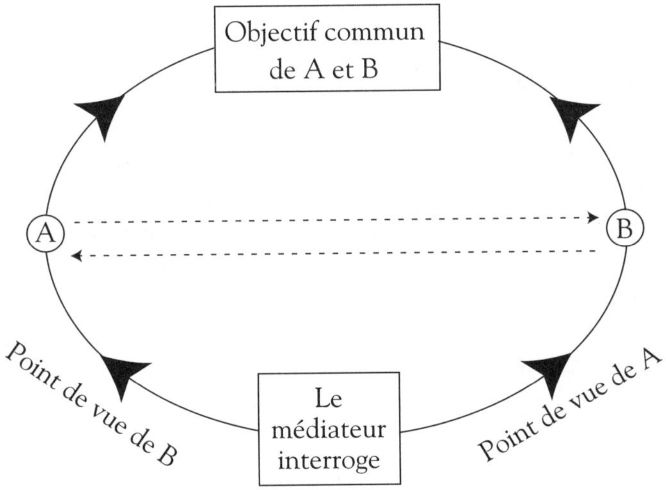

Arbitrer un conflit consiste à transformer un combat à deux, sans issue, en une exploration à trois des solutions à mettre en œuvre. Le médiateur n'a pas nécessairement à donner son point de vue ; loin de s'opposer ou de donner raison à l'un ou à l'autre, il va plutôt *demander à chacun, alternativement, de formuler non pas ses propres positions mais celles de son partenaire*[8]. Il doit écouter, sans prendre la parole pendant l'exposé. Cette manière d'arbitrer vise à faire passer les protagonistes du mode dialectique d'échanges au mode herméneutique (qui vise à les faire réfléchir pour se comprendre). Pendant les exposés respectifs, le médiateur n'interviendra que pour reformuler voire faire clarifier ce qui est dit. Il prendra soin d'observer les moindres mini-accords ou désaccords non verbaux exprimés par celui qui écoute et ne doit pas intervenir verbalement. Ensuite il passera à l'étape de la clarification de l'objectif commun aux deux protagonistes. Celui-ci servira d'ancrage pour orienter les interventions du médiateur, lui permettre de réguler les échanges entre les deux protagonistes et leur faciliter la recherche de solutions appropriées.

LES CONFLITS INTÉRIEURS : NÉGOCIER AVEC SOI-MÊME

Nos conflits intérieurs résultent, pour la plupart, d'une opposition, d'une contradiction ou d'une inadéquation entre ce que nous voulons faire et ce que nous faisons, entre ce que nous ressentons et ce que nous décidons. La gestion de ces conflits appelés intrapsychiques repose sur l'hypothèse selon laquelle l'individu est un système composé de sous-systèmes appelés « parties » ou « personnages ». Ces sous-systèmes interagissent entre eux pour coopérer ou pour s'affronter. Là encore, nous dirons que ce n'est pas la personne qui est perturbée mais les interactions entre les parties qui la composent qui la bloquent et la font souffrir.

8. Voir, au chapitre 17 : *Le questionnement circulaire*.

Les parties en conflit vont donc être considérées comme des personnages à part entière : chacun ayant ses croyances, ses valeurs, ses règles, ses comportements et voulant être reconnu et jouer pleinement son rôle. Ainsi un certain nombre de personnages, dont nous avons plus ou moins conscience, cohabitent en nous et contribuent à façonner notre personnalité globale. Lorsque nous nous sentons à l'aise, en accord avec nous-mêmes, cela signifie que ces personnages s'accordent et conjuguent leurs ressources pour coopérer, un peu comme fonctionne une équipe efficace, unie et solidaire. Par contre, nos malaises et nos blocages indiquent que ces personnages qui nous composent se combattent et s'empêchent mutuellement d'agir.

La méthode[9] préconisée va consister à rétablir le dialogue entre les parties en conflit afin qu'elles reconnaissent l'utilité de leurs fonctions respectives et se considèrent mutuellement comme des alliées pouvant coopérer vers un même but. Pour établir le dispositif de cette négociation particulière, nous placerons la personne en conflit avec elle-même en position dissociée, ou métaposition, afin qu'elle puisse, elle-même, exercer ses talents d'arbitre dans de meilleures conditions de neutralité : elle devient en quelque sorte le « médiateur de ses parties en conflit ».

Prenons l'exemple de Fabien, un étudiant en biologie, qui doit repasser son examen en septembre. Il est tiraillé entre se mettre au travail et profiter de la plage. Lorsqu'il rejoint ses copains à la plage, il ne profite pas vraiment de ses instants de détente car il est tenaillé par le fait qu'il ferait mieux de préparer son examen. De la même façon, lorsqu'il est à sa table de travail, il n'est guère productif car, alors, il pense aux loisirs dont il est privé.

Appelons F1 la partie qui aimerait pouvoir travailler en paix et F2 celle qui revendique sa part de loisir ; les deux parties F1 et

9. Voir, au chapitre 17, *La dissociation ou métaposition*, et dans l'ouvrage de Josiane de Saint Paul et Alain Cayrol, *Derrière la magie – La Programmation Neuro-Linguistique*, Dunod, 2002, le modèle des parties et le recadrage en six points.

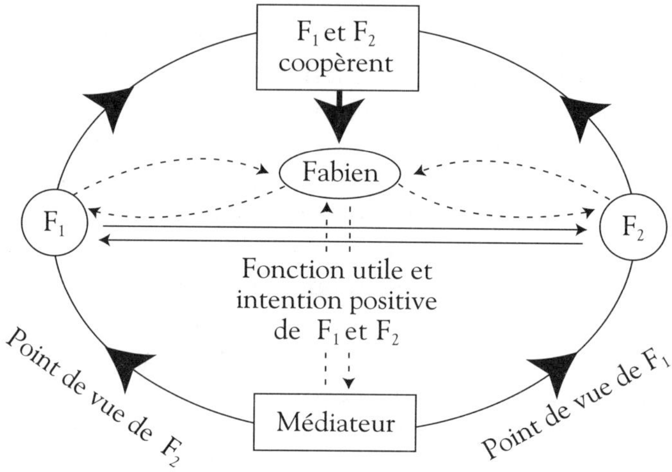

F2 se court-circuitent en s'empêchant mutuellement de remplir leurs fonctions utiles.

En premier lieu il faudra le conduire à établir un dialogue différent entre les deux parties qui s'opposent afin qu'elles apprennent l'une et l'autre à se reconnaître et à se respecter. Chacune aura à définir ses prérogatives en fonction des contextes où il est approprié qu'elle se manifeste. Par la technique du recadrage[10], on demandera à chacune des deux parties la fonction utile qu'elle remplit. On part du potulat qu'il est possible que chaque partie remplisse sa fonction utile sans pour autant porter préjudice à l'autre. La fonction utile de la partie F2 qui empêche la partie F1 de travailler est de répondre au besoin de détente de Fabien ; elle est indirectement nécessaire pour la productivité de son travail. La fonction utile de la partie F1, qui gâche systématiquement ses moments de loisirs, est de s'attacher à la réussite de l'examen. Toutes deux vont donc avoir à négocier un cadre et un temps pour exercer pleinement leur fonction utile respective et satisfaire l'ensemble des aspirations de Fabien : quand il est à la plage,

10. Voir, au chapitre 6, le recadrage de comportement.

pouvoir en profiter pleinement ; quand il est au travail, être parfaitement concentré sur ce qu'il fait.

La question posée par Fabien à la partie F1 peut être :

– *Est-ce que tu considères la fonction de F2 suffisamment importante pour accepter qu'il la remplisse sans que tu le déranges ?*

Il procédera de la même façon avec la partie F2. Il aide ainsi chaque partie à valider sa propre utilité et à s'engager à ne pas court-circuiter l'attribution de l'autre.

On leur prescrira ensuite un certain laps de temps pour qu'elles expérimentent leur nouveau schéma de fonctionnement coopératif : quelques jours, période à l'issue de laquelle les résultats seront mesurés et ancrés[11]. Mais avant de passer à cette étape, il est toutefois nécessaire de vérifier si, dans cette négociation entre F1 et F2, d'autres parties ne seraient pas impliquées et ne souhaiteraient pas intervenir. Le schéma de cette méthode de réconciliation est facilement transposable à la résolution des conflits entre les services d'une entreprise ou d'un hôpital ou encore entre des personnes qui se contrecarrent dans leur travail.

11. Je conjugue généralement le modèle des parties avec les techniques de l'ancrage.

23

APPLICATION POUR DES NÉGOCIATIONS ÉLÉGANTES ET PERFORMANTES

LES PRINCIPES D'UNE NÉGOCIATION ÉLÉGANTE ET BÉNÉFIQUE

La négociation est en effet au cœur de la communication interhumaine ; peu de situations sont incompatibles avec une démarche négociatrice. A la base du management, elle peut être aussi systématiquement utilisée en famille, en thérapie, en pédagogie comme, finalement, dans presque tous les contextes de la vie quotidienne. Les rapports négociés favorisent la responsabilisation et la coopération. Ils permettent de dépasser les rapports de domination, fondés sur la dépendance dont nous avons vu les effets néfastes. Ils établissent des relations d'interdépendance et de partenariat. Négocier des objectifs plutôt que de les imposer permet de mieux orienter et de canaliser les ressources et les résistances de chacun mais aussi fait gagner beaucoup de temps pour les atteindre.

Si le terme « négociation » est familier à notre oreille, la pratique qu'elle induit ne nous est pas encore spontanée. Face à des divergences, des différences de point de vue, nous avons tendance à répondre soit par l'affrontement, en attaquant, en nous opposant et en tentant de manipuler, soit par la passivité en démissionnant plutôt que de composer avec autrui et de confronter nos points de vue. Mais la démarche négociatrice ne se décrète pas. Elle s'apprend et suppose de l'entraînement. Elle s'inscrit, avant tout, dans une nouvelle vision des jeux de pouvoir et nécessite une profonde réactualisation de nos manières d'interagir face au désaccord et aux conflits. La stratégie du « diviser pour régner seul », qui a connu ses heures de gloire, devient un leurre et doit faire place à celle du « coopérer, s'unir pour régner ensemble ».

La négociation est un jeu de pouvoir particulier qui implique d'abandonner la logique traditionnelle des jeux à somme nulle, tels « Je ne peux gagner que si tu perds », « Je vais perdre parce que tu es le plus fort » ou « Si je perds, je te ferai perdre aussi » au profit d'un jeu à somme non nulle : « Je gagne, tu gagnes. »

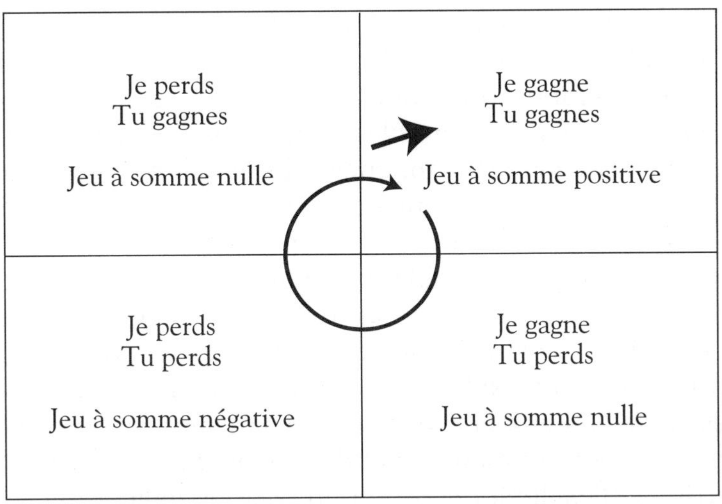

« Je gagne si tu gagnes » est la base de la coopération et de la négociation.

Une négociation est réussie lorsque les deux parties en sortent gagnantes avec un minimum de satisfaction. La négociation, en effet, ne relève pas du compromis qui, lui, laisse généralement les deux parties semi-insatisfaites. L'art de négocier repose sur notre capacité de faire émerger « l'allié caché qui est derrière l'ennemi » et sur notre créativité pour construire un accord à partir de discordes.

Une attitude d'ouverture et d'exploration

Pour parvenir à trouver l'issue d'une situation conflictuelle, la démarche négociatrice consiste à ouvrir le champ des possibilités, en accompagnant précisément l'autre sur son propre terrain tout en lui suggérant des chemins de traverse qui facilitent l'accès à des points de rencontre. La démarche négociatrice s'effectue « pas à pas » par la ponctuation de micro-accords qui participeront au tracé d'une voie commune. Au moindre désaccord, il est judicieux de revenir à l'étape de l'accord antérieur ou encore sur la valeur ou l'aspiration commune pour aborder ce désaccord dans des conditions plus confortables et favorables. Une erreur fréquemment commise est d'annoncer dès le début d'une négociation les points qui ne seront pas négociables. C'est signifier à l'autre : « Ces choses-là ne sont pas du domaine de la négociation et, si vous y touchez, vous allez me trouver et ce sera la guerre. » Le fait de mettre d'emblée en exergue des frontières et des blocages peut être interprété comme une menace ou un chantage et anéantir tout désir d'exploration commune d'un accord, le terrain paraissant à l'autre miné d'avance. La démarche négociatrice relève de la confrontation et non de l'affrontement, elle implique une attitude d'exploration et non un positionnement rigide. Elle consiste, au contraire, à établir des liens de solidarité et à créer des passerelles susceptibles de converger vers des solutions satisfaisantes pour chacun. Aussi est-il essentiel de se pénétrer du point de vue de l'autre au lieu de le critiquer, afin de pouvoir adapter ensuite une argumentation adéquate : un bon stratège ne reconnaît-il pas en premier lieu la logique et le terrain de son « adversaire » avant d'avancer ?

Une démarche constructive et créative

La méthode critique traditionnelle est mal adaptée à la démarche négociatrice. L'esprit critique, que l'on dit être particulièrement bien développé chez les Français, constitue un réel handicap dans la démarche négociatrice car il sape chez l'autre tout désir de coopérer dans la recherche d'un accord. Dialoguer de manière constructive consiste à montrer à l'autre en quoi ce qu'il dit peut être compatible avec le cadre commun. Il est paradoxalement plus habile de se faire « l'avocat de l'ange » que « l'avocat du diable ». Ainsi il est plus efficace de rétorquer à votre interlocuteur : « Voyons quelles sont les conséquences positives que pourrait entraîner votre idée » que de déclarer intempestivement : « Mais vous n'y pensez pas, votre idée est impossible, incohérente, inacceptable. » La démarche négociatrice implique de passer de l'approche dialectique à l'approche créative pour ouvrir l'échange ; elle « élève le débat », selon l'expression consacrée. Il est aussi beaucoup plus adroit de mettre à l'épreuve la cohérence de la logique de l'autre en faisant l'hypothèse qu'il peut avoir raison. Toute logique, poussée à l'extrême, aboutit généralement à l'absurde. Cependant l'élégance de la démarche sera de ne pas souligner cette absurdité, mais de laisser votre interlocuteur rebrousser chemin de lui-même sans jamais qu'il puisse ressentir qu'il a perdu la face.

Une logique de flexibilité et non de positionnement

Reconnaître le point de vue de l'autre ne signifie pas que nous le partagions mais simplement que nous le respectons comme un point de vue valable parmi d'autres. La négociation n'est pas une démarche fondée sur le positionnement rigide, style « guerre des tranchées » mais sur la flexibilité et l'exploration. Croire qu'il n'existe qu'un seul chemin pour atteindre un objectif conduit à une pensée conflictuelle, rigide et réductrice. Négocier nécessite d'être mobile dans sa tête et flexible dans sa démarche afin de pouvoir envisager une situation selon des points de vue différents. Cette flexibilité du négociateur se mesure à sa capacité de modifier ses réponses, ses réparties, en fonction des réactions verbales et non verbales de son vis-à-vis, c'est-à-dire de rectifier sa stratégie autant de fois que cela est nécessaire pour saisir les moindres opportunités d'avancer vers un accord, si minime soit-il. De plus, non seulement la flexibilité est contagieuse, mais elle favorise une attitude créative. Plus on est flexible et ouvert, mieux on influence son interlocuteur et donc, mieux on maîtrise le déroulement de la négociation. Le fait de se concentrer sur les informations verbales et non verbales de notre interlocuteur, de rester attentif à l'objectif d'accord a l'avantage aussi de nous déconnecter de nos suppositions et émotions limitantes. Nous gérons ainsi mieux notre stress, ce qui est favorable à l'établissement et au maintien d'un rapport de qualité avec notre interlocuteur : c'est une des conditions *sine qua non* de la négociation.

Le négociateur est comme un marin confronté à l'adversité du temps : il doit maintenir son cap tout en exploitant le meilleur angle des vagues pour éviter d'endommager son esquif et tirer des bords lorsque les vents sont contraires. Paradoxalement c'est ce chemin-là qui sera le plus rapide pour atteindre son objectif. Vouloir à tout prix convaincre en faisant front aux vents contraires conduit inéluctablement à bloquer la négociation : elle n'avance ni ne recule.

LES OBJECTIONS ET LES RÉSISTANCES, DES TREMPLINS POUR PROGRESSER

Dans le domaine de la négociation, il est précieux de recourir aux principes-clés de la thérapie ericksonienne, qui préconise d'utiliser « tout ce que nous offre notre interlocuteur, y compris ce qu'il nous oppose ». Les managers qui négocient avec aisance et efficacité avec leurs équipes, les pédagogues qui font progresser leurs élèves, les parents qui se font élégamment obéir exploitent précisément les résistances et les obstacles qu'ils rencontrent.

☆

S'acharner sur les résistances et les objections de l'autre nous renvoie à notre propre manque de flexibilité à son égard.

Les arts martiaux nous offrent, à cet sujet, un modèle intéressant où il s'agit moins de triompher de la résistance que de la réorienter. Il ne s'agit donc pas d'opposer la force à la force mais de la guider dans la direction favorable à l'objectif visé. Aller dans le même sens que la résistance en l'intensifiant, si besoin est, permet paradoxalement de transformer le frein de la résistance en moteur pour le changement. Les grands négociateurs jouent élégamment de cette stratégie lorsqu'ils utilisent dans leur argumentation les objections de leurs interlocuteurs, comme outils de persuasion. Lutter contre les objections revient à les renforcer, c'est ce qui constitue le suprême obstacle au changement car cela revient à « ramer à contre-courant », soit au mieux, à faire du surplace mais au pire, à revenir un peu plus en arrière... Le fait d'exploiter la fonction utile des objections génère le processus de « lâcher-prise » indispensable pour accomplir une négociation.

LES MOMENTS-CLÉS DE LA DÉMARCHE NÉGOCIATRICE

La préparation de la négociation

Nombre de négociations échouent, faute de préparation ou encore d'une préparation adéquate. En effet, la plupart du temps, les personnes se préparent à leur négociation en listant et en cumulant tous les arguments qui justifieraient le bien-fondé de leur position et de leur demande. Alors qu'il s'agit pendant cette phase de se mettre à la place de l'autre : de réfléchir aux arguments auxquels il pourrait être sensible et aux objections qu'il pourra opposer. Je le souligne encore : on ne peut rencontrer l'autre qu'en allant sur son terrain, il s'agit donc de sortir de sa bulle. Trois grands principes sous-tendent donc l'efficacité de cette phase préparatoire :

- Comprendre l'autre si nous voulons ensuite nous faire comprendre.
- Explorer ce qui pourra motiver son désir de coopérer pour trouver un accord avant de vouloir à tout prix le convaincre.
- Identifier les valeurs partagées avec l'interlocuteur.

Cette phase préparatoire consiste essentiellement à anticiper les objections éventuelles, les valeurs, les attentes de votre interlocuteur pour en faire des points d'appui lors de la négociation, en vous posant les questions suivantes :

– Comment puis-je m'en servir ?
– Quelle est la fonction utile de cette objection ?
– En quoi cette objection me permettra-t-elle d'avancer ?
– Quelle pourrait être son intention positive en m'objectant cela ?

Les réponses à ces questions orienteront la logique de votre argumentation. Il est recommandé de consigner par écrit cette préparation et de rédiger, dans un langage factuel, la phase d'ouverture de la négociation pour décrire son contexte et son enjeu.

La phase d'ouverture et le cadrage de la négociation

Dans le court instant que constitue la phase d'ouverture, les interlocuteurs se mesurent, se jaugent et s'ajustent pour définir la nature, symétrique ou complémentaire, de leurs relations. Rappelez-vous Luc et Florent au chapitre 10. Il est essentiel, pour le succès cette première étape, d'observer finement et discrètement son interlocuteur, de se mettre en harmonie avec lui et de créer un climat de confort, en se synchronisant verbalement et non verbalement. Il va s'agir aussi de définir un cadre commun qui soit suffisamment large pour être accepté par l'autre mais aussi pour donner de l'espace à la négociation. Cette opération consiste à mettre en avant les valeurs et les buts qui sont communs avec votre interlocuteur en annonçant de manière concise le contexte et le but de la négociation afin d'obtenir déjà un premier accord large. Imaginons le cas d'un salarié dont l'objectif est d'obtenir de son patron un budget pour financer un système informatique plus performant ; la phrase d'introduction pourrait être :

> *– Vous n'êtes pas très satisfait du rendement de notre service qui pourrait être effectivement meilleur. J'ai longuement réfléchi aux améliorations possibles avant de vous en faire part, et je vous remercie de me recevoir pour envisager toutes les solutions susceptibles d'accroître notre productivité.*

Il est préférable de reconnaître d'abord son interlocuteur avant de présenter sa requête. Il est nécessaire aussi de cadrer la durée

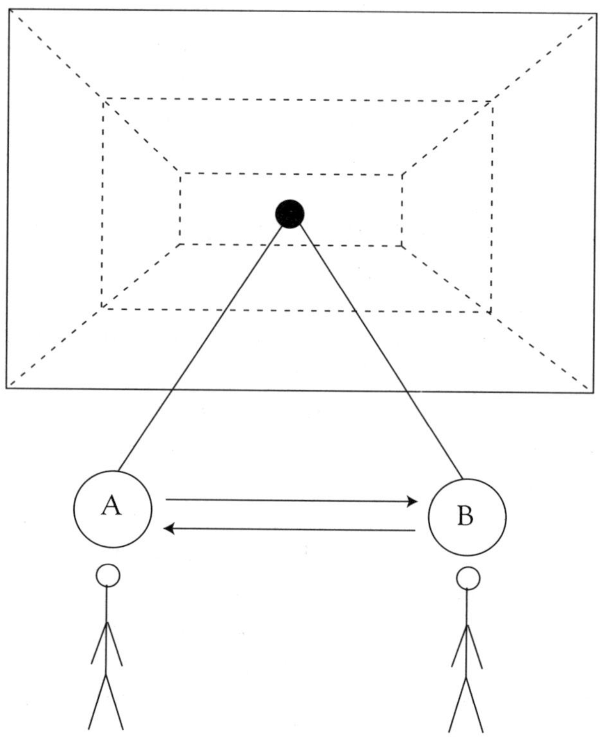

—— Cadre commun, le cadrage du sujet

- - - - - - - Mise en commun, partage des valeurs et des buts poursuivis

● Accord final réalisé, objectif atteint

Schéma de la construction de l'accord

de la négociation soit en la proposant soit en demandant à l'interlocuteur combien de temps il est disponible : ce choix se fait selon le contexte dans lequel vous vous trouvez.

Explorer et clarifier la logique de l'autre

Cette phase consiste à partir à la découverte de votre interlocuteur pour explorer sa logique tout en gardant le cap à atteindre. (Ceci reste valable même si on croit parfaitement maîtriser la situation.) Il s'agit de poser des questions ouvertes et neutres, c'est-à-dire non influencées. Ces questions apporteront des réponses d'autant plus exploitables qu'elles incluent les mots de l'interlocuteur. C'est une des clés pour retenir toute son attention. Au cas où la réponse reste néanmoins vague, il sera nécessaire alors de la reformuler strictement, c'est ce que l'on appelle une reformulation-relance. Celle-ci vise à obtenir une information plus claire et plus exploitable :

– *Que pensez-vous de cette solution ?*
– *C'est une solution parmi d'autres.*
– *Parmi d'autres, vous voulez dire…* (L'intonation de « parmi d'autres » doit rester neutre, sans connotation, et n'inclure aucun commentaire au niveau non verbal.)

La synchronisation verbale est plus élégante et plus efficace que le recours aux questions qui donnent au dialogue, nous l'avons vu, la forme d'un interrogatoire susceptible d'agresser et de bloquer l'interlocuteur.

Recueillir les critères et leurs équivalences complexes

Nous appelons « critères » les standards, les faits caractéristiques que nous sélectionnons dans notre environnement pour évaluer les situations et décider de nos actions. Nos critères sont les fondations de notre construction mentale : notre équilibre dépend de leur satisfaction. Lorsque vous accouchez les critères de votre interlocuteur, vous atteignez les points vitaux de son équilibre, de son écologie. Parce qu'ils sont au sommet de sa subjectivité, ils ne peuvent être éliminés. Vous pouvez au mieux les enrichir et les élargir mais vous ne devez jamais les remettre en cause, sinon vos interlocuteurs mobiliseront toute leur énergie à les défendre, rendant impossible la négociation.

Nos jugements, nos comportements, nos choix, nos décisions sont tous sous-tendus par des critères, le plus souvent inconscients. Une femme peut par exemple juger un homme mal élevé du seul fait qu'il ne lui a pas ouvert sa portière avant de s'installer lui-même au volant. Un détail pour l'un peut être une priorité pour l'autre. Beaucoup de négociations échouent parce que des critères et valeurs prioritaires ont été heurtés ou n'ont pas été pris en compte.

Les critères et leurs équivalences complexes constituent le noyau dur de la logique de l'autre : c'est pourquoi ils sont les matériaux les plus précieux à utiliser pour bâtir les accords qui ponctueront les étapes de la négociation.

Le recueil des critères se fait généralement en deux étapes. En premier lieu nous recueillons généralement les valeurs auxquelles tient notre interlocuteur et non d'emblée ses critères. Nous lui demandons par exemple :

> – *Qu'attendez-vous d'un collaborateur ?*
> – *De la fiabilité.*

Or la fiabilité est une valeur, non un critère. Pour extraire le critère, il faudra creuser plus à fond et inclure un verbe sensoriel dans la question en reprenant la valeur qu'il a choisie, soit par exemple :

> – *Qu'est-ce qui vous indique qu'un de vos collaborateurs est fiable ?*

ou

– *Comment, selon vous, se comporte concrètement un collaborateur fiable ?*

Les réponses données fourniront les informations indispensables pour construire une argumentation qui ait de l'impact sur lui, qui lui prouve notre propre fiabilité (parce que nous nous ajusterons sur ses propres critères et non sur les nôtres).

Les équivalences complexes se structurent selon trois grands shémas, à savoir :

- X (critère ou caractéristique) *prouve* Y (déduction, jugement).
- X *cause* Y.
- X *signifie* Y.

La boussole du langage fournit une aide précieuse pour ce travail de décryptage de la logique de l'autre. Dans un rapprochement quelque peu audacieux avec l'informatique nous pourrons dire que mettre à jour les critères de nos interlocuteurs équivaut à explorer leur mémoire centrale et à aller au-delà des informations données par l'écran de l'« ordinateur ». Une communication interpersonnelle de qualité permet de recueillir ce qui n'est pas immédiatement conscient chez l'autre, ce qui n'est pas immédiatement manifeste pour nous. D'où l'expression bien connue : ce dialogue m'a beaucoup éclairé !

L'argumentation

Aristote le soulignait : « Si tu veux convaincre quelqu'un, utilise ses propres arguments. » Un argument n'est pertinent et n'a d'impact que s'il répond à la logique de l'autre, d'où le travail précédent.

On peut distinguer les équivalences complexes intellectuelles des équivalences complexes comportementales ; elles correspondent chacune à deux types de questions :

– *Qu'est-ce qui vous montre que... ? A quoi reconnaissez-vous un... ?*
– *Qu'est-ce qui vous prouve que... ? Comment se comporte un... ?*

Toute argumentation qui ne tiendrait pas compte des critères de l'autre a peu de chance de remporter une adhésion. Argumenter sans avoir pris soin d'utiliser les critères de l'autre s'apparente à pêcher sans hameçon, la pêche sera nulle. En effet, nous n'adhérons pas à un argument pour lui-même, mais pour les avantages qu'il nous procure en fonction de la satisfaction de nos critères. Un même argument peut donc être énoncé différemment selon les critères sur lesquels il s'appuie. Ainsi lorsque nous avons à négocier avec plusieurs interlocuteurs à la fois, il est indispensable de prendre en compte dans notre argumentation les critères de chacun et de les conjuguer.

Les arguments qui ne répondent pas aux critères de l'interlocuteur sont comparables à des pétards mouillés. Il est donc préférable d'être judicieux et économe dans ses arguments et de ne présenter que ceux qui répondent aux attentes et à la logique de notre interlocuteur. Enoncer des arguments sous la forme de questions plutôt que d'affirmations, toujours contestables, évite de générer une débauche de contre-arguments. Nous l'avons vu, c'est celui qui détient la meilleure écoute et la meilleure observation qui contrôle le mieux la situation, car il se dote en permanence d'informations précieuses pour réajuster au fur et à mesure ses arguments. Aussi est-il indispensable de contrôler avec vigilance la compréhension et la réceptivité de votre interlocuteur, par une observation fine de son langage non verbal au travers de ses microcomportements ; c'est ce que la PNL appelle la calibration. Nous ne pouvons convaincre autrui qu'à partir de ce qu'*il nous dit* et de ce qu'il nous exprime non verbalement, et non à partir de ce que, nous, *nous croyons important de lui dire.* L'excellence dans la négociation consiste moins à présenter ses arguments qu'à les faire exprimer par l'interlocuteur : s'ils prennent appui sur ses expériences et sur ses critères, les arguments trouveront chez lui plus de poids, de logique et de résonance. Si on se trouve face à un intermédiaire, il est important de réfléchir avec celui-ci aux critères auxquels sera sensible la personne concernée par la proposition.

Les objections : des points d'appui pour avancer

Lao Tseu affirmait déjà : « Qui désire réduire une chose doit commencer par lui donner de l'ampleur. » Milton Erickson s'appuyait systématiquement sur l'énergie des tendances combatives et des résistances de ses patients pour les rediriger vers une voie plus constructive pour eux. La démarche négociatrice est une course d'obstacles, ponctuée de critiques et d'objections : il est donc nécessaire d'apprendre à les aborder différemment pour les franchir élégamment. Le fait de les envisager dans leurs fonctions utiles permet d'en faire des points d'appui. Pour traiter avec respect et efficacité une objection qui nous gène, il est indispensable de ramener le discours de notre interlocuteur sur les faits et expériences qui la valident. De la sorte, nous préparons le terrain pour effectuer un recadrage compatible avec sa logique. Nous pourrons aussi sélectionner d'autres faits pour élargir son point de vue afin de transformer cette objection-menace en objection-opportunité.

En effet, nous ne sommes pas obligés de répondre de manière compulsive à des critiques. Nous pouvons choisir, au contraire, de les rendre un peu plus excessives pour leur ôter toute pertinence : nous incitons alors notre interlocuteur à les pondérer de lui-même. C'est en nous justifiant ou en contre-attaquant que nous risquons de renforcer la critique et l'attaque de l'autre. Face à une objection, il est au contraire judicieux de « faire silence » pour laisser notre interlocuteur l'exprimer jusqu'au bout. Au cas où une objection nous irrite particulièrement, il est paradoxalement plus efficace de la reformuler et d'y faire « écho » en utilisant la même tonalité pour amener notre interlocuteur à la clarifier de lui-même, que de la contredire à brûle-pourpoint.

A l'inverse, face à un interlocuteur qui s'abstiendrait d'objecter pour éviter par exemple de s'impliquer dans la négociation, il sera alors très efficace d'anticiper ses éventuelles objections en nous en emparant nous-même pour les placer comme point d'appui. Cette technique de la préemption a pour but d'éviter que notre interlocuteur nous mette en échec à la fin de la négociation par un flot d'objections et remarques que nous n'aurions plus le temps de traiter.

La conclusion

A l'instar de la phase d'ouverture, la conclusion est capitale et doit être courte. Elle nous offre l'occasion de prouver la rigueur de notre écoute et la qualité de notre attention. Même si la négociation n'a pas débouché sur un accord final, il est nécessaire de résumer les étapes-clés de l'entretien à l'aide de phrases courtes. Le fait de reprendre les mots de l'interlocuteur mobilisera toute son attention. C'est une manière indirecte de lui témoigner du respect mais aussi éventuellement de réactiver son désir de collaboration ultérieure. Il s'agit donc de reformuler le but commun défini au départ et de mettre en valeur le chemin qui a déjà été parcouru en insistant sur les points d'accord mais aussi de désaccord, qui pourront faire l'objet d'un futur entretien.

Si la négociation n'a pas abouti du premier coup, la conclusion visera à ouvrir des perspectives. Il est toujours « bien reçu » de mettre à son compte les erreurs qui ont pu être commises lors de la négociation. Cette attitude facilite l'accord et la motivation de l'autre pour décider éventuellement d'un rendez-vous ultérieur.

Toute négociation s'achemine au travers de l'obtention minutieuse de mini-accords : ceux-ci constituent les jalons vers l'accord final. Ce sont eux qui ponctuent la démarche négociatrice. La difficulté à conclure est généralement liée au fait que nous n'avons pas suffisamment fait émerger de points d'accord ou de désaccord, soit parce que nous n'avons pas suffisamment impliqué notre interlocuteur, par peur de ses réponses, soit parce que, enfermés dans notre logique, nous étions complètement obnubilés par nos propres arguments et commentaires intérieurs.

LES SEPT POINTS-CLÉS D'UNE NÉGOCIATION

- Parler le langage de l'autre pour le rendre plus réceptif.
- Utiliser son point de vue ; vous pourrez alors plus facilement l'élargir.
- Prendre appui sur ses critères pour motiver son désir de coopérer et donner de l'impact à vos arguments.
- Obtenir des informations précises sur les critères et les expériences vécues de votre interlocuteur ; montrer ainsi que vous tenez compte de sa logique.
- Recueillir ses déductions, vous pourrez plus aisément recadrer et donner des contre-exemples.
- Explorer ou anticiper les objections et les idées ou principes sous-jacents susceptibles de bloquer la négociation.
- Vérifier le pouvoir de décision de votre interlocuteur. S'il ne s'agit que d'un intermédiaire, explorer et bâtir avec lui un schéma d'argumentation adapté à la personne de celui qui entérinera l'accord. Cela motivera votre interlocuteur à plaider votre cause.

P.S. : Une négociation délicate exige de se préparer : c'est-à-dire de définir son objectif en répondant par écrit aux questions de l'objectif, en se plaçant dans la logique et le contexte de son interlocuteur.

Huitième partie

MANAGEMENT DU CHANGEMENT ET COACHING : DES LEVIERS SIMILAIRES À ACTIVER

24

MÊMES QUALITÉS REQUISES : ÊTRE PÉDAGOGUE ET MOBILISATEUR

Que notre communication vise un effet thérapeutique, pédagogique ou managérial, elle s'articule en fait sur un même but : celui de mobiliser les ressources humaines pour faire évoluer vers de meilleurs résultats et plus de satisfaction.

Aller vers l'autre pour l'attirer vers soi est à la fois plus esthétique et plus productif que de vouloir, par la force, le tirer vers soi. Les relations de qualité fondées sur l'écoute, le respect et la mise à profit des différences, la valorisation et la reconnaissance de l'autre apportent non seulement plus de confort dans le travail comme dans la vie personnelle mais produisent aussi des échanges beaucoup plus efficaces, plus enrichissants pour agir ensemble. Le manager, qui vise aujourd'hui à mettre fin au gaspillage des ressources humaines doit s'enrichir de cet état d'esprit. L'instauration de nouveaux rapports humains dans l'entreprise passera du vœu pieux à la réalité lorsque les supérieurs hiérarchiques comme les subordonnés sauront « guider » le développement de l'entreprise parce qu'ils se guideront mutuellement. Cette « danse » ou ce « duo » qui participe à l'efficacité comme à l'élégance des relations humaines pourra ainsi s'accomplir sans que l'on sache « qui mène », à la satisfaction de chacun et pour des résultats plus productifs et créatifs.

Si l'interdépendance et donc la coopération sont nécessaires pour mener à bien une danse, elles le sont aussi pour conduire une thérapie comme pour diriger des équipes de travail. Mais ceci impose l'émergence d'un nouvel état d'esprit et la mise en place d'une condition prioritaire : avoir établi des objectifs communs suffisamment clarifiés et négociés pour dégager le but à atteindre et ensuite éclairer la démarche à accomplir : ainsi seront mieux régulées et réajustées les relations de travail en cas de déviation de l'objectif ou de faux pas. Nous pointons là l'une des plus grandes difficultés du management et de la thérapie, celle d'une définition rigoureuse des objectifs. Mais s'y atteler permet d'éviter la dépendance passive du patient, le risque d'une atteinte à son écologie ; de même dans le management, la plupart des conflits, les jeux de pouvoir stériles, la démotivation et la déresponsabilisation peuvent provenir d'objectifs mal ou pas définis. Dans cette optique, le responsable, le consultant, le coach comme le thérapeute ressemblent plus ou moins à des chorégraphes ou des chefs d'orchestre. Certes, ils ne jouent sûrement pas aussi bien que chacun des instrumentistes – ou des danseurs – dans sa spécialité mais eux connaissent néanmoins les subtilités de la musique. C'est par la qualité de leur écoute et de leur observation que le chef d'orchestre et le chorégraphe développent les potentialités de chacun des artistes et conduisent ainsi leurs troupes vers le succès : en cela efficacité et esthétique de la danse et de la musique rejoignent l'art de la conduite du changement, du management et de la thérapie.

COMMUNIQUER POUR FAIRE AGIR

Thérapie brève, coaching et management du changement sont avant tout une affaire de pédagogie. Notre méthode procède d'un style directif d'intervention car elle passe par la mise en action, c'est-à-dire l'apprentissage par l'expérience. Cela rejoint la célèbre formule de Bergson : « Réfléchir en homme d'action et agir en homme de réflexion. » En effet l'investissement, toujours spéculatif, que représente la recherche des causes d'un problème complexe en vue de mieux le comprendre n'apporte pas nécessairement un enrichissement ; il appauvrit en fait les actions qui auraient pu être mises en œuvre pour le résoudre. Il ne suffit pas d'expliquer ni de comprendre pour changer. Ce qui est primordial est d'obtenir de nos interlocuteurs leur coopération pour qu'ils « fassent autrement ». La thérapie brève part du postulat que c'est en apprenant à penser autrement qu'on agit différemment et que la vérification d'un changement se mesure dans l'expérience concrète. Tout le problème est de créer le désir de changer et d'obtenir la coopération du patient pour ancrer son apprentissage dans de nouveaux savoir-faire ; de la même façon le manager doit aussi savoir générer la motivation et la mobilisation des équipes qu'il anime. J'ai tendance à m'insurger lorsque j'entends, ici ou là, dire de certaines personnes, en entreprise comme en thérapie, qu'elles répugnent à changer ou qu'elles se complaisent dans leur routine et leurs problèmes… je crois simplement *qu'elles ne savent pas comment s'y prendre pour changer*. C'est à nous, consultants, thérapeutes, coachs, enseignants ou responsables, de le leur apprendre et de leur insuffler le désir de changer, par des effets de communication, pour leur permettre de projeter un futur plus désirable.

Les qualités requises pour diriger une équipe de travail ont évolué ; il suffit, pour s'en persuader, de constater l'évolution du management de ces vingt dernières années. De l'ère du pouvoir technique, incarnée par les ingénieurs, nous sommes passés à celle de la gestion influencée par les économistes et les financiers ; mais apparaît aujourd'hui de plus en plus clairement la troisième dimension du management qui met l'accent sur l'aptitude à communiquer, à mobiliser et à conduire le changement. Cette nouvelle dimension implique que les responsables acquièrent des connaissances plus sérieuses sur les mécanismes humains et la psychologie de la relation, et qu'ils se dotent de solides savoir-faire dans les pratiques de la négociation, la mobilisation et la résolution des problèmes complexes. Hormis leurs compétences techniques et leurs compétences de gestionnaires, l'efficacité des managers dépendra de plus en plus de leur capacité stratégique de composer avec autrui, de faire face aux désaccords et aux résistances, de motiver des personnes sur un projet et de promouvoir les changements nécessaires. Ces différentes compétences ne relèvent pas de recettes standardisées, prodiguées sur deux ou trois jours de formation, mais de l'intégration d'une méthode, non pas prescriptive et linéaire, type check-list, mais structurante et circulaire. C'est ce que nous avons approfondi au fil des chapitres de cet ouvrage

DÉTECTER LES RESSOURCES HUMAINES POUR LES DÉVELOPPER

Le manager contemporain, à l'instar du coach, se doit d'être un accoucheur de ressources et de savoir créateur : tel Socrate, qui se plaisait à dire qu'il exerçait la même profession que sa mère sage-femme mais qu'il « accouchait les esprits ». Socrate n'enseignait pas du dehors, « n'enfournait pas un savoir », mais cherchait à éveiller, chez l'autre, le « sens du vrai » qui, selon lui, était déjà donné à l'homme dans lequel il avait une confiance absolue. Plus modestement, nous visons « à accoucher l'autre de ce qui est utile pour lui et non nuisible pour les autres ». Socrate était aussi un peu architecte : il savait faire naître, chez lui-même comme chez les autres, les plans de la construction d'un futur, à la fois réaliste et plus satisfaisant.

Le coaching est centré sur les ressources de la personne. C'est la raison pour laquelle ses méthodes et son état d'esprit sont parfaitement adaptables à la pratique du management. Le manager lui aussi doit raisonner en termes de ressources disponibles à développer et à exploiter ; de même qu'il doit réfléchir en termes d'objectifs à atteindre plus qu'en termes de limitations ou de problèmes ; c'est ainsi qu'il favorisera l'évolution des systèmes dont il a la charge. Un peu comme le coach se distingue de l'analyste froid, neutre et distant, le « chef » d'hier doit aujourd'hui laisser la place à l'hommeressource, au stratège et au pédagogue. Les stratégies dont usait Milton Erickson pour « manager » ses patients sont une source d'inspiration étonnante pour le domaine du management. Elles se caractérisent par leur élégance pour mettre l'individu en contact avec ses propres ressources, afin de lui permettre d'évoluer. Stratège hors pair, Erickson savait, grâce à son écoute et son observation, détecter chez ses patients les « leviers » sur lesquels il pouvait agir afin de leur permettre d'atteindre des objectifs plus satisfaisants et de mieux répondre aux exigences de leur vie.

SEMER ET FAIRE CROÎTRE

Les organisations comme les individus ne se nourrissent pas seulement de gestion : elles s'alimentent aussi d'espoir, de vision du futur, de plans et de projets. En thérapie brève, en coaching comme en management, il est essentiel de créer le désir d'un futur plus satisfaisant, de préparer le terrain avant de semer les graines appropriées mais encore faut-il « faire confiance à l'autre pour l'aider à croître ». Les gestes du thérapeute comme du manager et du pédagogue s'apparentent à ceux du jardinier talentueux qui fait croître ses plantes sans pour autant chercher à les faire devenir ce qu'elles ne sont pas. Il sait combien le temps consacré à la préparation du terrain est décisif : aussi prend-il soin de sélectionner ce qui est à défricher et ce qui est à préserver, qu'il fortifiera encore grâce à des engrais adéquats... Il suivra ensuite avec attention l'étape des pousses, les arrosera et leur donnera le confort nécessaire pour activer efficacement leur croissance et recueillir les satisfactions de la récolte envisagée...

ÉCOUTER ET APPRENDRE

Tout l'art du pédagogue repose sur le fait qu'il s'attache à raisonner en fonction du référentiel de son élève plutôt que du sien.

Pour reprendre le célèbre proverbe : enseigner ne consiste pas à donner chaque jour à l'élève un poisson à avaler (foin des messages répétitifs et inopérants des enseignants et managers !) mais à lui apprendre à pêcher. En bon pédagogue, le manager comme le thérapeute enseignent d'autant mieux à leurs interlocuteurs qu'ils apprennent en retour de ceux-ci ; ainsi deviennent-ils des guides d'autant plus éclairés et en éveil qu'ils se guident simultanément sur eux. Socrate insistait tout particulièrement sur cette dimension de la pédagogie : pour lui, enseigner était avant tout « rappeler aux autres qu'ils savent (autrement) aussi bien que toi » ; il soulignait aussi avec force qu'« apprendre à l'autre, c'est lui faire découvrir ce qu'il sait déjà pour qu'il apprenne à tirer enseignement de ses expériences ». Dans la relation managériale comme dans la relation thérapeutique, chacun doit être à la fois apprenant et enseignant. C'est en utilisant les lunettes de l'autre, en partant de son point de vue pour lui faire découvrir le nôtre, que nous facilitons la compréhension mutuelle et que nous lui ferons découvrir la perspective stimulante de toute action à entreprendre. La performance d'une pédagogie rejoint celle du management et de la thérapie brève : chacune s'évaluant au fait qu'elle favorise la soif d'apprendre et le désir de faire mieux.

HARMONISER POUR ORCHESTRER

Au même titre qu'une entreprise, la personnalité d'un individu peut être considérée comme un enchevêtrement complexe de multiples « personnages » en interaction : au responsable, au coach comme au thérapeute revient, à l'image d'un chef d'orchestre, la mission de contribuer à les harmoniser et de leur apprendre à coopérer. L'organisation de l'individu comme celle d'une entreprise résulte ainsi du jeu des « musiciens » qui les composent. S'il est essentiel que ces musiciens s'écoutent mutuellement afin d'éviter des dissonances préjudiciables à l'ensemble, il revient au chef d'orchestre d'exploiter les potentiels de talent de chacun. Bien sûr ce chef d'orchestre doit connaître, lui aussi, la musique mais il n'a pas besoin de savoir jouer de tous les instruments pour diriger ; il doit surtout savoir les reconnaître et les mettre en accord pour tirer profit de toutes les ressources que chaque musicien recèle. Ainsi pourra-t-il conduire la musique, en intégrant les différences de chaque instrumentiste pour tirer profit de l'ensemble. Cela impose qu'il porte toute son attention à les écouter et qu'il sache élégamment les faire obtempérer si besoin est. Il donne le « la », le tempo, tout autant qu'il est lui-même guidé par l'harmonie des sons auxquels il veut parvenir ; il insuffle une énergie tout en puisant dans l'orchestre. Il conduit l'ensemble. D'où l'importance de négocier clairement la partition, par une rigoureuse définition des objectifs et de la contribution qui incombe à chacun : un autre point commun essentiel au management, au coaching et à la thérapie brève.

CONJUGUER FLEXIBILITÉ SUR LA STRATÉGIE ET DIRECTIVITÉ SUR L'OBJECTIF

Un des critères d'excellence communs au thérapeute-stratège, au coach et au manager est de savoir être directif quant à l'objectif visé et souple quant à la manière de l'atteindre. Il est en effet impossible de vouloir changer les autres en restant soi-même rigide. Pour atteindre un objectif il y a toujours plusieurs itinéraires. Si nous voulons avancer, il faut savoir aussi parfois reculer ou prendre des chemins de traverse lorsque des résistances se manifestent, afin de provoquer des comportements plus adéquats chez nos interlocuteurs. Ces qualités de flexibilité évoquent celles du serrurier qui essaie tantôt une clé, tantôt une autre, sans forcer, jusqu'au moment où la porte pourra s'ouvrir. En fait la souplesse confère plus de solidité et d'autorité, elle évite la cassure et permet de se plier pour mieux se redresser. Aujourd'hui l'autorité d'un responsable se mesure moins à la domination qu'il exerce qu'à sa capacité d'influencer des comportements de coopération. Cela passe par son aptitude à communiquer : elle requiert à la fois des qualités de souplesse sur les moyens, de directivité sur l'objectif et surtout de maîtrise de soi-même. Cette nouvelle manière d'exercer le pouvoir impose, notamment aux dirigeants, un profond recadrage de la vision de l'autorité qui reposera moins sur leur statut, leurs diplômes et leur notoriété que sur l'ampleur de leur développement personnel. Managers, coachs et thérapeutes exercent des métiers où leur propre personnalité est leur instrument de travail par excellence ; nous signifions par là que leur efficacité repose essentiellement sur leur aptitude à utiliser leurs propres ressources pour développer celles de leurs interlocuteurs.

25

UN MÊME SOUCI DE L'EFFICACITÉ ET DU RESPECT DES SYSTÈMES HUMAINS

LA MISE AU POINT D'UN TABLEAU DE BORD

L'inconvénient des théories sur la psychologie de l'individu comme sur le management est de générer le plus souvent des discours pseudo-scientifiques, pseudo-explicatifs rarement suivis d'actions et d'effets propices au changement. Il faut agir pour apprendre : posséder une méthode de piano ne suffit pas à tirer de cet instrument des sons harmonieux ! Ainsi l'outil d'évaluation du thérapeute, comme du consultant ou du manager, ne doit-il pas s'évaluer à son adéquation à l'orthodoxie d'une démarche théorique mais aux résultats obtenus. Loin des dogmes, les praticiens de la thérapie brève privilégient la rigueur méthodologique, la finesse de l'acuité sensorielle ainsi que le confort et le plaisir procurés à leurs interlocuteurs. C'est ainsi qu'ils les orientent vers la découverte de leurs possibilités. Ces deux seules attitudes, observation et écoute, gouvernent leurs choix d'intervention pour obtenir des résultats concrets et satisfaisants de changement. Cet état d'esprit est encore plus indispensable dans le domaine du management et du coaching.

L'objectif de cette approche est de résoudre ce dont se plaint la personne et de surmonter ce qui la tourmente : améliorer des relations dans le travail, mieux élaborer un projet ou la mise en place de nouvelles méthodes de travail, vaincre des difficultés scolaires, familiales ou conjugales, des difficultés à se concentrer, à communiquer, à réagir au stress ou aux vicissitudes de la vie quotidienne : problèmes d'insomnies, troubles dépressifs ou de l'alimentation, etc. Il s'agit non pas de s'investir dans des explications mais de *définir des objectifs* et de *trouver des solutions écologiques* pour conduire le changement. En fait, beaucoup de problèmes constituent des « grands classiques » : ils résultent des mêmes schémas traditionnels de construction de la réalité qui limitent les possibilités d'action de l'individu ou du système concerné. C'est sur ces schémas qu'il faut intervenir, à savoir sur la *structure* du problème et non pas sur son contenu. Cela aboutit à *prendre le chemin le plus court et le plus économique* pour parvenir à une amélioration rapide. Si nous écoutons et observons avec vigilance notre interlocuteur – cela m'étonne et me fascine toujours – ses réactions verbales et non verbales indiquent précisément sur quoi et où nous pouvons intervenir.

Une phase délicate est celle qui consiste à « accoucher sans forceps » des informations concrètes, factuelles et sensorielles car les difficultés humaines, qu'elles soient énoncées par un patient, un responsable d'entreprise ou une infirmière dépressifs par exemple, sont généralement exprimées dans un langage global et abstrait. La qualité du dialogue est donc décisive pour mobiliser nos interlocuteurs et les aider à clarifier leur problème, pour construire avec eux leur désir de changement et négocier ensemble des objectifs accessibles. C'est, en effet, l'atteinte de ces objectifs négociés qui nous permettra de mesurer l'efficacité de notre intervention et, surtout, de donner une cadence et une dynamique à notre démarche. Nous invitons systématiquement nos interlocuteurs à chaque entretien à *évaluer le chemin qu'ils ont parcouru*, et ce, dans les moindres détails, afin de réactiver les leviers qui faciliteront l'accomplissement des étapes suivantes. *Nous travaillons donc avec un tableau de bord* comme le font les chefs de projet.

LE RESPECT DES SYSTÈMES HUMAINS

Le but de notre méthode est de révéler et d'exploiter les ressources utiles des personnes afin qu'elles tirent davantage profit de leur vie personnelle et professionnelle. La thérapie ericksonienne et systémique représente un modèle pour interpeller l'inconscient, ce fabuleux réservoir de ressources et d'apprentissages de la personne, sans faire d'intrusion dans son histoire intime. La même démarche s'applique lorsque nous intervenons en entreprise ou à l'hôpital : les expériences, les ressources, le patrimoine de savoir-faire de la personne seront le tremplin sur lequel nous la ferons s'appuyer pour qu'elle reprenne l'élan dont elle a besoin pour faire face à ses difficultés. Comme nous l'avons vu au cours de cet ouvrage, l'efficacité de cette exploration tient essentiellement à la qualité de la communication et au confort des relations établies avec nos interlocuteurs. Ce sont les conditions *sine qua non* de la prise de contact avec l'inconscient, qui permet de le mobiliser pour en faire un allié. Si toute communication de haute qualité tend à établir un état hypnotique, l'état de transe – qui est souvent lié dans nos esprits à l'état d'hypnose – n'est cependant pas nécessaire ; Erickson recourait d'ailleurs de moins en moins systématiquement à l'induction de transe. D'un point de vue interactionnel, on peut définir la communication hypnotique comme une relation dans laquelle une ou plusieurs personnes suivent les directives d'une autre sans se sentir contraintes. Apprendre la communication hypnotique, c'est avant tout apprendre à observer, à saisir la construction de la réalité de l'autre, à l'accompagner pas à pas de façon à pouvoir utiliser toutes ses informations pour mener l'autre à atteindre *un objectif qui lui est propre*. Cette communication fondée sur l'influence et non bâtie par la force de l'argumentation et de la persuasion est finalement assez banale ;

l'influence est « inter-rétroactive » : chacun se guide sur l'autre tout en étant guidé par lui.

LES SOURCES D'ÉCHEC LES PLUS FRÉQUENTES

Après les avoir soigneusement analysés, j'ai pu constater que mes échecs résultent le plus souvent des facteurs suivants :

- un cadrage insuffisamment précis dès la première séance ;
- des objectifs insuffisamment clarifiés et négociés ;
- des limitations que je m'étais construites ou que j'avais attribuées à l'autre ;

ou encore

- un lien insuffisamment fort pour mobiliser l'autre comme moi-même dans la résolution du problème ;
- une vigilance insuffisante de mon écoute et de mon observation.

Revenir sur mes échecs pour en tirer des enseignements fut pour moi une source inestimable de progrès et de réflexes à acquérir. Il y a cependant encore bien d'autres pièges dans la conduite du changement, tels que :

- « raisonner » à l'intérieur de sa propre logique ou construction de la réalité au lieu de « résonner » la construction de l'autre ;
- commettre une erreur de niveau logique en utilisant un changement de type 1 pour répondre à un problème qui impliquerait une évolution, soit un changement de type 2 ou, à l'inverse, quand il suffit de rétablir l'équilibre du système, conduire un changement de type 2 alors qu'on pourrait se contenter d'un changement de type 1[1].

1. Voir le chapitre 1 : *Le changement, un processus complexe et paradoxal.*

L'IMPORTANCE DU PREMIER ENTRETIEN

Le premier entretien est capital. Lors de celui-ci notre interlocuteur, si nous le laissons faire, peut parfaitement s'enfoncer dans des explications sans fin, sur son passé, son enfance, etc. Il est alors important de le recentrer sur ses difficultés présentes afin d'élargir le champ de ses possibilités et de créer les contextes dans lesquels il pourra les vérifier. Dès la première entrevue, il faut prendre soin de parler le langage de l'autre afin de mieux saisir sa construction de la réalité, puisque c'est sur elle que portera notre intervention : la pertinence du choix du premier recadrage me paraît très déterminante pour la suite du travail. Fondamentalement, la première intervention visera à mettre fin aux solutions tentées par la personne : là est un des plus beaux « passe-partout » découverts par les chercheurs de l'École de Palo Alto.

Nous ferons donc systématiquement l'économie de la recherche des causes d'un problème. Sans nier cette composante évidente, nous indiquerons à nos interlocuteurs qu'il n'est pas nécessaire de disposer de telles informations pour engager un processus de changement. D'une part, ces tentatives d'explications sont aléatoires, d'autre part, elles s'avèrent le plus souvent contre-productives dans la mesure où elles sont susceptibles d'enfermer ou de culpabiliser la personne (ou son entourage) dans des justifications qui bloquent chez elle l'émergence d'un processus de changement.

UNE VISION PRAGMATIQUE ET CONSTRUCTIVE DES PROBLÈMES HUMAINS

En définitive, l'efficacité de la conduite du changement repose sur l'absence d'a priori et de théories sur l'individu et sur les problèmes humains. Cette attitude facilite grandement l'ouverture à l'autre et la découverte de sa singularité et de sa complexité. Elle est tout aussi valable en matière de management et d'intervention en entreprise. L'approche des praticiens de l'École de Palo Alto, comme celles d'Erickson et de Farrelly, gomme la distinction habituellement faite entre les problèmes cliniques et ceux de la vie quotidienne, car cette frontière est artificielle. Cette nouvelle manière de résoudre les problèmes implique que la personne qui conduit le changement soit avant tout « un stratège rusé *et* respectueux », sachant orienter et réajuster ses interventions en fonction des réactions qu'il provoque et recueille.

Conclusion

ET SI L'ON CHANGEAIT NOTRE MANIÈRE DE CONDUIRE LE CHANGEMENT ?

Une grande organisation publique, saturée de rigidité et de bureaucratie est bloquée dans ses dysfonctionnements. Sa tutelle investit alors un nouveau dirigeant d'une mission salvatrice de changement. Celui-ci, entouré de collaborateurs avertis et fort de leurs réflexions et analyses engage un projet de réforme. Sa sagesse s'allie au pragmatisme et à des innovations de bonne augure. Tout semble logique et évident, la concertation sur le projet commence. Le processus de changement devrait donc démarrer...

C'est alors que les résistances se manifestent l'inertie se met en marche. C'est bien souvent là que trébuchent le futur et s'enrayent les mouvements. Le personnel, pourtant avide d'évolution, se rebiffe, se bloque sur des détails, critique non seulement le fond mais encore la forme du projet de la direction, s'absente derrière un syndicat ou fait blocus en chapelles autour des avantages d'antan. On ne sait pas ce que l'on gagne, mais on sait ce que l'on perd. Des conflits s'allument. Une grève est annoncée. Le dirigeant se braque ou cède. Les français sont-ils opposés aux réformes, réticents à évoluer, crispés sur leurs avantages acquis ?

Ce sont moins les réformes qui bloquent nos concitoyens que les méthodes pour les mener. L'histoire des réformes de l'Éducation Nationale est à ce titre un cas d'école. Conduire le changement ne s'improvise pas et nécessite une transformation radicale de nos modes de pensée mais aussi de nos méthodes de concertation et de négociation.

– *Intégrer l'écologie du système concerné et en tirer profit.*

Conduire un changement au sein de l'écosystème qu'est une organisation complexe, telle l'éducation nationale, implique moins une épreuve de force que le respect de son écologie. La performance du promoteur de changement repose sur sa capacité à créer le désir d'évoluer. Cela nécessite d'utiliser la logique du système concerné, (ses expériences, ses valeurs, ses critères et ses ressources) et d'éviter toute dévalorisation et condamnation, mais aussi toute argumentation pour « convaincre de changer ». Un système humain est en souffrance et se défend dès qu'il se sent attaqué, dévalorisé, culpabilisé ou pire, nié dans sa propre logique. Des réformes engagées dans cet état d'esprit ne peuvent que générer des résistances, bloquer toute évolution, et même engendrer de formidables régressions.

Toute organisation humaine possède en elle les ressources de son évolution. De même que les ressources des banlieues sont dans les banlieues, celles de l'éducation nationale, manifestes et latentes résident en son sein. Les défauts des organisations recèlent des fonctions utiles à libérer qui représentent précisément les ressources et les leviers de son évolution. A ce titre toute réforme est moins une menace qu'une opportunité car elle peut permettre de réactiver la confiance du système en lui-même par sa propre redécouverte.

– *S'appuyer sur les valeurs du système pour libérer ses ressources.*

Les réformes génèrent des résistances quand on ne s'appuie pas sur les valeurs du système concerné, et qu'on n'a pas projeté de perspectives mobilisatrices. Tout individu, toute communauté, collectivité ou organisation comme l'école, est porteur de valeurs qui seules lui permettent de se dépasser : exigence de mieux-être, de respect, de reconnaissance, de liens sociaux plus épanouissants, d'espaces de coopération et de créativité... Ces aspirations sont criantes en France. On croit notre pays enfermé dans des abris corporatistes, alors qu'il se vit de plus en plus « condamné » à pratiquer non l'isolement mais la solidarité, la coopération, facteur décisif de la réussite de chacun.

– *Bien distinguer le changement homéostatique et l'évolution.*

Le vrai changement, celui qui vise une évolution, ne se conduit pas avec pour seul objectif de supprimer les causes des dysfonctionnements. Tout adaptation correctrice à l'intérieur d'un système participe paradoxalement à son maintien en l'état. L'éducation nationale illustre bien cette boutade fort répandue dans notre pays (« plus ça change ici et plus c'est la même chose»)...L'École de Palo Alto a montré comment des solutions linéaires, correctrices, dites « de bon sens », maintiennent et même peuvent aggraver certaines situations problématiques.

Quand des mesures d'ajustement ne parviennent plus à corriger les dysfonctionnements d'un système et même produisent des effets pervers, alors il est en crise. Par exemple l'école, qui met en échec un trop grand nombre d'élèves favorisant paradoxalement leur exclusion, va à l'encontre de sa finalité ultime, celle de leur développement personnel et de leur intégration sociale. Un changement « de type 2 » visant à faire évoluer le système, devient alors un impératif.

– *La résolution des problèmes complexes met en défaut la logique cartésienne.*

Les problèmes humains et sociaux sont complexes du fait de leur causalité circulaire qui rend inadéquate toute réforme basée sur la démarche linéaire classique soit : « analyse des problèmes, explications, recherche des causes et des remèdes pour les éliminer ». Une autre démarche doit prendre le relais : « description factuelle des problèmes puis nouvelle lecture de ceux-ci, examen des solutions déjà tentées et abandon de celles-ci, recherche et mobilisation des ressources et valeurs du système concerné, concertation et négociation d'objectifs réalistes et écologiques, ... "Il s'agit moins de corriger les dysfonctionnements du système concerné que d'en extraire les ressources en exploitant la fonction utile de ses défauts. La conduite de l'évolution d'un système est éminemment paradoxale et souvent étonnante.

Le plus souvent ce sont les énoncés des problèmes qui sont mal formulés du fait d'une vision trop étroite limitant le champ des possibles. Par exemple, comment l'alternative illusoire — « libéralisme social » ou « socialisme libéral » — dans laquelle nous sommes enfermés depuis tant d'années peut-elle faire émerger de nouvelles possibilités d'action ?

C'est notre représentation de la réalité qui limite le champ des possibles.

La réalité sur laquelle nous agissons n'est pas la réalité « réelle » mais la représentation que s'en fait notre esprit. L'erreur la plus périlleuse, à mon avis, est de ne voir comme seule réalité celle que nous appréhendons. Conditionnés par le positivisme d'hier, nos guides politiques s'illusionnent en croyant réfléchir sur la réalité réelle, c'est simplement la leur.

Notre destin et l'avenir des réformes se jouent sur le choix de nos « présupposés » issus de notre représentation de la réalité et qui ont cette fabuleuse tendance à s'auto-réaliser par le jeu de leur récursivité. La France va entamer sa troisième décennie avec le même projet « s'adapter à la crise (aujourd'hui on dit à la mondialisation) », « faire des sacrifices », redoutant paradoxalement l'appauvrissement dans un pays globalement toujours plus riche. Un présupposé majeur, « licenciements = économies = productivité » gouverne les entreprises alors qu'elles auront en retour des charges en augmentation constante pour payer les dégâts du chômage qu'elles génèrent. Mais les actions des entreprises en bourse montent quand des emplois sont supprimés ! Est-ce vraiment l'indicateur-clé prioritaire de la bonne santé et de l'épanouissement d'un pays ?

Tant que la réalité sera appréhendée avec les mêmes constats, les mêmes regards et et de tels présupposés, nous resterons prisonniers des mêmes remèdes et victimes des mêmes blocages et les nouvelles aspirations collectives resteront lettres mortes.

Ceux qui savent voir de vieux paysages d'un regard neuf sont plus aptes au changement que ceux qui persistent à éclairer des paysages nouveaux avec un ancien regard, aveuglé par de vieux préjugés. Seuls les premiers sont capables de découvrir l'inconnu dans le connu, d'étonner et d'ouvrir de nouvelles voies plus mobilisatrices afin de créer enfin le désir de changer.

Annexe

L'ÉCOLE DE PALO ALTO

L'École de Palo Alto, du nom d'une petite ville californienne, désigne une sorte de carrefour où des chercheurs de disciplines différentes se rencontrent. Le centre de ce croisement intellectuel fut constitué par les apports de Gregory Bateson, anthropologue et théoricien de la communication (1904-1980). Bien qu'il ne fût pas membre de cette fameuse école, il y joua un rôle essentiel en lui donnant son orientation théorique, ses fondements épistémologiques et surtout son souci d'interdisciplinarité. Les collaborations et échanges informels qui caractérisent l'École de Palo Alto sont alimentés par les recherches empiriques des uns et les modèles théoriques des autres. L'originalité de l'École de Palo Alto a été de proposer une théorie nouvelle de la communication, de développer une méthodologie du changement et de susciter une pratique thérapeutique profondément novatrice. Paul Watzlawick, né en 1921, est la figure de proue de l'École de Palo Alto. Auteur ou coauteur de quatorze livres qui ont été publiés dans plus de soixante pays et d'une centaine d'articles publiés dans des revues spécialisés, il poursuit actuellement des recherches sur le constructivisme radical.

Ce bouillonnement culturel aboutit à la conception d'une approche systémique de la communication dont la thérapie familiale puis la thérapie brève et stratégique furent les débouchés.

C'est pourquoi, en 1959, Jackson fonda le Mental Research Institute, qui a pour vocation d'appliquer à la thérapie les sciences de la communication. Il fut d'abord une section de Palo Alto puis devint autonome en 1963.

Soulignons également combien Milton Erickson (1902-1980) eut une influence considérable dans ce dispositif de chercheurs et de pratriciens.

Médecin et psychologue, directeur de recherche et professeur d'université, Milton Erickson était un thérapeute de renommée mondiale. Il a réinventé la pratique de l'hypnose et lui a donné ses lettres de noblesse. Il nouait des liens très fort avec chacun de ses patients sur lesquels il focalisait toute son attention. Ses techniques hypnotiques étaient multiples et variées sans pour autant recourir systématiquement à la transe. C'est ce qui a conduit Paul Watzlawick, qui le côtoya beaucoup, à échafauder le concept d'« hypnose sans transe ». Comme le souligne l'un de ses disciples, Jay Haley, dans l'introduction de son livre *Un thérapeute hors du commun : Milton Erickson*, « Erickson constituait à lui seul une école unique en son genre ».

REMERCIEMENTS

C'est envers Paul Watzlawick que je reconnais avoir la plus grande dette. Il fut le déclencheur, il y a quinze ans, d'une nouvelle vision de ma profession. Il m'a soutenu dans ma thèse de doctorat.

Je voudrais rendre aussi un hommage particulier à Edgar Morin. Ses livres m'ont formidablement ouvert et rééduqué mon esprit !

Je rends également hommage à Jean Godin, médecin psychiatre, président de l'Institut Milton Erickson de Paris, aujourd'hui décédé. Jean Godin a été le premier en France à promouvoir la pratique de Milton Erickson et à attirer les meilleurs spécialistes internationaux de l'hypnose ainsi que les disciples les plus éminents d'Erickson.

Je voudrais aussi exprimer une reconnaissance particulière à Ernest Rossi ; sa manière de conduire le changement m'a profondément inspirée ; je confie ici, par ailleurs, qu'un entretien mémorable avec lui a sans doute largement facilité l'accouchement de cet ouvrage ! Cet éminent praticien a développé des recherches fort utiles et prometteuses pour l'avenir sur la *Psychobiologie de la guérison*[1].

Enfin, Franck Farrelly fut le révélateur d'une partie de moi-même qui n'osait pas suffisamment se manifester dans mon cadre professionnel. Ce psychiatre américain, virtuose de la provocation

1. Voir la bibliographie.

mais toujours parfaitement respectueux de l'autre, détient vraiment l'art d'exploiter et de mettre en exergue l'humour pour provoquer le changement.

Enfin et surtout, je remercie tous ceux que j'ai rencontrés lors de coaching ou en séminaires. Leurs interrogations, leurs idées, leurs objections, leurs réactions sont pour moi une perpétuelle source d'évolution, d'inspiration et de remise en question.

Je ne peux m'empêcher de faire un clin d'œil aux chercheurs en « sciences dures » et aux ingénieurs dont l'esprit critique, la soif de connaissance et la rigueur m'offrent l'occasion de développer de nouvelles perspectives à ma pédagogie et d'aller puiser dans leurs disciplines scientifiques, quand je peux les comprendre, des apports particulièrement enrichissants et créateurs.

Mes derniers remerciements iront à François, mon mari, qui m'a soutenue dans l'évolution de ce livre. Ses critiques et suggestions furent toujours l'occasion de moments passionnants entre nous.

BIBLIOGRAPHIE

Ouvrages sur l'École de Palo Alto

BATESON, Gregory, *Vers une écologie de l'esprit*, Le Seuil, Paris, 1980

BATESON, Gregory, *La Nature et la pensée*, Le Seuil, Paris, 1984

BATESON, Gregory *et al.*, *La Nouvelle Communication*, Le Seuil, Paris, 1981

NARDONE, Giorgio et WATZLAWICK, Paul, *L'Art du changement : thérapie stratégique et hypnothérapie sans transe*, L'Esprit du Temps, Bordeaux, 1993

SEGAL, Lynn, *Le Rêve de la réalité : Heinz Von Foester et le constructivisme*, Le Seuil, Paris, 1990

WATZLAWICK, Paul, *Le Langage du changement : éléments de communication thérapeutique* , Le Seuil, Paris, 1980

WATZLAWICK, Paul, *Faites vous-même votre malheur*, Le Seuil, Paris,1984

WATZLAWICK, Paul, *La Réalité de la réalité : confusion, désinformation, communication*, Le Seuil, Paris, 1984

WATZLAWICK, Paul, *L'Invention de la réalité*, Le Seuil, Paris, 1988

WATZLAWICK, Paul, *Les Cheveux du baron de Münchhausen : psychothérapie et réalité*, Le Seuil, Paris, 1991

WATZLAWICK, Paul, HELMICK-BEAVIN, John et JAKSON, Daniel, *Une logique de la communication*, Le Seuil, Paris, 1979

WATZLAWICK, Paul, WEAKLAND John et FISCH, Richard, *Changements : paradoxes et psychothérapie*, Le Seuil, Paris, 1981

WATZLAWICK, Paul et WEAKLAND, John, *Sur l'interaction, Palo Alto : 1965-1974, une nouvelle approche thérapeutique*, Le Seuil, Paris, 1981

Communication non verbale et interculturelle

HALL, Edward, *La Dimension cachée*, Le Seuil, Paris, 1978
HALL, Edward, *Le Langage silencieux*, Le Seuil, Paris, 1984

L'approche ericksonienne du changement

ERICKSON, Milton et MALAREWICZ, Jacques-Antoine, *L'Hypnose thérapeutique : quatre conférences*, ESF éditeurs, Paris, 1990
ERICKSON, Milton et ROSEN, Sidney, *Ma voix t'accompagnera... : Milton Erickson raconte*, Hommes et Groupes Editeurs, Paris, 1986
GODIN, Jean, *La Nouvelle Hypnose, vocabulaire, principes et méthodes : introduction à l'hypnothérapie éricksonnienne*, Albin Michel, Paris, 1992
HALEY Jay, *Un thérapeute hors du commun, Milton Erickson*, Editions de l'Epi, Paris, 1985
HALEY Jay, *Tacticiens du pouvoir : Jésus-Christ, le psychanalyste, le schizophrène et quelques autres*, ESF éditeurs, Paris, 1991
MALAREWICZ, Jacques-Antoine, *La Stratégie en thérapie ou l'hypnose sans hypnose de Milton Erickson*, ESF éditeurs, Paris, 1988
MALAREWICZ, Jacques-Antoine et GODIN, Jean, *Milton Erickson : de l'hypnose clinique à la psychothérapie stratégique*, ESF éditeurs, Paris, 1989
MALAREWICZ, Jacques-Antoine, *Quatorze leçons de thérapie stratégique*, ESF éditeurs, Paris, 1992
ROSSI, Ernest, *Psychobiologie de la guérison : influence de l'esprit sur le corps : nouveaux concepts d'hypnose thérapeutique*, Editions de l'Epi, Paris, 1994
ZEIG, Jeffrey, *La Technique d'Erickson*, Hommes et Groupes Editeurs, Paris, 1988

ZEIG, Jeffrey, *Un séminaire avec Milton H. Erickson*, Le germe SATAS, 1997

Programmation Neuro-Linguistique, neurobiologie et sciences cognitives

BANDLER, Richard, *Un cerveau pour changer - La Programmation Neuro-Linguistique*, InterEditions, Paris, 1990
CAYROL, Alain et SAINT PAUL, Josiane de, *Derrière la magie - La Programmation Neuro-Linguistique,* InterEditions, Paris, 1984
CHANGEUX, Jean-Pierre, *L'Homme neuronal,* Fayard, Paris, 1983
HAMPDEN-TURNER, Charles, *Atlas de notre cerveau : les grandes voies du psychisme et de la cognition,* Les Editions d'Organisation, Paris, 1990
PIAGET, Jean, *Le Comportement, moteur de l'évolution,* Gallimard, Paris, 1976
VINCENT, Jean-Didier, *Biologie des passions,* Odile Jacob, Paris, 1986

Approche systémique et complexité

CAPRA, Fritjof, *Le Tao de la Physique*, Nouvelle Edition Sand, Paris, 1989
CHANGEUX, Jean-Pierre et RICŒUR, Paul, *La nature et la règle. Ce qui nous fait penser*, Odile Jacob, Paris, 1998
CROZIER, Michel, *La crise de l'intelligence. Essai sur l'impuissance des élites à se réformer*, InterEditions, Paris, 1995
DUPUY, François, *Le client et le Bureaucrate*, Dunod, Paris, 1998
GENELOT, Dominique, *Manager dans la complexité : réflexions à l'usage des dirigeants,* INSEP, Paris, 1992
GLASS, Neil, *Management, les 10 défis*, Les Éditions d'Organisation, Paris, 1998
GOLDSMITH, Edouard, *Le tao de l'écologie, une vision écologique du monde*, Le Club, Paris, 2002
LE MOIGNE, Jean-Louis, *La Modélisation des systèmes complexes,* Dunod, Paris, 1990

LONGIN, Pierre, *Coachez votre équipe*, Dunod, Paris, 1998
MORIN, Edgar, *La Méthode, tome 1 : La Nature de la nature*, Le Seuil, Paris, 1981
MORIN, Edgar, *La Méthode, tome 2 : La Vie de la vie*, Le Seuil, Paris, 1985
MORIN, Edgar, *Introduction à la pensée complexe*, ESF éditeurs, Paris, 1990
MORIN, Edgar, *La Méthode, tome 3 : La Connaissance de la connaissance : anthropologie de la connaissance*, Le Seuil, Paris, 1992
MORIN, Edgar, *La Méthode, tome 4 : Les Idées : leur habitat, leur vie, leurs mœurs, leur organisation,* Le Seuil, Paris, 1991
MORIN, Edgar et WEINMANN, Heinz, *La Complexité humaine, textes choisis par Heinz Weinmann et Edgar Morin*, Flammarion, Paris, 1994
ROLLAND, Gabrielle, SÉRIEYX, Hervé, *Colère à deux voies. Quand les organisations dominent les talents*, InterEditions, Paris, 1995
ROSNAY, Joël de, *Le Macroscope : vers une vision globale, Le Seuil*, Paris, 1977
VARELA, Francisco, *Autonomie et connaissance : essai sur le vivant,* Le Seuil, Paris, 1989
VARELA, Francisco, THOMPSON, Evan et ROSCH, Eleanor, *L'Inscription corporelle de l'esprit : sciences cognitives et expérience humaine,* Le Seuil, Paris, 1993
VARELA, Francisco, *Un Savoir pour l'éthique ?* La Découverte, Paris, 1995

Management du changement et sociologie des organisations

BERIOT, Dominique, *Du microscope au macroscope : l'approche systémique du changement dans l'entreprise,* ESF éditeurs, Paris, 1992
CROZIER, Michel, *L'Entreprise à l'écoute - Apprendre le management post-industriel*, InterEditions, Paris, 1989
CROZIER, Michel et FRIEDBERG, Ehrard, *L'Acteur et le système : les contraintes de l'action collective,* Le Seuil, Paris,1977
DUPUY, *Le Client et le bureaucrate*, Dunod, 1998.

GOUILLARD, Francis, KELLY, James, *Du mécanique au vivant, L'entreprise en transformation*, Village Mondial, Paris, 1995
LANDIER, Hubert, *L'Entreprise face au changement*, ESF éditeurs, Paris, 1987
MUCCHIELLI, Alex, *Approche systémique et communicationnelle des organisations*, Armand Colin, Paris, 1998
ORGOGOZO, Isabelle, *Les Paradoxes du management : des châteaux forts aux cloisons mobiles*, Les Editions d'Organisation, Paris, 1991
ORGOGOZO, Isabelle et SÉRIEYX, Hervé, *Changer le changement : on peut abolir les bureaucraties*, Le Seuil, Paris, 1989

Zen, méditation, pratique et enseignement

BOVAY, Michel, KALTENBACH, Laurent et SMEDT, Evelyne de, *Zen : pratique et enseignement, histoire et tradition, civilisation et perspectives*, Albin Michel, Paris, 1983
KATAGIRI, Dainin, CONNIF, Yuko et HATHAWAY, Willa, *Retour au silence : la pratique du zen dans la vie quotidienne*, Le Seuil, Paris, 1993
SUZUKI, Shunryu, *Esprit zen, esprit neuf*, Le Seuil, Paris, 1977
TOLLE, Eckhart, *Mettre en pratique le pouvoir du moment présent*, Ariane Edition, Paris, 2001

INDEX

47996 - (II) - (4) - OSB 80 - SNE - JME

Achevé d'imprimer sur les presses de
SNEL Grafics sa
rue Saint-Vincent 12 – B-4020 Liège
Tél +32(0)4 344 65 60 - Fax +32(0)4 341 48 41
avril 2005 – 34734

Dépôt légal : avril 2005
Dépôt légal de la 1re édition : décembre 1995

Imprimé en Belgique